保育所保育指針 準拠

記入に役立つ！

CD-ROM
付き

0歳児の指導計画

横山洋子 編著

ナツメ社

はじめに

　指導計画を立てることは、若い保育者には難しいことかもしれません。今、目の前で泣いている子どもにどう対応すればよいのかで精一杯で、「何とか泣きやんで笑顔になってほしい」という願いはもつものの、そのためにはどのような経験がこの子には必要か、そのためにはどのような環境をつくり、どのような援助をしなければならないのか、などということは、なかなか考えられないでしょう。

　それでも、いやおうなしに指導計画を立てるという仕事は付いてまわります。保育は行き当たりばったりではなく、計画的でなければならないからです。計画を立てて環境を準備しなければ、子どもたちが発達に必要な経験を十分に積むことができないからです。そう、計画は大切なのです！

　では、どうすれば適切な計画を立てることができるのでしょうか。苦労に苦労を重ねなくても、「スルスルッと自分のクラスにピッタリの計画が魔法の箱から出てくればいいのに」「自分が担当してる子どもの個人案が、明日の朝、目覚めたら、枕元に置いてあればいいのに」と、誰もが一度や二度は思ったかもしれません。

　その願いにこたえて、本書は生まれました。どのように考えて書けばよいのか、文章はどう書くのか、個人差にはどう対応するのかなど、難しそうなことを簡単

に説明し、年間指導計画から月案、個人案、週案、日案の実例を数多く載せました。また、それぞれのページに、「保育のヒント」や「記入のコツ」を付けました。さらに、文例集のページがあるので、自分のクラスや担当の子どもにぴったり合う文を選べるようになっています。

　それから、大切にしたのは「子ども主体」の考え方です。これまで、「養護」は保育者の側から書くことになっていました。「養護」は「保育者がするもの」だったからです。けれども本書では、あえて「養護」も子ども主体で書きました。「快適に過ごす」のは子どもであり、子どもは自分の人生を主体的に生きているからです。子どもを「世話をされる存在」としてではなく「自らの生を能動的に生きる存在」としてとらえ、そのような子どもに、私たち保育者がどのように手を差しのべたら、その生を十分に輝かせられるのかと考えることが、これからの保育にふさわしいと確信するからです。また、このような記述により「教育」との統一が図れ、「ねらい」もすっきりと子ども主体で一本化できました。

　本書が、指導計画を立てることに喜びと手ごたえを感じて取り組める一助となることを願っております。

横山洋子

2018年実施 3法令改訂

未来の創り手を育てる

幼児教育施設として、未来を見据えて子どもの力を育む必要があります。幼児期への学びの連続性を考えていくことが重要です。

● 幼児教育において育みたい資質・能力

```
知識及び技能    思考力、判断力、表現力等    学びに向かう力、人間性等
         ↑              ↑                    ↑
━━━━━━━━━━━━ 小学校以降 ━━━━━━━━━━━━

知識及び技能の基礎  思考力、判断力、表現力等の基礎  学びに向かう力、人間性等
         ↑              ↑                    ↑
━━━━━━━━━━━━ 保育・幼児教育 ━━━━━━━━━━━━
      幼稚園      保育園      認定こども園
```

資質・能力の3つの柱とは

　今回の改訂で日本の幼児教育施設である幼稚園、保育園、認定こども園のどこに通っていても、同じ質やレベルの保育・幼児教育が受けられるよう整備されました。「資質・能力」の3つの柱は、小学校、中学校、高校での教育を通して伸びていくものです。幼児期には、その基礎を培います。

1．「知識及び技能の基礎」
（遊びや生活の中で、豊かな体験を通じて、何を感じたり、何に気付いたり、何が分かったり、何ができるようになったりするのか。）

2．「思考力、判断力、表現力等の基礎」
（遊びや生活の中で、気付いたこと、できるようになったことなどを使いながら、どう考えたり、試したり、工夫したり、表現したりするのか。）

3．「学びに向かう力、人間性等」
（心情・意欲・態度が育つ中で、いかにより良い生活を営むか。）

　先の2つは、何かについて知る、考えると

●幼児期の終わりまでに育ってほしい姿

いう知的な力です。あとの1つは、様々なことに意欲をもち、粘り強く取り組み、より高いところを目指して努力する力です。これらの力を園生活の中で育てていくことが求められます。

0、1、2歳児で大切なこと

改訂でうたわれた「幼児期の終わりまでに育ってほしい姿」を意識すると、目の前の子どもがそうなっているだろうか、という目で見てしまいがちです。まじめな保育者ほど、早めにレールを敷いて安全にその姿へと思ってしまいます。でも、ちょっと待ってください。

0、1、2歳児は、出口を気にして評価する時期ではありません。今を快適に過ごせるように、そして、今、興味をもっていることへ十分に関われるようにすることが、何よりも大切です。笑顔で生活しているか、目をキラキラさせて環境と出合っているかをしっかり確かめてください。それが、すべての育ちの土台です。すべてはそこからスタートするのだと肝に銘じましょう。

もくじ

はじめに ··· 2
2018年実施 3法令改訂　未来の創り手を育てる ····· 4
本書の使い方 ··· 8

第1章 指導計画の考え方　9

0歳児の指導計画を立てるには ··················· 10
指導計画はなぜ必要なのでしょう？ ············· 12
指導計画の項目を理解しよう ······················ 18
年間指導計画の考え方 ······························· 22
月案の考え方 ·· 23
個人案の考え方 ··· 24
週案・日案の考え方 ··································· 27
防災・安全計画の考え方 ····························· 28
保健計画の考え方 ····································· 30
食育計画の考え方 ····································· 32
子育て支援の指導計画の考え方 ·················· 34
指導計画の文章でおさえておきたいこと ······· 36
0歳児の発達を見てみよう ·························· 38

第2章 年間指導計画の立て方　41

年間指導計画　＊低月齢児 ························· 44
　　　　　　　＊高月齢児 ························· 46
年間指導計画文例 ····································· 48

第3章 月案の立て方　51

4月月案　＊低月齢児 ································ 54
　　　　　＊高月齢児 ································ 56
5月月案　＊低月齢児 ································ 58
　　　　　＊高月齢児 ································ 60
6月月案　＊低月齢児 ································ 62
　　　　　＊高月齢児 ································ 64
7月月案　＊低月齢児 ································ 66
　　　　　＊高月齢児 ································ 68
8月月案　＊低月齢児 ································ 70
　　　　　＊高月齢児 ································ 72
9月月案　＊低月齢児 ································ 74
　　　　　＊高月齢児 ································ 76
10月月案　＊低月齢児 ······························ 78
　　　　　　＊高月齢児 ······························ 80
11月月案　＊低月齢児 ······························ 82
　　　　　　＊高月齢児 ······························ 84
12月月案　＊低月齢児 ······························ 86
　　　　　　＊高月齢児 ······························ 88
1月月案　＊低月齢児 ································ 90
　　　　　＊高月齢児 ································ 92
2月月案　＊低月齢児 ································ 94
　　　　　＊高月齢児 ································ 96
3月月案　＊低月齢児 ································ 98
　　　　　＊高月齢児 ······························· 100

4月月案文例 ·· 102
5月月案文例 ·· 104
6月月案文例 ·· 106
7月月案文例 ·· 108
8月月案文例 ·· 110
9月月案文例 ·· 112
10月月案文例 ·· 114
11月月案文例 ·· 116
12月月案文例 ·· 118
1月月案文例 ·· 120
2月月案文例 ·· 122
3月月案文例 ·· 124

こんなときどうする？　月案 Q&A ············· 126

第4章 個人案の立て方 ……127

　　4月個人案 …… 130
　　5月個人案 …… 132
　　6月個人案 …… 134
　　7月個人案 …… 136
　　8月個人案 …… 138
　　9月個人案 …… 140
　　10月個人案 …… 142
　　11月個人案 …… 144
　　12月個人案 …… 146
　　1月個人案 …… 148
　　2月個人案 …… 150
　　3月個人案 …… 152

　　4月個人案文例 …… 154
　　5月個人案文例 …… 156
　　6月個人案文例 …… 158
　　7月個人案文例 …… 160
　　8月個人案文例 …… 162
　　9月個人案文例 …… 164
　　10月個人案文例 …… 166
　　11月個人案文例 …… 168
　　12月個人案文例 …… 170
　　1月個人案文例 …… 172
　　2月個人案文例 …… 174
　　3月個人案文例 …… 176
　　こんなときどうする？　個人案 Q&A …… 178

第5章 週案・日案の立て方 ……179

　　5月週案　連休後 …… 182
　　11月週案　秋 …… 184
　　8月日案　水遊び …… 186
　　10月日案　散歩 …… 188
　　こんなときどうする？　週案・日案 Q&A …… 190

第6章 保育日誌の書き方 ……191

　　4・5月保育日誌 …… 194
　　6・7月保育日誌 …… 195
　　8・9月保育日誌 …… 196
　　10・11月保育日誌 …… 197
　　12・1月保育日誌 …… 198
　　2・3月保育日誌 …… 199
　　こんなときどうする？　保育日誌 Q&A …… 200

第7章 ニーズ対応 ……201

　　防災・安全計画① 避難訓練計画 …… 204
　　防災・安全計画② リスクマネジメント計画 …… 206
　　事故防止チェックリスト …… 207
　　保健計画 …… 210
　　食育計画① …… 214
　　食育計画② …… 216
　　食育計画③ …… 218
　　子育て支援の指導計画① 在園向け …… 222
　　子育て支援の指導計画② 地域向け …… 224
　　こんなときどうする？　ニーズ対応 Q&A …… 226

　　CD-ROMの使い方 …… 227

本書の使い方

1 カラーの解説ページで指導計画を理解

本書ではカラーページを使って、「指導計画の必要性」からはじまり、「年間指導計画」「月案」「個人案」「週案・日案」の考え方を説明しています。また「項目の理解」「文章の書き方」など、初めて指導計画を立てる保育者の方にも分かるように、イラストや図を使いながら丁寧に説明しています。

2 記入の前に計画のポイントを整理

それぞれの指導計画の前には、子どもの姿をどのように見て、それをどのように計画へ反映していけばいいのかを「おさえたいポイント」として解説しています。さらに各項目に記入すべき内容を、分かりやすく説明しています。

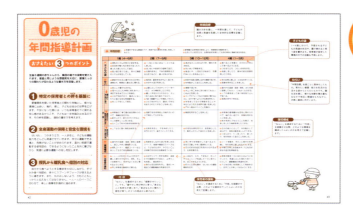

3 数多くの文例から文章を選べるCD-ROM付きで時間も短縮

「月案」「個人案」「保育日誌」は12か月分、「週案」「日案」は園行事など使う頻度の高い指導計画を紹介しています。「年間指導計画」「月案」「個人案」には、文例集も付けていますので、多くの文例の中から子どもに即した計画が立てられます。CD-ROM付きですのでパソコンでの作業も簡単。データを収録してあるフォルダ名は各ページに表記しています。

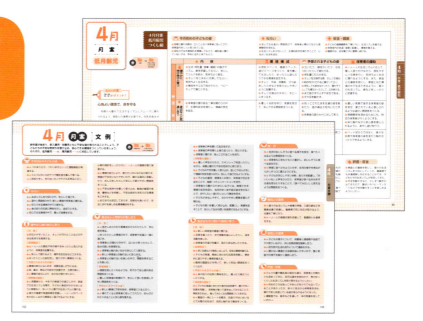

第1章

指導計画の考え方

ここでは「指導計画」が子どもにとってなぜ必要なのか、各項目にはどのように記入していけばいいのかについてまとめています。

0歳児の指導計画を立てるには

まず、子どもの様子をよく観察し、家庭での過ごし方をよく聞いて、ギャップのない健康的な生活を目指します。個人案を先に作成してから、クラスの案を組み立てていくとよいでしょう。その季節ならではのことは、クラス案に入れていきます。

安心して過ごせる雰囲気を

家庭から出て、保護者とも離れて、園で長時間を過ごす子どもたち。ストレスを感じたり不快な思いをしたりしなくてすむよう、十分な配慮が求められます。

家庭と同じような温かい雰囲気はもちろんのこと、**はいはいやつたい歩きが存分にできるような安全な空間を用意**したいですね。そして、いつもそばにいて見守り、危ないときには**スッと手を出して受け止めてくれる保育者の存在**が大切です。

また、室内だけでなく、園庭に出て遊んだり散歩に出かけたりして外気に触れ、自然の風を感じたり、樹木や草花、虫や鳥など、様々な環境と出会ったりすることも心がけたいですね。音や動き、手触りや肌触り、におい、味など、**五感を刺激することで、感性が豊かに育つ**のです。

一方、何でも口に入れやすい時期なので、誤飲がないように常に見守ることが大切です。

一対一の温かい関係を

子どもが園で安心して過ごすためには、特定の保育者との愛着関係を形成することが重要です。同じ抱き方や笑顔で、その子のことがよく分かっている特定の保育者が関わることで、子どもは安定できるからです。

子どもが泣いたら**必要な欲求にこたえ、温かい言葉をかけたり抱いたりする相互応答的な関係の中で、子どもは人への信頼感**を育んでいきます。情緒的な絆(きずな)が形成されるのです。

もちろん、保育者にも休日は必要ですし、早朝から延長保育時間までいられるわけではありません。決められた時間でのバトンタッチは必要ですが、勤務の多くの時間は担当の

子どもの保育ができるよう、クラスの担任間で共通理解しておきましょう。

特定の保育者が、いつもその子を見ているので、何か異常があった場合もすばやく気付くことができるはずです。

個に応じた適切な指導計画を

0歳児は、著しく発育・発達が見られる時期です。たとえ誕生日が同じであっても、未熟児で生まれた子もいれば、出生時に4000gを超えている子もいます。**発達段階の個人差が大きいということを踏まえて、一人一人に応じた指導計画を立案**する必要があります。

寝返りを打つ時期も、はいはいを始める時期もそれぞれなので、遅いのではないかとあせることなく、その子に応じた必要な援助をしていきます。はいはいの形も、片手のひじをついたままだったり、バタフライ型だったりと個性的です。全身の筋肉がバランスよく使われていれば心配することはありません。

その子が心地よく過ごせることを大切にして、指導計画を立てていきましょう。

食にも大きな個人差が表れます。まず母乳か人工乳かでも対応は異なります。歯が生える時期も違います。食欲が旺盛な子も食が細い子もいます。また、好き嫌いが激しかったり、丸のみしがちだったりと千差万別なので、その子に合った援助方法を工夫して関わることが大切です。

このように、一人一人をよく見て**必要に応じた関わり方をしていくことで、子どもは自分のもつ力を発揮**して、ぐんぐん成長していくでしょう。園での様子や食べた物などを家庭に詳しく伝えることで、家庭でも連続した暮らしができるように連携していきます。保護者が安心して子育てできるということは、子どもの生活環境を整えるために、とても重要です。家庭とどのように連携するのか、指導計画にも明記していきましょう。

指導計画はなぜ必要なのでしょう?

指導計画とは?

　園には、**保育の方針や目標に基づき、保育の内容が発達を踏まえて総合的に展開されるよう作成された「全体的な計画」**があります。これは、子どもや家庭の状況、地域の実態、保育時間などを考慮し、子どもの育ちに関する長期的な見通しをもって適切に作成されなければなりません。

　また、その「全体的な計画」に基づき、**具体的な保育が適切に展開されるよう、子どもの生活や発達を見通した「長期的な指導計画」**と、**より具体的な子どもの日々の生活に即した「短期的な指導計画」**を作成することも必要です。さらに、保健計画や食育計画なども、各園が創意工夫して保育できるようにつくることになっています。

　長期指導計画(年・期・月)は、年齢ごとに一つつくります。同じ年齢のクラスが複数ある場合は、担任たちが集まって共同で作成します。

　短期指導計画(週・日)は、同じ年齢のクラスが複数あれば、それぞれのクラスごとに作成します。クラス担任が1クラスに複数いる場合は、相談してつくります。

　大切なのは、計画の出来ばえではありません。どんな「ねらい」がふさわしいか、その「ねらい」に近付くためには、どのような「内容」を設定するか、その「内容」を子どもたちが経験するためには、どのような環境を構成すればよいのか、もし子どもが嫌がったら、どのような言葉でどのように対応すればよいのかということを、悩みながら考え、書いては消すという作業をくり返す過程にこそ、計画を立てる意味があるのです。

　経験年数の少ない保育者は、この指導計画作成の過程で、先輩保育者の「ねらい」の立て方や援助の仕方を知り、どのように文章に表現していくかを学ぶことができます。

　ですから、急いでさっさとつくってしまおうという取り組み方ではなく、目の前の子どもの姿をしっかりと見つめ、次にどのように援助をするこ

全体的な計画からの流れ

全体的な計画

各園の方針や目標に基づき作成する大本の計画。入所する子どもすべてを対象としたもの。

長期指導計画(年・期・月)

「全体的な計画」を実現するために立案する年・期・月を単位とした指導計画。年齢ごとに一つ作成する。

短期指導計画(週・日)

「全体的な計画」を実現するために立案する週・日を単位とした指導計画。クラスごとに作成する。

他に、保健計画、食育計画等も作成する。

保育園では厚生労働省の「保育所保育指針」を基にすべての計画がつくられます。年間計画や月案など何種類もの計画がありますが、なぜこれらは必要なのでしょうか。ここでは、それらの必要性について、もう一度考えてみます。計画のない保育はあり得ないことが理解できるでしょう。

とが、この子たちの成長につながるのかをよく考えることが望まれます。

3歳未満児については、**個別の指導計画**も作成することが義務付けられています。3歳以上児については、作成するのが望ましいとされています。

他にも、食育や保健計画など、テーマごとに作成されるものもあります。

「養護」と「教育」の一体化

「養護」とは、子どもの「生命の保持」および「情緒の安定」のために保育者等が行う援助や関わりです。**「生命の保持」「情緒の安定」**が「ねらい」となっています。「教育」とは、子どもが健やかに成長し、その活動がより豊かに展開されるために行う援助です。「ねらい」は、1歳以上児においては「健康」「人間関係」「環境」「言葉」「表現」の5領域から構成されています。

乳児の場合は、「健やかに伸び伸びと育つ」「身近な人と気持ちが通じ合う」「身近なものと関わり感性が育つ」の3つの視点で「ねらい」が設定されています。目の前の子どもが今していること、今育っていることが、3つの視点や5領域のどの部分であるかを分類することに苦心する必要はありません。「養護」と「教育」を一体化したものとしてとらえ、相互に関連をもたせながら、「ねらい」や「内容」を考えていけばよいのです。

● 「養護」と「教育」の関わり

指導計画はなぜ必要なのでしょう？

乳児保育の視点

　乳児の保育は下の図に示したように、**養護をベースにして3つの視点で育ちを見ていきます**。計画的に何かをさせようとするよりも、子どもにとって心地よい環境をつくることを心がけたいものです。子どもが動いたり、声を出したりしたときに、すぐに温かく受容的に関わることができれば十分です。下の図では、便宜的に3つの視点を当てはめていますが、カチッと切り分けられるものではありません。1歳児以降の5領域の「ねらい」と「内容」につながっていくのだという意識がもてればよいでしょう。

1歳以上3歳未満児の保育

　ここでの1歳以上や3歳未満児は、厳密な暦年齢のことを示しているのではありません。早産の子もいれば、予定日に生まれない子もいます。発達の速度も一人一人違います。ですから、「おおよそ〇歳になったら」ととらえましょう。大事なのは、一人一人の子どもの発達の連続性を丁寧にとらえていくことです。**0歳児の「ねらい」と「内容」が大体クリアできたなと感じた頃に、5領域の視点**で見ていけるとよいでしょう。

　歩けるようになると、環境との関わりが飛躍的に増えます。安全に配慮しながら、様々な物との

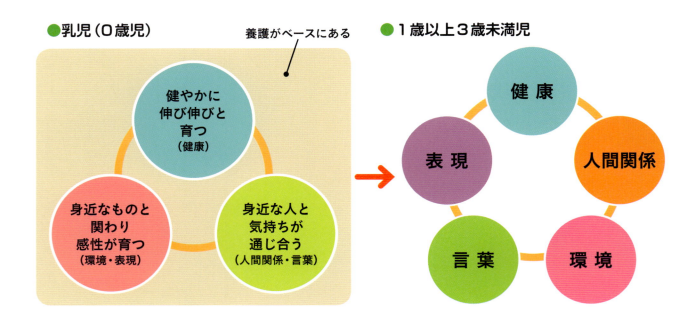

出合いを演出したいものです。同じようなおもちゃばかりでなく、感触の違う物、形が変わる物、自然物など、「何だろう？」「知りたいな」「もっとやってみよう」を引き出す物的環境の準備が必要になります。季節や自然の変化、地域の行事とも考え合わせながら、わくわくする保育を計画していきましょう。

非認知能力を育てる

非認知能力というのは、認知能力ではないということ。認知能力とは、記憶ができる、知識を正確に理解する、読み書きができるという、いわゆる学力に相当する力です。これは、テストなどで目に見えやすい能力です。

対して、**非認知能力は目に見えにくいものを指します。具体的には、好奇心が豊か、失敗してもくじけない、集中力がある、我慢できる、自己肯定感がある、友達と協力して取り組む、**などです。このように測ることが難しいけれど生きていくために必要な力を乳幼児期にしっかり育てなければなりません。それがどうすれば育つのかを考え、計画を立てることが求められています。

受容的で応答的な対応はもちろんのこと、やりたいことが存分にできる環境が大きな支えとなるでしょう。どんな子どもに育つかは、指導計画に関わっているのです。

指導計画はなぜ必要なのでしょう？

「保育士等の自己評価」とは？

「自己評価」とは、保育者が自分で立てた指導計画に沿って保育をした結果、**子どものどこが育ったのか、それにはどのような援助があったのかを振り返って洗い出してみること**です。よい姿が現れた場合は、援助が適切であったと評価できます。一方、援助が空振りに終わっている場合は、不適切だったと考えられます。

それらの評価を踏まえ、次の指導計画を立案する際に生かしていきます。

PDCAサイクルを確立しましょう。記録を書きながら反省することは、Check（評価）です。「次には、こうしたい」と新たな援助を考えられたら、すでにAction（改善）です。「あの遊具の置き方はよくなかった。他の遊びとの間にもっとスペースをとろう」と遊具を2m移動させるのも、Action（改善）です。さあ、次のPlan（計画）を立てましょう。今日を踏まえ、今週を踏まえ、今月を踏まえ、次からの子どもたちの「もっといい生活」のために、環境も援助も考え直すのです。そして、Do（実践）！ 何と楽しい営みでしょう。目の前の子どもたちにぴったり合う保育は、このようにして創られるのです。

☆記録を通して

一日、一週間、一か月などの計画に対応して、子どもの姿を思い浮かべ、そこで見られた成長や、これからしなければならないと気付いた援助などを具体的に記述します。保育者は一瞬一瞬、よかれと思う方向へ判断を下しながら保育していますが、そのすべてが最善であるとは限りません。「あのとき、別な判断をしていれば」と反省することもあるでしょう。そのようなことも、しっかり書き込み、**「次にそのような場面と出会った際には、このように援助したい」**と明記しておくことで、援助の幅を広げられるのです。

●PDCAサイクル

☆保育カンファレンスを通して

　気になる子どもへの援助や、保護者への対応など、クラス担任だけでは行き詰まってしまうことがあります。定期的に、あるいは必要に応じて、**問題や課題に関係する職員が集まって話し合うことが大切**です。

　期や年の評価の際は、同じ年齢を担当する保育者が全員で、計画したことが十分に行えたか、子どもの育ちが保障されたか、援助は適切だったかなどについて、一人一人が具体的に意見を述べ、評価につなげていく必要があります。

「保育所の自己評価」とは？

　保育園は、保育の質の向上を図るため、保育内容などについて自ら評価を行い、その結果を公表するよう努めなければなりません。その地域の人々から期待された保育ニーズを果たしているのか、保育者等の自己評価などで挙がった課題を把握し、期あるいは単年度から数年度の間で実現可能な計画の中で進めるようにしているかなどを、評価する必要があります。

　施設長のリーダーシップの下に、第三者評価などの外部評価も入れるなど、保育の質を高めるとともに、職員一人一人の意欲の向上につながるようにしなければなりません。

　保育園の自己評価は、なるべく園だよりやホームページなどを利用して、保護者や地域の人々に公開します。そうした行為が、人々との対話や協力関係づくりに役立つでしょう。地域の力を借りながら、地域に愛される園になることが、お互いの生活を豊かにしていくことにつながります。

指導計画の項目を理解しよう

計画表には様々な項目が並んでいます。それぞれの欄に何を書けばいいのか正しく理解していますか？ ここでは各項目に何を書くのかを、イラスト付きで分かりやすく説明します。

　指導計画を書くには、一つ一つの項目を理解し、何のためにそれを書いているのかを意識しなくてはなりません。どこにでも同じようなことを書いていては、意味がありません。

　指導計画の項目は、目の前の子どもの姿をしっかりとらえることから始まります。 医師が患者さんの治療方針を立てるときに、まず現在の症状を正しく理解し、それから治すための薬や治療の方法を選んでいく過程と同じです。私たちも目の前の子どもの現在の育ちを読み取り、今月はこのような「ねらい」を立てよう、と決めていくわけです。それぞれの項目は保育者の考えに沿ってビーズを糸に通し一本に流れていくように組み立てられています。月ごとに一つのストーリーを予測しながら記しましょう。

●月案の場合

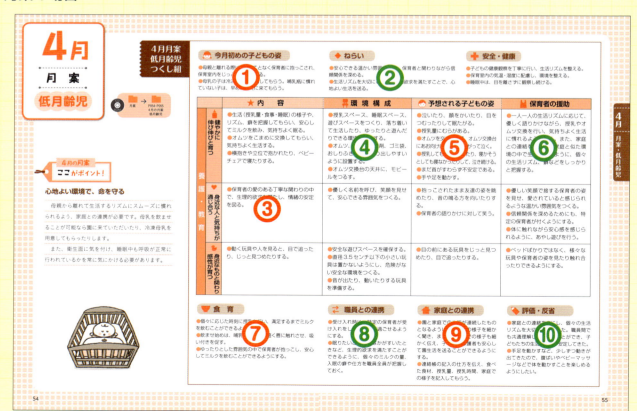

① 前月末（今月初め）の子どもの姿には何を記入する？

現在の子どもの様子を知る

していたことを羅列するのではありません。子どもがどこまで育っているのかが分かる姿を事実として書きます。また、子どもが何に興味をもち、何を喜んでいるのかをとらえます。どのようなときにどのような行動をとるかも書くとよいでしょう。「ねらい」を立てるに当たり、その根拠となる姿であるべきです。
※４月は「今月初めの子どもの姿」となります。

例文
保育者の語りかけに安心して、笑顔になる。

② ねらいには何を記入する？

子どもの中に育つもの・育てたいもの

「ねらい」には、保育者が子どもの中に育つもの・育てたいものを子どもを主語にして記します。「前月末の子どもの姿」や「期のねらい」を踏まえて導き出します。こういう姿が見られるといいな、という保育者の願いをいくつか書いてみると、「ねらい」にしたくなる文が出てくるでしょう。

例文
保育者との安定した関わりの中で、興味のある物に触れたり、体を動かして遊んだりする。

③ 内容には何を記入する？

「ねらい」を達成するために経験させたいこと

「ねらい」を立てたなら、どうすればその「ねらい」を子どもが達成することができるかを考えます。具体的に日々の生活でこのような経験をさせたい、ということを挙げます。

３つの視点で　人として心地よさを味わう経験を
食事、排泄等のケアだけでは不十分です。応答的な関係の中で心地よさを感じながら、世界を広げていくために経験させたいことを考えましょう。０歳児は、３つの視点でとらえます。

例文
- **健やかに伸び伸びと育つ**：興味のあるおもちゃを見つけ、はいはいして手に取る喜びを味わう。
- **身近な人と気持ちが通じ合う**：保育者と目を合わせてにっこりしたり、甘えを受け止めてもらったりする。
- **身近なものと関わり感性が育つ**：タオルボールをつかんだり、手を離したりすることを楽しむ。

④ 環境構成には何を記入する？

やりたくなるような環境を準備する

「内容」に挙げたことを、子どもが経験できるよう環境を整えます。主体的に行動できるような物的環境や時間・空間的な雰囲気などを書きます。

例文

- **健やかに伸び伸びと育つ**：ぬいぐるみやボール、ガラガラなどを清潔な状態で見えるところに置く。
- **身近な人と気持ちが通じ合う**：子どもが動いたり、声を発したりした際に、すぐ反応を返せるような位置にいる。
- **身近なものと関わり感性が育つ**：手放したボールが転がる様子を見られるよう、傾斜のある場をつくる。

⑤ 予想される子どもの姿には何を記入する？

「子どもたちは、どう動くかな」と考える

環境設定したところへ子どもが来た際、どのような動きをするかを予測します。喜んで入る子やためらう子もいるでしょう。「万一こうなったら」と想定して書くと、心の準備ができます。

例文

- **健やかに伸び伸びと育つ**：はいはいで好きなところへ移動することを楽しむ。
- **身近な人と気持ちが通じ合う**：保育者のひざにのったり、声を出して保育者を見たりする。
- **身近なものと関わり感性が育つ**：ボールの感触を味わったり、転がる様子を目で追ったりする。

⑥ 保育者の援助には何を記入する？

子どもたちに何に配慮して関わるか

子どもが「ねらい」を達成するように、「内容」で挙げた事柄がより経験できるための援助を考えます。予想される負の姿への対策など様々な想定をしておくと援助の幅が広がります。

例文

- **健やかに伸び伸びと育つ**：あまり動かない子には、好きな玩具を少し前に置き、移動して取れたことを共に喜ぶ。
- **身近な人と気持ちが通じ合う**：ほっぺをつついたり、背中をなでたり、スキンシップを楽しみながら笑顔で関わる。
- **身近なものと関わり感性が育つ**：「ストン」「コロコロ」など、ボールの動きに合わせて声を出し、おもしろさを共に味わう。

⑦ 食育には何を記入する？

食に関わる援助を書く

食に対する取り組みは、今後の食習慣を形成していくために重要です。つかみ食べ、フォークの使用などを発達に応じて促し、食は楽しいと感じられる援助を挙げます。

✏️ 例文
「カミカミ、ゴックン」と声をかけ、よくかんで食べることを伝える。

⑧ 職員との連携には何を記入する？

今月、特に留意する連携について書く

保育はチームプレーです。他の職員との情報交換や引き継ぎなど、円滑に保育が進むよう配慮します。通年で心がけることではなく、今月、特に留意する事柄について書きます。

✏️ 例文
感染症の状況によっては、保育室を移動することもあるので、職員同士で話し合いながら活動の仕方を考える。

⑨ 家庭との連携には何を記入する？

保護者と共に子育てをするために

保護者との情報交換や、親子での活動などを積極的に行うために伝えておきたいこと、用意してほしい物などを記載します。

✏️ 例文
汗をかいて着替えの回数が増えるので、衣服の補充をお願いする。

⑩ 評価・反省には何を記入する？

一か月の子どもの育ちと保育を振り返ろう

月案に基づいて保育し、子どもの育ちを感じたところ、変更した点やハプニングなどもあったでしょう。それらを記して、改善策を考え来月の保育で心がけたいことを書きます。

✏️ 例文
音楽に合わせて体を動かしたり楽器を鳴らしたりすることを楽しめた。来月は手をグーパーして遊びたい。

年間指導計画の考え方

「年間指導計画」は園で作成している「全体的な計画」に基づき、目の前の子どもたちの成長を踏まえて一年間の計画をつくります。各年齢で一つ作成します。

「全体的な計画」を軸に考える

年間指導計画は、その年齢の発達を踏まえ、一年間の育ちを見通して、「子どもの姿」と「ねらい」「内容」などを記載します。同じ年齢が複数クラスあっても、担当する保育者全員で話し合い、各年齢で一つ立案します。

本書では、一年を4期に分けています。4～6月を1期、7～9月を2期、10～12月を3期、1～3月を4期とし、それぞれの期にふさわしい「ねらい」「内容」を挙げます。

「子どもの姿」から計画を立てる

「ねらい」を立てるには、まず目の前の子どもがどのような姿なのかを把握することから始まります。そのような子どもたちに、**一年後にはどのような姿に育っていることを期待するのかを明確**にし、期ごとにその過程となる「期のねらい」を挙げていきます。そして、その「期のねらい」の姿に近づくためには、どのような環境を構成し、どのような援助を心がけることが大切かを書いていきます。

「内容」のとらえ方

「ねらい」を実現するために「経験する必要があること・経験させたいこと」が「内容」です。

本来、「ねらい」も乳児（0歳児）は3つの視点に、1歳以上3歳未満児は5領域に対応しているはずです。でも、3歳未満児の場合は、あまり項目にこだわりすぎると全体としての育ちをとらえにくいことがあります。2、3の領域にまたがる「ねらい」もあるからです。

本書では、「ねらい」は大まかに挙げ、「内容」を3つの視点や5領域の目で見ています。その要素が入っているなと意識できれば十分なのです。

● 年間指導計画の流れ

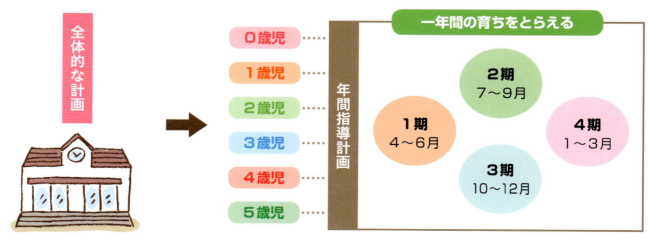

月案の考え方

「年間指導計画」を基に、クラスごとに月単位で立案します。前月末の子どもの姿をとらえながら、今月のねらいを立て、一か月の保育の展開を考えていきます。

そのクラスならではの月案を

月案は、年間指導計画を基にクラスごとに月単位で立案する指導計画です。クラスの実情に応じて作成するものですから、同じ園の同年齢クラスと違いがあっても当然です。

クラスにいる子どもの一人一人の特徴やクラスの雰囲気なども考慮に入れ、クラスに応じた月案を作成することが望まれます。

クラスの担任が全員で

月案の作成に当たっては、担任の全員が話し合って、共通理解の下で立案することが重要です。その月の柱となるわけですから、中身を理解しないで保育することは不可能です。同じ方針の下、同じ援助の仕方で子どもに対応しなければ、子どもたちが混乱してしまうでしょう。ですから、**立案の際には前月の気付きを全員が出し合い、情報を共有して、最善の計画を作成するというチームワーク**が大切になります。

「予想される子どもの姿」のとらえ方

本書では、まず「前月末の子どもの姿」を最初に挙げ、「ねらい」と「内容」を考えています。そして、その「内容」が経験できるように、「環境構成」を考えて設定します。次に、そのような環境の中で、子どもたちはどのように動き、どのような姿を見せるだろうかと予想します。同じ環境にあっても喜ぶ子もいれば、不安を示す子もいるからです。そして、そのような様々な姿を表す子どもたちに対して、どのように援助するかを記載しています。

このように**流れで保育を考えることによって、保育者はより鮮明に子どもの動きがイメージでき、その際に必要な援助を考えやすくなる**のです。

● 月案の流れ

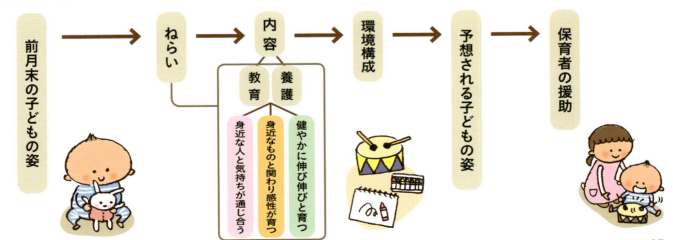

個人案の考え方

発達の個人差が大きい0～2歳児には、個別に「個人案」を作成することが求められています。一人一人の子どもが主体性をもって活動できる計画にしていきます。

個人の発達段階を見極める

0～2歳児においては、心身の発達が著しく、発達の個人差も大きいので、個別の指導計画を作成する必要があります。一般的には、「前月末の子どもの姿」を基に、翌月の指導計画を個別に作成することが多いでしょう。子どもの個性や特徴をとらえ、その子にとって最もよい環境や援助を考え、具体的に記します。クラスの月案も考慮に入れますが、「内容」を設定する際は、その子の発達段階を最優先するので、月案と多少違っていてもよいのです。

家庭生活との連続性を大切に

個人案を作成するには、**保護者との話し合いが不可欠**です。母子手帳などで生育歴を確認しながら、その子の癖や好きな物、入眠する際の手順などを詳しく聞き、できるだけ家庭と同じやり方で子どもが安心できるようにするためです。また、保護者の要望も聞きながら、できる範囲でこたえるようにします。

個人案は、その子への愛の証

子ども一人一人が大切にされ、その子らしい成長が遂げられるよう、保育者は最大限の努力をして保育をしています。**個人案は、保育者がその子をどのようにとらえ、どのような姿に育つことを願っているかを具体的に記すものです**。「不安そうにしているから何とか安心して笑顔を見せてほしい」「トイレの排泄で成功して自信をもたせたい」など、保育者は少し先の成長を見越して、そのような姿に近付くための援助を行っています。その取り組みを、そのまま個人案に書くのです。また、歩けるようになる喜び、言葉が増えていく喜びを知らせ、そのための適切な援助について書き、その結果をも記していくのです。

● 個人案のとらえ方

個　性

個人の発達

保育者の個の理解
・その子の発達段階を読み取る
・その子の気持ちを読み取る
・その子に必要な経験は何か考える

配慮を要する子の
個人案

発達が気になる子ども

援助に戸惑わないように

　成長の過程で、目が合わなかったり、落ち着きがなかったりすることから、障がいがあることが分かる場合があります。0～2歳児では障がいに関係なく、すべての子どもについて個人案を作成しますが、3歳児以上でも、**特別に配慮を要する場合には、個人案を作成することが望まれます**。障がいの有無や程度にかかわらず、一人一人の育ちを保障する保育の基本は、他の子どもたちと変わりはありません。けれども、延長保育に移る際や新規の保育者が入った場合に、その子に対する援助の仕方で戸惑わないように、3歳児以上でも個人案があった方がよいのです。

チーム態勢での支援

　障がいのある子どもや障がいの疑いがある子どもの個人案を作成するに当たっては、**クラスの担任だけでなく、保育園の管理者、保護者、さらに地域の専門家にも入ってもらい、チームで取り組むとよい**でしょう。保護者がそれを望まない場合もありますが、子どもが抱える困難さと、これからの生活のしやすさを考え、できるだけ同意を得られるようにします。家庭でも、子どもへの対応に困る場合があるので、個人案の内容を保護者も利用できるようにするとよいでしょう。

「子どもの姿」を記録する

　その子はどのような際にどのように行動するのか、何が好きで何が嫌いなのか、ということを生活の中から読み取り、子どもが安心できる環境をつくることが重要です。そのためには、**行動をよく見て記録する必要**があります。この援助ではうまくいかなかったが別の援助では納得した、などということも書き留めておくと立案に役立ちます。

●発達が気になる子どものとらえ方

配慮を要する子の個人案

友達に手を出す子ども

安全を守る

発達に遅れはなくても、配慮を要する子はいろいろな場合があるでしょう。3歳児以上では個人案を作成する義務はありませんが、立案しておく方が指導しやすくなります。

特に配慮したいのは、人にけがをさせる危険のある子どもです。かみついたりひっかいたり、目に指を入れたり、後ろから急に引っ張ったりという行為で、相手に重大な被害が及んでしまうこともあります。そのような園内の事故を防ぐためにも、**その子がそのような行為をしなくてもすむように、安全で快適に過ごすための個人案が必要になります。**

行動の背景を考える

なぜ、その子が友達に攻撃をしてしまうのか、自分を守るためなのか、その子に興味があるだけなのか、思いが伝わらないからなのかなど、共に生活しながら、その子の思いを受け止めつつ、そのような行動をとってしまう背景を考えます。

どのようなときに不機嫌になるのか、誰の近くに行くと行動が起きるのか、**記録しながらその子と関わり、手を出さなくても安心して生活できるようにしていきます。** そのやり方を詳しく個人案に記しておくことで、他の保育者がその子と関わる際も、一貫した対応ができるわけです。

望ましい行動を知らせる

「危険がないように止めること」ばかりにとらわれず、その子のやりたいことが存分にできるように、**その子のよい面が他の子に認知されるように働きかける必要**もあります。「〜したかったんだね」と抱きかかえ、相手の子から離します。「こっちでできるよ」と安心できる場に移し、落ち着けましょう。

● 友達に手を出す子のとらえ方

週案・日案の考え方

「月案」を基に週ごとにつくるのが「週案」、一日単位でつくるのが「日案」です。成長が著しい年齢ですから、計画ばかりにとらわれずに柔軟な対応も必要です。

「環境構成」などを具体的に示す

　週案とは、月案を基に週の単位で作成した指導計画です。「最近の子どもの姿」をまず把握し、「今週のねらい」を立てます。そして、それに近付く「内容」、「環境構成」、「保育者の援助」を書きます。クラスに一つ作成します。

　週案の下半分を一週間分の保育日誌として活用している園もありますし、一週間の予定を日ごとに書いている園もあります。

　園内の保育者同士で相談し、負担なく書けて役に立つスタイルを、独自に編み出していくとよいでしょう。週の「評価・反省」は、次週の「ねらい」の基となるので、具体的に書いておくことが望まれます。

登園から降園までの流れをつくる

　日案とは、月案や週案を基に作成する一日分の指導計画で、クラスごとに作成します。「予想される子どもの生活」では、登園から降園まで子どもたちがどのように一日を過ごすのかを記します。室内遊びではどのような遊びが予想されるのか、外遊びではどうかを考え、環境設定しなければならないことや用意しなければならない遊具を決定していきます。

　一日のうちの部分案であることもありますが、どちらも子どもの動きを予想し、必要な援助を具体的に考えて記さなければなりません。時刻を書いたからといってその通りに子どもを動かすのではなく、あくまでも子どもの育ちや気持ちを優先します。

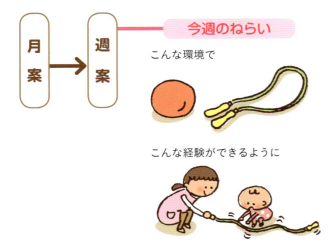

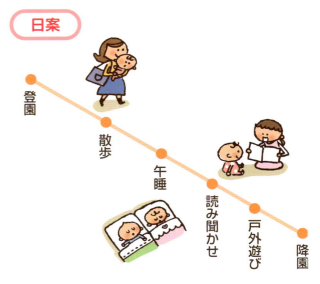

> ニーズ対応

防災・安全計画の考え方

園ごとに、火災や地震などの災害の発生に備え、緊急時の対応の具体的なマニュアルを作成しておきましょう。そして、子どもの命を守る安全対策を様々な角度から考えます。

避難の仕方を明確にする

地震や豪雨による土砂災害などは、いつ起きるのか分かりません。万一の場合に備えて、園の近辺で大きな災害が起こることを想定した備えや安全対策を考える必要があります。

まず、**どのような災害の危険があるか、洗い出しましょう**。異常な自然現象のほか、人為的原因によって受ける被害も含まれます。毎月、**避難訓練を実施する際、どのような想定であるかを吟味し、年間計画を立てておくことが望まれます**。同じように非常ベルが鳴ったとしても、保育者の指示により、いくつもの避難の仕方のうちの一つを迅速にとれるようにしておかなければならないのです。

必要以上に怖がらせる必要はありませんが、「大切な○○ちゃんの命を守るために、ちゃんと逃げる練習をしておこうね」と、子どもにも分かる言葉で伝えましょう。物のように子どもを運ぶのではなく、子どもが自分の意志で危険から身を守れるようになる方向で働きかけるのです。避難した後は「上手に逃げられたね」と良い点を認め、自信がもてるようにしたいものです。

ヒヤリ・ハットを今後に生かす

どんなに安全な環境づくりを心がけていたとしても、保育中にヒヤリ・ハットすることはあるものです。それを大事に至らなかったからと、「なかったこと」にするのではなく、「一歩間違えたら危険に陥る出来事」として丁寧に記録する習慣をつけましょう。書いたことで非難される雰囲気をつくってはいけません。「あなたが不注意だったからでしょ」で済ますことも厳禁です。情報をオープンにして共有することで、危険を防ぐ対策がとれるのです。二重三重の対策を考え、子どもの安全を守っていきましょう。

園の安全対策

緊急時の行動手順、職員の役割分担、避難訓練計画等に関するマニュアルを作成したか。

ハザードマップで地域を知る

自治体が発表している、ハザードマップを見て、自分の園に必要な防災対策をしているか。

避難場所の確認

火災時、地震時、津波時など、場面に応じた避難場所を設定し、職員間、保護者へも周知しているか。

避難訓練

緊急の放送や保育者の声かけに対して、何のための訓練か、どう行動すべきか、子どもに伝えているか。

園の防災チェック

実際に火災や地震が起きた際に、安全に慌てず対処できるよう、日ごろから準備や訓練が必要です。

保護者との連携

災害発生時の連絡方法、および子どもの引き渡しを円滑に行えるよう確認しているか。

非常用品

薬品や絆創膏、タオル、クラス名簿や連絡先等の非常持ち出し用リュックは点検日を決めて確認しているか。

防災教育

子どもへ避難する大切さを伝え、頭を守るダンゴムシのポーズや防災頭巾のかぶり方などを知らせているか。

協力体制

地域（町内会、近隣の小・中学校、集合住宅等）や警察、消防の力を借りられるよう連携しているか。

ニーズ対応

保健計画の考え方

子どもたちの健康を支援するために、保健指導や各種検診など発達の著しい乳幼児期を看護師・家庭等と連携し、年間を通しての取り組みを計画しましょう。

季節に応じた活動を

　心身が健全に成長しているか、毎月の身体測定の他にも、各種の検診が予定されていることでしょう。同じ時期に重なり、子どもに負担をかけないよう、バランスに配慮しましょう。また、水遊びが始まる時期や蚊に刺されやすくなる時期、風邪が流行する時期など、**季節に応じて必要なことを適切に計画する必要**があります。

　園だけで行えないことは、家庭にも知らせ、同じ方針で子どものケアをしてもらえるようにしましょう。第一子などの場合、保護者が異常に気付かないことも多いもの。また、気付いてもどう対応すればよいのか分からないということもよくあります。"困ったことなどは何でも相談してください"のスタンスで、子どものために一番よい対応を、園と保護者で力を合わせて行います。

発達に応じて対応する

　はいはいで動き回るようになる時期、つかまり立ちから一人歩きへの移行期は、けがをしやすいので注意しなければなりません。周りに危険な物を置かない、転んだときのためにマットを敷くなど、環境に配慮しましょう。また、何でも口に持っていき探索する時期であることを踏まえ、身近な物の消毒や誤飲が起こらないような玩具の選定も大切です。

食に対する配慮を

　食中毒にならないよう、給食室の環境に留意することや給食を扱う保育者の手洗い、マスク着用は徹底したいもの。アレルギー児の食事は、他児と取り違えることのないよう注意が必要です。嘔吐や下痢の処理はどのように行うのか、全職員で共有し、すべての子どもの健康を守る意識をもちましょう。

保護者　保育者　看護師　嘱託医

子どもの健康支援

健康状態・発育及び発達状態の把握
- 身体測定
- 健康診断
- 配慮を必要とする子どもの把握

健康の増進
- 手洗い・うがい
- 虫歯予防
- 生活リズム

疾病等への対応
- 予防接種の奨励
- 登園許可証の必要な病気の把握
- 与薬についての管理

安心できる空間づくり

環境
- 適正な湿度・温度の管理
- 換気
- 掃除用具の整理

衛生の管理
- 消毒薬の扱い
- 食事・調乳等の衛生的な取り扱い

安全の管理
- 子どもの口径を意識した玩具選び
- 遊具の安全確認
- 子どもの衣服等の安全確保

ニーズ対応

食育計画の考え方

食育計画は、全体的な計画に基づき、創意工夫して作成します。子どもが主体的に楽しくおいしく食べることを考えましょう。

「食育指導」を基に

保育園における食育は、健康な生活の基本としての「食を営む力」の育成に向け、その基礎を培うことが目標とされています。「保育所における食育に関する指針」では、「おなかがすくリズムのもてる子ども」、「食べ物を話題にする子ども」、「食べたい物、好きな物が増える子ども」、「一緒に食べたい人がいる子ども」「食事づくり、準備に関わる子ども」の5つの項目を設けています。食育計画は、**子どもが主体的に食に取り組むことができ、食べることを楽しめるような計画**が望まれます。

一人一人に応じた食の計画

入園前の生育歴や入所後の記録などから、**子どもの発育・発達状態・健康状態・栄養状態・生活状況を把握**し、それぞれに応じた必要な栄養量が確保できるように留意することが大切です。

また、子どものそしゃくや嚥下機能などに応じて、食品の種類、量、大きさ、固さ、食具などを配慮し、食に関わる体験が広がるように工夫しなければなりません。

授乳・離乳期においては、家庭での与え方を考慮し、一人一人に応じて時間や調理方法、量などを決めていきます。

食物アレルギーに配慮して

食物アレルギーのある乳幼児への対応について、「保育所におけるアレルギー対応ガイドライン」がつくられています。小麦、卵、牛乳、そば、ピーナッツなど、様々なアレルゲンがあります。保護者と連携し、アナフィラキシーショックに陥ることのないよう、安全な食を保障することが求められているのです。

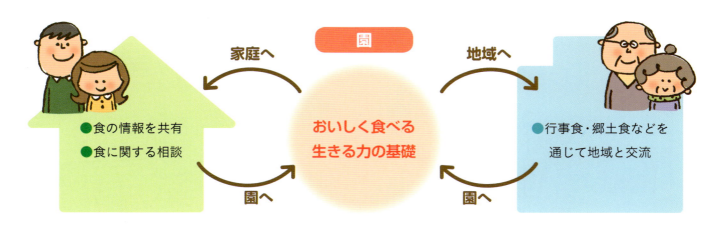

食育の目標

「保育所保育指針」で述べられている保育の目標を食育の観点から具体的な子どもの姿として表したもの。

おなかがすくリズムのもてる子ども
食事の時間になったら「おなかがすいた」と感じられるような生活を送る。

食べ物を話題にする子ども
食べ物に対する関心が深まり、会話できるような体験をする。

食べたい物、好きな物が増える子ども
栽培・収穫した物を調理する体験を行う。

一緒に食べたい人がいる子ども
みんなと一緒にいる楽しさを味わう経験をする。

食事づくり、準備に関わる子ども
食事づくりや準備に対して興味がもてる体験をする。

食育の5つの項目

3歳児以上の食育のねらい及び内容はこの5つの項目ごとに挙げられています。

食と人間関係
食を通じて、他の人々と親しみ支え合うために、自立心を育て、人と関わる力を養う。

食と文化
食を通じて、人々が築き、継承してきた様々な文化を理解し、つくり出す力を養う。

食と健康
食を通じて、健康な体と心を育て、自ら健康で安全な生活をつくり出す力を養う。

いのちの育ちと食
食を通じて、自らも含めたすべてのいのちを大切にする力を養う。

料理と食
食を通じて、素材に目を向け、素材に関わり、素材を調理することに関心をもつ力を養う。

ニーズ対応

子育て支援の指導計画の考え方

園の特性を生かし、子どもも保護者も安心して楽しく遊べる場づくりを目指します。計画には「次回も行ってみたい」と感じられるよう、季節の行事や保護者同士が関われる活動を盛り込みましょう。

保護者同士のつながりを

親になると子どもと向き合う時間が増え、ストレスを抱えている保護者も少なくありません。園は在園向け、地域向け両方の保護者を支援していく必要があります。ここに来たら、保育者が子どもと関わってくれる、という安心感と、子どもから少し離れて客観的に子どもを見られるという解放感がうまれます。こうした時間も保護者には大切なことです。

また保護者同士をつなぐのも、保育者の役割です。「○くんと△くんは、同じ年齢ですね」「お住まいはお近くですね」などと、共通点を見付けながら、保護者同士が話をしやすい雰囲気をつくります。「うちもそうです」というように、話がはずんだら大成功！話すことで、心が軽くなることが多いからです。何度か会うと顔なじみになり、近くに座ることもあるかもしれません。そのきっかけを上手につくることも、大切な支援です。

相談には適切な対応を

「うちの子、こういうところが困るのです」。保育者と信頼関係ができると、心を開いて相談をもちかけられることがあります。**親身になって話を聞き、相づちを打ちながら悩みを共有**しましょう。そして「こういうことで、お悩みなのですね。よく分かりました」とまず受け止めます。そのうえでこれまで保育者として子どもと関わってきた経験から、自分の思いと、これからどのようにしていけばよいかという方向性を丁寧にアドバイスしたいものです。**経験が少なくて答えられない場合は、先輩保育者に引き継ぎます。**

これまでの保護者のやり方を否定せず、より子どものためになる対応を示唆します。そして、よい方向に向かったら、共に喜び合いましょう。

●子育て支援の役割

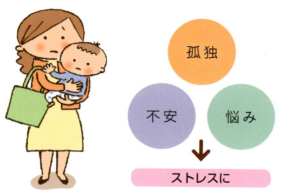

在園児の保護者のために

　登降園の際に、家庭での子どもの様子をたずねたり、園での様子を伝えたりなど、保護者と情報を共有することが大切です。引っ込み思案でなかなか保育者に話しかけられない保護者もいるので、こちらから積極的に声をかける必要があります。保育者を避けるタイプの保護者もいますから、子どもの嬉しい成長などを伝え、呼び止められることは喜びだと思ってもらえるようにしたいものです。

　園の行事も、子育て支援につながります。作品展や運動会、発表会などの姿を見てもらい、普段話せない父親などとも言葉を交わしましょう。園の活動を理解してもらうよい機会になるはずです。

　また、子どもの成長した姿を日々のおたよりで知らせるなど、保護者が子育てを楽しめるように、様々なサポートを計画に記していきましょう。

　もし保護者に不適切な養育等が疑われる場合は、市町村や関係機関と連携し、適切な対応を図る必要があります。虐待が疑われる場合には、速やかに市町村や児童相談所に通告しなければなりません。子どもたちを救う使命も、私たちに課せられているのです。あらゆることを想定し、計画に位置づけておくことが望まれます。

地域の保護者へ向けて

　園は、在籍していない地域の子どもたちの保護者へ対しても、保育の専門性を生かした子育て支援を積極的に行うことが義務付けられています。地域に開かれた支援が求められているのです。

　一時預かり事業を行う際は、一人一人の子どもの心身の状態などを考慮し、日常の保育に参加させることもできます。その子にとって質の高い保育環境となるよう配慮しましょう。

● **在園児の保護者への対応**

- **個別の支援**：保護者一人一人の状況を理解し、園全体でサポートする。
- **保護者との相互理解**：毎日のやりとりの中で園と家庭での子どもの様子を共有する。
- **不適切な養育が疑われる家庭の支援**：児童虐待などの発見や抑制につなげる。

● **地域の保護者への対応**

- **地域に開かれた支援**：一時預かりや子育て支援を行う。
- **地域との連携**：保護者と地域の人とのつながりをつくる。

指導計画の文章でおさえておきたいこと

指導計画は、他の保育者や主任・園長にも伝わるように書かなければなりません。そのために、おさえておきたい6つのポイントを確認しましょう。

指導計画は、誰が読んでも分かりやすいということが大前提です。このクラスは現在、どのような発達の過程にあり、子どもたちは今、何に興味をもっているのか、保育者はこれからどのような環境を準備し、子どもたちの何を育てようとしているのか、子どもたちにどのような経験をさせたいと思っているのかが、一読して理解できなければなりません。毎日、生活を共にしている担任だけに分かるものでは、役に立たないのです。

そこで、**ここに気を付けたいこと6項目**を挙げました。前向きな保育観を出しながら、読みやすく伝わる書き方を目指しましょう。**書いた後にはもう一度読み返し、チェックする**ことも忘れないようにしましょう。

1 計画は現在形で書く

指導計画は、明日のこと、一週間先のことなど、未来に起こることを想定して書くものです。けれども、文章は未来形ではなく現在形で書きます。現在進行形にもなりがちですが、文が長くなるので、避けた方がすっきり読めます。

NG 落ち着いた雰囲気の中で、安心して眠るだろう。

GOOD 落ち着いた雰囲気の中で、安心して眠る。

2 子どもの姿が目に浮かぶように書く

書いている本人はいつも子どもを見ているので具体的な様子も分かりますが、主任や園長など、毎日接していない人には、どういう姿なのかイメージできないことがあります。リアルに様子が浮かぶような記述を心がけましょう。

NG 何でもよく食べる。

GOOD 野菜スティックなどを自分で手づかみし、おいしそうに食べる。

3 「～させる」を控える

成長を促すために、様々な経験をさせたいと保育者は願いますが、「～させる」という文が多いと、保育者が指示をして、子どもは従わされているような印象になります。「～するよう促す」や「～できるように配慮する」など主体的に行動する子どもを保育者がサポートするニュアンスを大切にしましょう。

　清潔になった心地よさを感じ取らせる。

▼

GOOD　清潔になった心地よさを感じられるようにする。

4 「～してあげる」を控える

保育者は子どもに様々な援助をしますが、それを、「～してあげている」と思っているようでは困ります。子どものために保育するのが仕事ですから、恩着せがましい表現をせず、どちらかというと、「保育させていただいている」という謙虚な気持ちで書きましょう。

NG　不安定になる子どもがいたら、抱っこしてあげる。

▼

GOOD　子どもが不安な様子を見せたら、抱っこしたり話しかけたりして安心できるようにする。

5 「まだ～できない」、という目でとらえない

子どもは常に成長の過程にいます。「まだ～できない」という目で見ないで、ここまで発達したところだ、と肯定的に育ちをとらえましょう。そして、次の課題に向かおうとする子どもを温かい目で見つめ、立ち向かえるように陰ながら応援するのです。

　抱っこやおんぶをしないと眠らない。

▼

GOOD　抱っこやおんぶをすると安心して眠る。

6 一つの文に同じ言葉を重複して使わない

状況を細かく説明しようとするあまり、同じような表現が続くと、ワンパターンな記述になってしまうことがあります。一文の中やその後に続く文にも、同じ言葉を2回以上は使わないように心がけるとよいでしょう。

NG　眠るときは、スムーズに眠りにつけるよう、体をさすったり子守り歌を歌ったりして眠りやすくする。

▼

GOOD　スムーズに眠りにつけるよう、体をさすったり子守り歌を歌ったりする。

0歳児 の発達を見てみよう

6か月未満

泣くことで不快を訴え、愛情豊かに応じてもらうことで人に対する信頼感が育つ時期です。眠る時間は徐々に短くなり、目覚めているときと分かれてきます。機嫌のよいときは周りを探っています。

　子どもは母体内から外界に出て、著しい発育・発達が見られます。月齢が低いほど体重や身長の増加が大きく、皮下脂肪も付き、体は丸みを帯びてきます。

　視覚や聴覚などの発達も目覚ましく、世界を認知し始めます。首がすわり、手足の動きが活発になった後、寝返り、腹ばいにより、全身の動きを楽しむようになります。

　また、音のする方向を向く、見つめる、追視する、喃語を発するなどの行動が活発になります。

　さらに、表情も「本能的微笑」から、あやされるという対人関係による「社会的微笑」に変わり、生理的な快・不快の表し方にも、訴えかけるような抑揚が付いてきます。

養護

生命の保持
- 母体からの免疫で、感染症にかかりにくい
- 乳幼児突然死症候群(SIDS)の危険が高い

情緒の安定
- 授乳とスキンシップを通して、愛着が育つ
- あやすと笑うなど、人に対する基本的な信頼感が育つ

教育

健康
- 空腹やオムツの汚れ、暑い寒いなどの不快を泣いて知らせる
- 生活リズムが形成され、まとまった睡眠を取るようになる

人間関係
- 特定の大人との応答的関係により、情緒的な絆が形成される
- だれかがそばに来ると、好奇心を示してじっと見つめる

環境
- 音や声のする方に顔を向け、ガラガラのおもちゃで遊ぶ
- 手につかんだ物を口に入れ、口で物を知っていく

言葉
- 「アー」「ウー」など泣き声ではない、やわらかい音声(クーイング)を出す
- 「バー」「ブーブー」など意味はないが、話しているような声(喃語)を出す

表現
- 感情を訴えるような泣き声になり、表情も豊かになる
- 機嫌のいいときは、手足をバタバタさせて喜びを表す

指導計画を立てるには、まず子どもの発達を理解することが大切です。月齢や生育歴などで、一人一人の発達の内容や速度には著しい個人差があります。今、この子はどの側面がどのように成長しているところなのか、ということをしっかりとらえなくてはなりません。そして、**その姿がやがてどのような姿に育っていくのか、という道筋**が見えていることが大切です。

ここでは、「**養護**」と「**教育**」の観点から、その月齢の子どもが見せる育ちの姿を示してあります。各項目に分けてありますが、それぞれの要素はきちんと分けにくく、2～3の項目を含んでいることもよくあります。

指導計画を作成する際に、大まかな発達の全体像を知り、見通しをもった上で、クラスや個人に応じた「ねらい」や「内容」を設定していきましょう。

6か月～1歳3か月未満

座る、はう、立つなどして、生活空間が大きく変わる時期です。愛着ある人との関わりを喜び、見知らぬ人には「人見知り」をして泣き出すこともあります。見守られている中で、探索活動を始めます。

「座る」から「歩く」へと運動機能が発達してきます。7か月頃から一人で座れるようになり、座った姿勢で両手が自由に使えるようになります。9か月頃までにはいはいが上手になり、両手に物を持ってたたき合わせることもできます。1歳前後には、つかまり立ちやつたい歩きができ、手押し車を押して歩くことも楽しみます。

特定の大人との応答的な関わりにより情緒的な絆が深まりますが、「人見知り」もするようになります。初語は、1歳前後に出ます。

また、離乳が始まり、離乳食から幼児食へと徐々に移行します。1歳頃には手づかみで口に入れるようになります。

養護

生命の保持
- 免疫力が弱まり、感染症にかかりやすくなる
- 離乳が始まり、かむ、飲み込むの経験をくり返して、幼児食へ移行する

情緒の安定
- 特定の人との愛着関係がさらに強まる
- 知らない人の顔を見ると泣くなど、人見知りをする

教育

健康
- 座ったり、はったり、立てるようになったりする
- いろいろな食材の味に親しみ、手づかみで食べる

人間関係
- 知っている人と知らない人を、区別して認識する
- 見慣れた人には身振りをまねたり、積極的に関わったりする

環境
- 行動範囲が広がり、探索活動が活発になる
- 両手が自由に使えるので、様々な物に触れたり、周りの物を指差したりする

言葉
- 自分の思いを身振りや喃語で伝えようとする
- 「まんま」「ねんね」など、簡単な言葉が理解できるようになる

表現
- 嬉しいときには満面の笑顔と全身をゆすって表現し、嫌なときには大声で泣いて訴える
- 身近な大人の気持ちを感じられるようになり、それに応じた表現をする

0歳児 の発達を見てみよう

1歳3か月～2歳未満

歩けるようになり両手も使えるようになるので、行動範囲も広がります。大人に認められることを喜び、自信をもって生活します。片言を盛んに言い、大人に伝えたいという欲求も高まります。

行動範囲が拡大し、環境への働きかけが活発になります。つかまらずに歩けるようになり、物を押したり投げたりもできます。

手指を使う機会が増え、スプーンを持って食べます。つかむ、めくる、通す、はずす、なぐりがきをする、転がす、などができるようになります。

また、葉っぱを皿に見立てたり、空き箱を電車にして走らせたりする象徴機能が発達します。大人の語りかけも大体分かり、指差しや身振り、片言などで思いを伝えようとします。1歳後半には、「パパ、カイシャ」（パパは会社に行った）という二語文も話すようになります。友達と一緒が楽しいと感じますが、物の取り合いも激しくなります。

養護

生命の保持
- 免疫力がまだ弱く、発熱したり感染症にかかったりすることが多い
- 食べた経験のない物は口から出してしまうこともあるが、自分で食べようとする

情緒の安定
- 安心できる大人との関係を基盤にして、人や物に自発的に働きかける
- 気分が崩れても、なだめたり時間がたったりすると、けろりと立ち直る

教育

健康
- つかまらずに歩けるようになり、脚力やバランス力が身に付く
- 指先を使った操作の種類が確実に豊かになり、自信をもつ

人間関係
- 友達と物の取り合いをすることが増える
- 保育者を独り占めしたり、他の子と保育者が関わると嫉妬したりする

環境
- 好きな玩具や遊具、自然物に自分から関わり、イメージをふくらませて遊ぶ
- 身の回りの様々な物に触れ、好奇心や興味・関心をもつ

言葉
- 大人の言うことが分かり、呼びかけたり、「いや」などの片言を使ったり、指差しや身振りで表そうとしたりする
- 「マンマ、ほしい」などの二語文を話すようになる

表現
- 絵本に興味を示したり、クレヨンでなぐりがきすることを楽しんだりする
- 好きな音楽に合わせて体をゆすったり、簡単な振りを付けたりする

第2章

年間指導計画の立て方

各年齢で一つ作成する「年間指導計画」。一年間を4期に分け、年間の表と項目ごとの文例を紹介しています。

0歳児の年間指導計画

おさえたい 3 つのポイント

生後6週間の赤ちゃんから、集団の場での保育を受け入れます。家庭と同じような雰囲気を大切に、愛情たっぷりの関わりが伝わるような書き方を目指します。

① 特定の保育者との絆(きずな)を基盤に

愛着関係を築いた保育者との関わりを軸とし、様々な環境に出会い、触れ、感じ、子どもは自分の世界を広げます。不安になった際には、いつも保育者の下に戻れる安心感があるからこそ、子どもは一歩を踏み出せるのです。その絆を認識し、援助の書き方を考えます。

② 全身運動の保障と安全な環境を

はいはい、つかまり立ち、一人歩きと、子どもは運動能力をどんどん発達させていきます。存分に運動できる場と、危険がないことが求められます。温かい笑顔で運動する姿を認め、できるようになったことを共に喜びながら、発達に必要な運動への促しを記します。

③ 授乳から離乳食へ個別の対応

自分から食べようとする意欲を大切にしながら、手づかみ食べを認め、徐々にスプーンやフォークが使えるように導きます。また、丸のみしないよう、かむこともしっかりと伝えなくてはなりません。一人一人のペースに合わせて、楽しい食事を計画的に進めます。

♣ **年間目標** ●保健的で安全な環境の下で、疾病や体の異常を早期に発見してもらう。

		1期（4〜6月）	2期（7〜9月）
	子どもの姿	●授乳のリズムが徐々に安定する。 ●目の前で動くものを目で追ったり、握ったり振ったりして遊ぶ。 ●短い眠りをくり返し、徐々に睡眠のリズムが安定してくる。	●「いないいないばぁー」とくり返し楽しむ。 ●はいはいやお座りの姿勢で遊ぶ。 ●生理的欲求と、不快の感情を伝える泣き方などに、違いが見られる。
	ねらい	●家庭での生活と園での生活が常に連携され、無理なく園生活に慣れる。	●梅雨期、夏期を気持ちよく過ごす。 ●沐浴や水遊びを楽しむ。
内容	健やかに伸び伸びと育つ	●安心して園で生活する。 ●個々に応じた時間に授乳を行い、満足できるまでミルクを飲む。 ●立位で抱かれたり、腹ばいになったりと様々な体位を経験する。 ●抱っこで安心して眠る。	●必要に応じて沐浴やシャワーをしたり、水分補給をしたりする。 ●優しく声をかけられながら、オムツをこまめに取り替えてもらう。 ●月齢・活動量でミルクを増減してもらう。 ●立位で抱かれたり、腹ばいで体位を変えられたりすることを楽しむ。
	身近な人と気持ちが通じ合う	●保育者の丁寧で愛のある関わりの中で、情緒が安定する。 ●あやしたり、語りかけたりすると、大人の顔をじっと見つめる。 ●泣くことで自分の欲求を表現する。	●信頼できる保育者との触れ合いの中で満足して生活する。
	身近なものと関わり感性が育つ	●上下左右に動く物を追視する。	●玩具を見ると、手を伸ばしたり持ちかえたり、握ろうとしたりする。
	環境構成	●室内外の温度・湿度・換気に留意し、過ごしやすい環境をつくる。 ●授乳コーナー、睡眠コーナーなど安心して生活できる環境をつくる。	●発達を促しながら遊びを楽しめるスペース、食事や睡眠のスペースなど、子どもの生活や、やりたいことが保障できる安全な環境をつくる。
	保育者の援助	●一人一人の生活リズムに合わせて、優しく語りかけながら、授乳、オムツ交換を行い、気持ちよく生活に慣れるようにする。 ●同じ保育者が継続的に関わる。	●沐浴やシャワーをする際は、温度計での確認だけではなく、必ず大人も体感し、事故を防ぐ。 ●音の出る玩具を利用し、腹ばいや寝返りの運動機能の発達を促す。

内容

「ねらい」を達成するために「経験させたいこと」です。「健やかに伸び伸びと育つ」「身近な人と気持ちが通じ合う」「身近なものと関わり感性が育つ」の3つの視点から挙げます。

年間目標
園の方針を基に、一年間を通して、子どもの成長と発達を見通した全体的な目標を記載します。

子どもの姿
1〜4期に分けて、予想される子どもの発達の状況や、園で表れると思う姿を書きます。保育者が設定した環境の中での活動も予測します。

ねらい
「年間目標」を期ごとに具体化したもの。育みたい資質・能力を乳児の生活する姿からとらえたものです。園生活を通じ、様々な体験を積み重ねるなかで相互に関連をもちながら、次第に達成に向かいます。

環境構成
「ねらい」を達成するために「内容」を経験させる際、どのような環境を構成したらよいのかを考えて記載します。

保育者の援助
「ねらい」を達成するために「内容」を経験させる際、どのような援助を行ったらよいのかを考えて記載します。

愛情豊かな保育者の受容により、信頼関係の基礎を培う。
生活リズムを安定させ、生理的欲求を満たして生命の保持と情緒の安定を図る。

3期（10〜12月）	4期（1〜3月）
●身近な大人に自ら近づき、関わりを求める。 ●はいはいで移動する。 ●後追いや、人見知りが始まり、見慣れない大人を見ると泣く。	●食べることを喜び、自分から手を出して食べるようになる。 ●つかまり立ち、つたい歩きをする。 ●指差しをしたり、意味のある言葉を発したりする。
●気候や体調に留意しながら薄着で過ごす。 ●体を動かして遊ぶことを楽しむ。	●冬の自然に親しみ、丈夫な体をつくる。 ●言葉を発することを楽しむ。
●薄着で過ごす。 ●オムツをこまめに取り替えてもらい、心地よさを感じる。 ●コップやフォークなどの食具に慣れるとともに、自分で食べようとする意欲をもつ。 ●体を使って自分で移動することや、体位により見える視界の違いを楽しむ。 ●戸外へ散歩に行くことを喜ぶ。	●室内外の温度・湿度・換気、また体調に留意してもらい、心地よく生活する。 ●上下の唇を使って食べ物を取り込んで食べる。 ●食具の持ち方を知る。
●喃語を発することを楽しむ。	●保育者の愛情豊かな受容と関わりの中で、触れ合い遊びや、言葉を発することを楽しむ。 ●絵本を読んでもらうことを喜び、指差しをしたり喃語を発したりする。
●好きな玩具を見付け、音を鳴らしたり、動かしたりして遊ぶことを楽しむ。	●自分の能力に応じて、体を動かして遊んだり、探索活動を楽しんだりする。 ●つまんだり、引っ張ったり、握ったり、指先を使って遊ぶことを楽しむ。
●思いきり体を動かして遊べるよう、安全で活動しやすい環境をつくる。 ●自分の好きな遊びを見付けられるよう、玩具を整える。	●シートを敷き、その上に雪や氷を準備し、冬の自然に親しめるようにする。 ●手触りが楽しめる絵本や、子どもの好きな手遊びを準備する。
●人見知り、甘え、不安など、抱っこやスキンシップを通して十分に受け止め、安心できるようにする。 ●前方に玩具を置き、はいはいの運動機能を促す。	●探索活動を十分に味わえるように見守ったり、発達に応じた関わりを行ったりして、運動機能の発達を促す。 ●子どもの思いを言葉にして発語を促し、話すことが楽しくなるようにする。

年間指導計画 低月齢児

年間指導計画 → P044-P045 年間指導計画 低月齢児

記入のコツ!!
内容は、子どもを主語にして書きます。その時期にたっぷり経験させたいことです。その経験を重ねることで、ねらいに書いたことへ近づくわけです。3つの視点を意識して書くとよいでしょう。

保育のヒント
出会いの時期です。絆を感じられるように、特定の保育者との関わりを大切にします。語りかけとスキンシップで愛が届くようにしましょう。リズミカルな言葉やわらべ歌などで心地よさを共有すると通じ合える方向へ。

♣ **年間目標**　●保健的で安全な環境の下で、疾病や体の異常を早期に発見してもらう。

	1期（4～6月）	2期（7～9月）
子どもの姿	●授乳のリズムが徐々に安定する。 ●目の前で動くものを目で追ったり、握ったり振ったりして遊ぶ。 ●短い眠りをくり返し、徐々に睡眠のリズムが安定してくる。	●「いないいないばぁー」とくり返し楽しむ。 ●はいはいやお座りの姿勢で遊ぶ。 ●生理的欲求と、不快の感情を伝える泣き方などに、違いが見られる。
ねらい	●家庭での生活と園での生活が常に連携され、無理なく園生活に慣れる。	●梅雨期、夏期を気持ちよく過ごす。 ●沐浴や水遊びを楽しむ。
内容 健やかに伸び伸びと育つ	●安心して園で生活する。 ●個々に応じた時間に授乳を行い、満足できるまでミルクを飲む。 ●立位で抱かれたり、腹ばいになったりと様々な体位を経験する。 ●抱っこで安心して眠る。	●必要に応じて沐浴やシャワーを行ったり、水分補給をしたりする。 ●優しく声をかけられながら、オムツをこまめに取り替えてもらう。 ●月齢・活動量でミルクを増減してもらう。 ●立位で抱かれたり、腹ばいで体位を変えられたりすることを楽しむ。
内容 身近な人と気持ちが通じ合う	●保育者の丁寧で愛のある関わりの中で、情緒が安定する。 ●あやしたり、語りかけたりすると、大人の顔をじっと見つめる。 ●泣くことで自分の欲求を表現する。	●信頼できる保育者との触れ合いの中で満足して生活する。
内容 身近なものと関わり感性が育つ	●上下左右に動く物を追視する。	●玩具を見ると、手を伸ばしたり、持ちかえたり、握ろうとしたりする。
環境構成	●室内外の温度・湿度・換気に留意し、過ごしやすい環境をつくる。 ●授乳コーナー、睡眠コーナーなど安心して生活できる環境をつくる。	●発達を促しながら遊びを楽しめるスペース、食事や睡眠のスペースなど、子どもの生活や、やりたいことが保障できる安全な環境をつくる。
保育者の援助	●一人一人の生活リズムに合わせて、優しく語りかけながら、授乳、オムツ交換を行い、気持ちよく生活に慣れるようにする。 ●同じ保育者が継続的に関わる。	●沐浴やシャワーをする際は、温度計での確認だけではなく、必ず大人も体感し、事故を防ぐ。 ●音の出る玩具を利用し、腹ばいや寝返りの運動機能の発達を促す。

- 愛情豊かな保育者の受容により、信頼関係の基礎を培う。
- 生活リズムを安定させ、生理的欲求を満たして生命の保持と情緒の安定を図る。

3期（10〜12月）	4期（1〜3月）
●身近な大人に自ら近づき、関わりを求める。 ●はいはいで移動する。 ●後追いや、人見知りが始まり、見慣れない大人を見ると泣く。	●食べることを喜び、自分から手を出して食べるようになる。 ●つかまり立ち、つたい歩きをする。 ●指差しをしたり、意味のある言葉を発したりする。
●気候や体調に留意しながら薄着で過ごす。 ●体を動かして遊ぶことを楽しむ。	●冬の自然に親しみ、丈夫な体をつくる。 ●言葉を発することを楽しむ。
●薄着で過ごす。 ●オムツをこまめに取り替えてもらい、心地よさを感じる。 ●コップやフォークなどの食具に慣れると共に、自分で食べようとする意欲をもつ。 ●体を使って自分で移動することや、体位により見える視界の違いを楽しむ。 ●戸外へ散歩に行くことを喜ぶ。	●室内外の温度・湿度・換気、また体調に留意してもらい、心地よく生活する。 ●上下の唇を使って食べ物を取り込んで食べる。 ●食具の持ち方を知る。
●喃語を発することを楽しむ。	●保育者の愛情豊かな受容と関わりの中で、触れ合い遊びや、言葉を発することを楽しむ。 ●絵本を読んでもらうことを喜び、指差しをしたり喃語を発したりする。
●好きな玩具を見付け、音を鳴らしたり、動かしたりして遊ぶことを楽しむ。	●自分の能力に応じて、体を動かして遊んだり、探索活動を楽しんだりする。 ●つまんだり、引っ張ったり、握ったり、指先を使って遊ぶことを楽しむ。
●思いきり体を動かして遊べるよう、安全で活動しやすい環境をつくる。 ●自分の好きな遊びを見付けられるよう、玩具を整える。	●シートを敷き、その上に雪や氷を準備し、冬の自然に親しめるようにする。 ●手触りが楽しめる絵本や、子どもの好きな手遊びを準備する。
●人見知り、甘え、不安など、抱っこやスキンシップを通して十分に受け止め、安心できるようにする。 ●前方に玩具を置き、はいはいの運動機能を促す。	●探索活動を十分に味わえるように見守ったり、発達に応じた関わりを行ったりして、運動機能の発達を促す。 ●子どもの思いを言葉にして発語を促し、話すことが楽しくなるようにする。

年間指導計画

記入のコツ!!

年間指導計画は、月の指導計画のインデックスです。好きな玩具との大まかな関わりをここに書き、詳しい中身は10〜12月ごろの月案を見れば分かるように書いていきます。

年間指導計画

高月齢児

年間指導計画 → P046-P047 年間指導計画 高月齢児

年間目標
●生活リズムを安定させ、生理的・依存的な欲求を満たされ、生命の保持、生活・情緒の安定を図る。

		1期（4～6月）	2期（7～9月）
子どもの姿		●人見知りや後追いをする一方で、見慣れた人を見るとはいはいをして積極的に関わりをもとうとする。 ●はいはい、つかまり立ち、つたい歩きをする。	●様々な方法で盛んに移動運動をし、探索活動が増える。 ●戸外に出ることを喜び、水、砂、土などの自然物に興味を示す。
ねらい		●家庭での生活と園での生活が常に連携され、無理なく園生活に慣れる。	●梅雨期、夏期を気持ちよく過ごす。 ●沐浴や水遊びを楽しむ。
内容	健やかに伸び伸びと育つ	●生活リズムを安定させ、無理なく園生活を過ごす。 ●体調や機嫌の状態に留意され、生活のリズムを整える。	●必要に応じて沐浴やシャワーを行ったり、水分補給をしたりする。 ●食事の前後は、顔や手をふいてもらったり衣服を着脱したりし、きれいになった心地よさを感じる。 ●「もぐもぐごっくん」をしながらおいしく食事をする。
	身近な人と気持ちが通じ合う	●保育者の丁寧な愛のある関わりの中で、情緒が安定する。 ●保育者と触れ合い遊びを楽しむ。 ●喃語を発することを楽しむ。	●自分以外の友達の存在に気付く。
	身近なものと関わり感性が育つ	●戸外散歩を喜び、春の自然を見たり、触れたりする。 ●好きな玩具の音を鳴らしたり動かしたりして、遊ぶことを楽しむ。	●様々な運動機能を使って遊べる環境の下、自分の能力を使った移動運動など、体を動かして遊ぶ。 ●指先を使って遊ぶことを楽しむ。 ●歌や手遊びを喜び、まねをする。
環境構成		●指先の発達を促し、感触を楽しめるような手づくり玩具を準備する。 ●食品調査票を定期的に家庭に渡し、連絡を取り合い、離乳の進め方を園と家庭で一貫した取り組みにする。	●思いきり体を動かして安全に遊べるような保育室の環境を整える。 ●子どもの生活ややりたいことが保障できる安全な環境をつくる。 ●こぼれてもよい食事環境を整える。
保育者の援助		●個々の生活リズムに応じて接し、気持ちよく生活できるようにする。 ●朝は同じ保育者が受け入れ、担任に慣れることで次第に他の保育者にも慣れるようにする。	●沐浴やシャワーの湯の温度は、必ず大人も体感し事故の防止に努める。 ●個々の子どもがどんな玩具に興味をもっているかを把握し、一緒に遊ぶことで信頼関係を深める。

保育のヒント

「もぐもぐごっくん」というリズミカルな言葉かけは、子どもにとって分かりやすく有効です。食べる際には「ぱっくん」と声をかけるのもよいでしょう。

- 無理のないよう、様々な食品に慣れ、離乳を完了する。
- 優しく語りかけられ、発声や喃語に応答されて発語の意欲をもつ。

3期（10〜12月）	4期（1〜3月）
●一人歩きが安定する。 ●一語文を話し、言葉を発することを楽しむ。 ●友達への興味が芽生え、顔や体に触れたり、玩具の取り合いをしたりする。	●歌や音楽に合わせて体を動かし、遊ぶ。 ●保育者の仲立ちにより、友達と一緒に遊ぶことを喜ぶ。 ●歩行が安定し、探索の範囲が広がる。
●天候や体調に留意し、薄着で過ごす。 ●散歩や戸外遊びで体を動かす。	●冬の自然に親しみ、丈夫な体をつくる。 ●様々な生活場面で、自分で何でもしようとする。
●室内外の温度、湿度に配慮され薄着で過ごすことで健康増進を図る。 ●オムツはこまめに取り替えてもらい、心地よさを感じる。 ●保育者が「もぐもぐね」と口を動かす姿を見て、そしゃくすることを覚える。 ●全身運動を楽しむ。	●室内外の温度・湿度・換気、また体調に留意され、心地よく生活する。 ●優しく援助されながら便器での排泄に慣れる。 ●一人で食べられるという喜びを感じ、楽しく食事をする。 ●食具の持ち方を優しく知らされる。 ●オムツが汚れたのを感じて知らせる。
●身近な人とほほえみを交わすことを楽しむ。	●保育者の仲介により、友達と関わって遊ぶことを楽しむ。 ●自分から言葉を発することを楽しむ。
●保育者に見守られながら好きな遊びを見付け、一人遊びを楽しむ。 ●簡単な言葉の意味が分かり、言葉を発したり絵本や紙芝居を読んでもらったりすることを楽しむ。	●上り下り、跳ぶ、押す、引っ張るなどの運動を取り入れた遊びを楽しむ。
●子どもが乳母車から降りて安全に遊べるような散歩コースを調べておく。また、保育者が子どもの姿に背を向けないように分散して立つ。	●シートの上に雪や氷を置き、冬の自然に親しめるような環境をつくる。 ●個々の発達や発育状況に応じ、子どもが興味をもてるような環境をつくる。
●友達への関心の高まりから、悪気がなくてもひっかき、かみつきにつながってしまうこともある。友達との間を仲介しながら目を離さず、子どもの姿を見守る。	●戸外で遊ぶ機会が減るので、十分に体を動かせる広い場所で、体を動かして遊べるようにする。 ●個々の排尿の間隔を把握し、無理強いはせず、トイレに誘う。

保育のヒント

全身運動をしながら筋肉を発達させ、バランスよく歩いたり走ったりする力を身に付けていきます。動きたくなるような環境の工夫で誘いましょう。

記入のコツ!!

表情に気持ちが表れます。そこから気持ちを読み取ることはもちろん、保育者も表情で伝えられるような関わりが求められます。ですから、表情についての記述も必要になります。

年間指導計画 文例

年間計画が一年間の指導の軸になります。情緒の安定を図りつつ、健康や安全に配慮しながら見通しを立て、子どもたちの成長を見守っていきましょう。それぞれ、低月齢児……◆、高月齢児……★に対応しています。

♣ 年間目標

- ◆★生活リズムを重視して、生理的欲求を満たし、生命の保持と情緒の安定を図る。
- ◆★発達に応じた適切な援助により、離乳、運動機能の発達、発語の意欲を育む。
- ◆★保健的で安全な環境をつくり、疾患や体の異常の発見に努め、快適な生活ができるようにする。
- ◆★発達に合わせて、身体活動を活発に行う。
- ◆★聞く・見る・触れるなどの経験を通して、感覚や手や指の機能を発達させる。
- ◆★身の回りに対する興味や好奇心を、芽生えさせる。

子どもの姿

- ◆手足を元気に動かし、寝返りをする。
- ◆腹ばいで前進する。
- ◆喃語を発する。
- ◆歯が生え始め、よだれが増える。
- ◆保育者の顔をじっと見つめ、笑顔を見せる。
- ◆手に触れた物を口に運ぶ。
- ◆離乳食に慣れ、もぐもぐ、ごっくんができるようになる。
- ◆★空腹やオムツの汚れなど、不快を泣いて訴える。
- ◆★体調不良により、咳や鼻水、熱が出る。
- ◆★布団で眠ることができず、保育者の抱っこやおんぶで眠る。
- ★保育者のまねをして手をたたいたり、体を揺らしたりしながら、手遊びを楽しむ。
- ★友達の姿に興味が出始め、顔や体に触れる。
- ★指差しや片言で、自分の気持ちを表そうとする。
- ★簡単な手遊びをしたり、絵本を見たりすることを楽しむ。
- ★簡単な言葉を理解し、指差しをしたり、「ワンワン」「ブーブー」など、言葉を発したりする。
- ★歩行が安定する。
- ★保育者が誘うとトイレへ行き、便器に座る。便器に座るのを嫌がる子もいる。
- ★意欲的に手づかみ食べをする。また、食具を使って食べようとする。
- ★意味のある言葉が増える。

◆ ねらい

- ◆はいはい、つかまり立ち、つたい歩きなど、活発に体を動かして遊ぶ。
- ◆優しい語りかけにより、発語への意欲が育つ。
- ◆★心地よい生活を送る。
- ◆★体調や気温に留意され、心地よく生活できるように保育の環境を整えられる。
- ◆★保育者の愛情豊かな受容と関わりの中で、触れ合い遊びを十分に楽しむ。
- ◆★保育者と十分に関わりながら欲求を満たされ、安心して過ごす。
- ◆★好きな遊びを十分に楽しむ。
- ◆★抱っこやベッド、ゆりかごなどに慣れ、安心して眠る。
- ◆★保育者と一緒に戸外に出たり散歩したりすることを喜び、季節の自然に触れることを楽しむ。
- ◆★個々に合った生活リズムで過ごす。
- ◆★気候の変化に合わせ、衣服を調整してもらい、健康に過ごす。
- ◆★体調が崩れやすい季節は、個々に合った生活リズムで過ごす。
- ★愛情あふれる環境の中で、優しく語りかけられ、言葉を発することを楽しむ。
- ★保育者の仲立ちにより、友達との関わりを楽しむ。
- ★歩行での探索活動を十分に楽しむ。
- ★自分の身の回りの物に興味をもち、活発に探索活動をする。

内容　健やかに伸び伸びと育つ

- ◆活動量・月齢に応じて、ミルクの量を加減してもらい飲む。また、ドライミルクからフォローアップミルクに移行され飲む。
- ◆ゆったりとできる環境の中で、ミルクを飲む。
- ◆授乳、排泄、睡眠などについて留意され、生活リズムが整い、園生活に慣れる。
- ◆手づかみでつかみやすい食べ物は、自分で口に持っていき食べようとする。
- ◆★食事の前後や衣服が汚れた際は、顔や手をふいてもらったり衣服を着脱してもらったりし、きれいになった心地よさを感じる。
- ◆★オムツを替えてもらい、心地よさを味わう。
- ◆★室温・湿度に応じて、汗をふいてもらったり、着替えをさせてもらったりして、気持ちよく生活する。
- ◆★スプーンが唇の手前で止まると、自分からスプーンに口を近づけ、口に入れようとする。
- ◆★コップやフォーク、スプーンの感触に慣れる。
- ★ゆったりできる環境の下で、優しい声かけにより楽しく食事をする。
- ◆はいはいやつかまり立ち、つたい歩きで移動することや、様々な体位による視界の違いを楽しむ。
- ★友達がトイレに行く様子を見て、自分も行こうとする。
- ★保育者に意欲を受け止められ、身の回りのことを自分でしようとする気持ちが芽生える。

内容　身近な人と気持ちが通じ合う

- ◆★信頼できる保育者の抱っこで安心して眠る。
- ◆★保育者の丁寧な関わりの中で、園生活に慣れ、情緒が安定する。
- ◆★信頼できる保育者と触れ合い、保育者の愛情豊かな受容により、心地よい生活を送る。
- ◆★安心できる保育者の下で、安全に生活する。
- ★信頼できる保育者との関係の中で、甘えたり喜んだり怒ったりと、様々な感情を安心して表現する。
- ★自分の欲求を言葉で伝えようとする。
- ◆泣くことで自分の気持ちを表現する。
- ◆大人の語りかけや、あやしに対し、じっと見つめたり微笑んだりする。
- ◆泣いたり、笑ったり、大きな声を発したりすることで自分の欲求を表現する。
- ◆喃語を発し、応答してもらうことを喜ぶ。
- ◆★全身を使って自分の気持ちを表現する。
- ★保育者とのスキンシップを喜び、体に触れるあやし遊びを楽しんだり、保育者の模倣をしたりする。
- ★安心できる保育者の見守りの中で、一人遊びを十分に楽しむ。
- ★喃語を発し、応答してもらうことを喜び、簡単な一語文を話す。
- ★保育者と一緒に絵本を見ながら、簡単な言葉のくり返しや模倣を楽しむ。
- ★保育者の愛情豊かな語りかけや、発語・発声への丁寧な応対により、発語の力をつける。
- ★信頼できる保育者との触れ合いの中で、安心して自分の遊びを楽しむ。
- ★友達に興味をもち、顔を近づけたり、触れたりする。

内容　身近なものと関わり感性が育つ

- ◆★はいはいやつたい歩き、歩行などで探索活動を十分に楽しむ。
- ◆★水に触れることを喜ぶ。
- ◆★感触遊びを楽しむ。
- ◆★つまむ、たたく、引っ張るなど指先や手を使って遊ぶ。
- ◆★好きな玩具を見付け、音を鳴らしたり動かしたりして遊ぶ。
- ★リズミカルで簡単な歌や手遊び、触れ合い遊び、わらべうた遊びを楽しむ。
- ★歌や音楽に合わせて、体を動かして遊ぶことを楽しむ。
- ★保育者と一緒に歌ったり、簡単な手遊びをしたり、音楽に合わせて体を動かしたりして遊ぶ。
- ★戸外に出ることを喜び、体を動かして遊ぶ。
- ★上ったり下ったり、跳んだり押したり、引っ張ったり、などの全身運動を楽しむ。
- ★友達と同じ空間で、音楽に合わせて踊ったりリズムを楽しんだりする。

環境構成

- ◆★音の出る玩具、動かして遊べる玩具など、子どもたちの発達状況に応じて、発達を促すような手づくりの玩具を準備する。
- ◆★個々の発育や、発達状況、身体能力に応じて、子どもが自ら興味をもって遊びたくなるような環境を設定する。
- ◆★ついたてをつくり、玩具が散乱しないようにしたり、机や椅子を片付けたりして、転倒をしても危険のないように保育室の環境を整える。
- ◆★誤飲を防ぐため、直径3.5センチよりも小さな玩具は置かないようにする。また、定期的に玩具が壊れていないか点検をし、なめたり口に入れたりしても危険のないようにする。
- ◆★子どもたちに背を向けない保育者の立つ位置をそのつど確認し、安全に過ごせる人的環境を整える。また、テーブルや椅子などは保育者の位置を配慮した配置にする。
- ◆★遊び、食事、睡眠の場を、簡単に移動できる仕切りを用いてスペースを区切り、一人一人の生活リズムに合わせて落ち着いて過ごせるような環境を整える。
- ◆★危険のないよう、それぞれの発達に応じて保育室を区切り、腹ばい、はいはい、歩行などの身体運動が十分行えるよう環境を整える。
- ◆★玩具は消毒をして常に清潔にしておく。
- ◆★保育室はこまめに掃除をし、保育環境を整える。
- ◆★検温がすぐにできるような場所に体温計を置いておく。
- ★たたいたり、つまんだりと存分に遊べるような、発達に合った玩具を用意する。
- ★玩具の取り合いなどの際は、保育者が口添えをする。未然に防ぐためにも複数用意するなど工夫をする。
- ★トイレには子どもたちの好きな動物や花、キャラクターなどの絵をはるなどする。

保育者の援助

- ◆「泣いてもいいよ」と、ゆったりとした優しい気持ちで子どもを抱く。微笑みかけたり、喃語に応答したりして安心感を与え、子どもとの触れ合いを大切にする。
- ◆あやすと笑いかけたり手足をバタバタさせたりするので、子どもと目を合わせて表情豊かに優しく笑いかけ、笑いを共有する。
- ◆晴れている日は積極的に戸外へ出かけ、保育者が自然に目を向けて、「チューリップだね」「タンポポだね」などと手にとって知らせることで、季節の自然に親しめるようにする。
- ◆歌や手遊びに興味を示し模倣したくなるように、保育者は優しく明るい声で歌ったり、大きな身振り・手振りで示したりする。
- ◆★はいはい、つたい歩き、歩行など移動運動が盛んになるので、思いきり体を動かして遊べる、安全で活動しやすいスペースを確保し、保育者は子どもの姿に背を向けない場所に座る。
- ◆★ゆったりとした雰囲気の中で、ゆっくりリズムを取りながら歌い、保育者が振りを示し、まねをしたくなるように関わる。
- ◆★甘えたい気持ちを受容し、保育者と一対一で触れ合う関係を大切にする。
- ◆★子どもと向かい合ってひざにのせてリズミカルな歌を歌いながら上下に軽く体を動かし、一対一の触れ合い遊びを楽しむ時間を大切にする。
- ◆★優しい笑顔や語りかけで子どもたちの欲求にこたえ、安心して過ごせるような雰囲気をつくる。
- ◆★すべての職員が、一人一人の子どもの体調や発達、食事形態などを把握して保育を進める。
- ★言葉が盛んに出てくる時期なので、子どもの言葉に優しく耳を傾け、その場に応じた正しい言葉で対応する。また、子どもの思いを言葉にして応答することで、発語を促し、話すことが楽しくなるようにする。
- ★「○○ちゃんもいるね」「一緒だね」と友達の存在を感じられる言葉をかけ、友達といることに喜びを感じられるようにする。
- ★指差しや発語に応答し、「○○ちゃんだね」「△△だね」と友達や物の名前を保育者が言葉で返すことで、人や物への興味・関心が広げられるようにする。

第3章

月案の立て方

クラスで一つ作成する「月案」は、4月から3月までの12か月を、表と各月の文例付きで紹介しています。

0歳児の月案

おさえたい3つのポイント

年間指導計画を基に、1期を更に月ごとに区切り、期のねらいを細分化した月のねらいを決めて、保育を組み立てていきます。

① 個別の関わりが基本

一人一人の生活リズムに応じての個別への対応になりますが、共通していることも多いはず。予想される姿を具体的に書き出すことで、必要な環境や援助が見えてくるでしょう。また、その子に特有の癖や好みも早めにつかみます。個人案を上手に併用しましょう。

② 生活リズムを整える

睡眠と覚醒のリズムを付け、授乳を適切に行うことが求められます。そのためには、何に配慮しなければならないかを導き出しましょう。静かなスペースと遊べるスペースを分けるためにはどのような物の配置がよいのか、防音のための工夫など、具体的に記入します。

③ 居心地のよさ

子どもにとって、園は第2の家庭です。長時間いることになるので、安心して快適に過ごせることが大切です。どのようにしたら子どもたちにとって居心地のよい空間となるのか、そのための工夫や配慮を具体的に書きます。指導計画は、保育者たちの決意表明の場でもあるのです。

前月末（今月初め）の子どもの姿

前月末の園生活における子どもの育ちの姿をとらえます。興味・関心やどんな気持ちで生活しているのかなど詳しく書きます。※4月は「今月初めの子どもの姿」となります。

4月月案 低月齢児 つくし組

今月初めの子どもの姿

- 母親と離れる際は、泣くことなく保育者に抱っこされ、保育室内をじっと見つめている。
- 母乳の子は冷凍母乳を準備してもらう。哺乳瓶に慣れていない子は、早めに迎えに来てもらう。

		★ 内　容
養護・教育	健やかに伸び伸びと育つ	●生活（授乳量・食事・睡眠）の様子や、リズム、癖を把握してもらい、安心してミルクを飲み、気持ちよく眠る。 ●オムツをこまめに交換してもらい、気持ちよく生活する。 ●横抱きや立位で抱かれたり、ベビーチェアで寝たりする。
	身近な人と気持ちが通じ合う	●保育者の愛のある丁寧な関わりの中で、生理的欲求を満たし、情緒の安定を図る。
	身近なものと関わり感性が育つ	●動く玩具や人を見ると、目で追ったり、じっと見つめたりする。

食育

- 個々に応じた時刻に授乳を行い、満足するまでミルクを飲むことができるようにする。
- 飲ませ始めは、哺乳瓶の乳首を軽く唇に触れさせ、吸い付きを促す。
- ゆったりとした雰囲気の中で保育者が抱っこし、安心してミルクを飲むことができるようにする。

内容

「ねらい」を達成するために「経験させたいこと」です。「健やかに伸び伸びと育つ」「身近な人と気持ちが通じ合う」「身近なものと関わり感性が育つ」の3つの視点から挙げます。

ねらい
今月、育みたい資質・能力を乳児の生活する姿からとらえたものです。園生活を通じ、様々な体験を積み重ねる中で相互に関連をもちながら、次第に達成に向かいます。

環境構成
「ねらい」を達成するために「内容」を経験させる際、どのような環境を設定したらよいかを具体的に書きます。

安全・健康
子どもたちの安全と健康を守るために園として行うことを具体的に記入します。

予想される子どもの姿
環境構成された場に子どもが入ると、どのように動き、どのように活動するのかを予想して書きます。

保育者の援助
「ねらい」を達成するために「内容」を経験させる際、どのような保育者の援助が必要かを具体的に書きます。

家庭との連携
保護者と園とで一緒に子どもを育てていく上で、伝えることや尋ねること、連携を図って進めたいことについて記載します。

評価・反省
翌月の計画に生かすため、子どもの育ちの姿を通して、「ねらい」にどこまで到達できたか、援助は適切だったかを振り返って書き留めます。

◆ ねらい
- 安心できる温かい雰囲気の下、保育者と関わりながら信頼関係を深める。
- 生活リズムを大切にして、生理的欲求を満たすことで、心地よい生活を送る。

✚ 安全・健康
- 子どもの健康観察を丁寧に行い、生活リズムを整える。
- 保育室内の気温・湿度に配慮し、環境を整える。
- 睡眠中は、目を離さずに観察し続ける。

環境構成	予想される子どもの姿	保育者の援助
● 授乳スペース、睡眠スペース、遊びスペースをつくり、落ち着いて生活したり、ゆったりと遊んだりできる環境を設定する。 ● オムツ、手袋、消毒剤、ゴミ袋、おしりふきなどを取り出しやすいように設置する。 ● オムツ交換台の天井に、モビールをつるす。	● 泣いたり、顔をかいたり、目をつむったりして眠たがる。 ● 授乳量にむらがある。 ● オムツを交換する際、オムツ交換台にあお向けにされると嫌がって泣く。 ● 授乳しても飲まなかったり、寝そうとしても寝なかったりして、泣き続ける。 ● まだ首がすわらず不安定である。 ● 手や足を動かす。	● 一人一人の生活リズムに応じて、優しく語りかけながら、授乳やオムツ交換を行い、気持ちよく生活に慣れるようにする。また、家庭との連絡を密にし、家庭と似た環境の中で生活できるように、個々の生活リズム、癖などをしっかりと把握する。
● 優しく名前を呼び、笑顔を見せて、安心できる雰囲気をつくる。	● 抱っこされたまま友達の姿を眺めたり、音の鳴る方を向いたりする。 ● 保育者の語りかけに対して笑う。	● 優しい笑顔で接する保育者の姿を見せ、愛されていると感じられるような温かい雰囲気をつくる。 ● 信頼関係を深めるためにも、特定の保育者が付くようにする。 ● 体に触れながら安心感を感じられるように、あやし遊びを行う。
● 安全な遊びスペースを確保する。 ● 直径3.5センチ以下の小さい玩具は置かないようにし、危険がない安全な環境をつくる。 ● 音が出たり、動いたりする玩具を準備する。	● 目の前にある玩具をじっと見つめたり、目で追ったりする。	● ベッドばかりではなく、様々な玩具や保育者の姿を見たり触れ合ったりできるようにする。

⇄ 職員との連携	🏠 家庭との連携	◆ 評価・反省
● 受け入れ時は、特定の保育者が受け入れをし、安心して過ごせるようにする。 ● 眠りたいとき、おなかがすいたときなど、生理的欲求を満たすことができるように、個々のミルクの量、入眠の癖や仕方を職員全員が把握しておく。	● 園と家庭での生活が連続したものとなるように、家庭での様子を細かく聞き、また、保育園での様子も細かく伝え、子どもも保護者も安心して園生活を送ることができるようにする。 ● 連絡帳の記入の仕方を伝え、食べた食材、授乳量、授乳時間、家庭での様子を記入してもらう。	● 家庭との連絡を密にし、個々の生活リズムを大切にしていった。職員間でも共通理解し対応することができ、子どもたちの生活リズムが安定してきた。 ● 手足を動かすなど、少しずつ動きが出てきたので、腹ばいやベビーマッサージなどで体を動かすことを楽しめるようにしたい。

食育
「食育」のための具体的な援助について、環境のつくり方から保育者の言葉かけまで、具体的に書きます。

職員との連携
担任やクラスに関わる職員間で、子どもや保護者の情報を共有したり助け合ったりできるよう、心構えを記します。

53

4月 月案 低月齢児

4月月案 低月齢児 つくし組

👧 今月初めの子どもの姿

- 母親と離れる際は、泣くことなく保育者に抱っこされ、保育室内をじっと見つめている。
- 母乳の子は冷凍母乳を準備してもらう。哺乳瓶に慣れていない子は、早めに迎えに来てもらう。

		★ 内　容
養護・教育	健やかに伸び伸びと育つ	● 生活（授乳量・食事・睡眠）の様子や、リズム、癖を把握してもらい、安心してミルクを飲み、気持ちよく眠る。 ● オムツをこまめに交換してもらい、気持ちよく生活する。 ● 横抱きや立位で抱かれたり、ベビーチェアで寝たりする。
	身近な人と気持ちが通じ合う	● 保育者の愛のある丁寧な関わりの中で、生理的欲求を満たし、情緒の安定を図る。
	身近なものと関わり感性が育つ	● 動く玩具や人を見ると、目で追ったり、じっと見つめたりする。

🍽 食　育

- 個々に応じた時刻に授乳を行い、満足するまでミルクを飲むことができるようにする。
- 飲ませ始めは、哺乳瓶の乳首を軽く唇に触れさせ、吸い付きを促す。
- ゆったりとした雰囲気の中で保育者が抱っこし、安心してミルクを飲むことができるようにする。

4月の月案 ここがポイント！

心地よい環境で、命を守る

　母親から離れて生活するリズムにスムーズに慣れられるよう、家庭との連携が必要です。母乳を飲ませることが可能なら園に来ていただいたり、冷凍母乳を用意してもらったりします。

　また、衛生面に気を付け、睡眠中も呼吸が正常に行われているかを常に気にかける必要があります。

◆ ねらい
- 安心できる温かい雰囲気の下、保育者と関わりながら信頼関係を深める。
- 生活リズムを大切にして、生理的欲求を満たすことで、心地よい生活を送る。

✚ 安全・健康
- 子どもの健康観察を丁寧に行い、生活リズムを整える。
- 保育室内の気温・湿度に配慮し、環境を整える。
- 睡眠中は、目を離さずに観察し続ける。

4月 月案・低月齢児

環境構成	予想される子どもの姿	保育者の援助
●授乳スペース、睡眠スペース、遊びスペースをつくり、落ち着いて生活したり、ゆったりと遊んだりできる環境を設定する。 ●オムツ、手袋、消毒剤、ゴミ袋、おしりふきなどを取り出しやすいように設置する。 ●オムツ交換台の天井に、モビールをつるす。	●泣いたり、顔をかいたり、目をつむったりして眠たがる。 ●授乳量にむらがある。 ●オムツを交換する際、オムツ交換台にあお向けにされると嫌がって泣く。 ●授乳しても飲まなかったり、寝かそうとしても寝なかったりして、泣き続ける。 ●まだ首がすわらず不安定である。 ●手や足を動かす。	●一人一人の生活リズムに応じて、優しく語りかけながら、授乳やオムツ交換を行い、気持ちよく生活に慣れるようにする。また、家庭との連絡を密にし、家庭と似た環境の中で生活できるように、個々の生活リズム、癖などをしっかりと把握する。
●優しく名前を呼び、笑顔を見せて、安心できる雰囲気をつくる。	●抱っこされたまま友達の姿を眺めたり、音の鳴る方を向いたりする。 ●保育者の語りかけに対して笑う。	●優しい笑顔で接する保育者の姿を見せ、愛されていると感じられるような温かい雰囲気をつくる。 ●信頼関係を深めるためにも、特定の保育者が付くようにする。 ●体に触れながら安心感を感じられるように、あやし遊びを行う。
●安全な遊びスペースを確保する。 ●直径3.5センチ以下の小さい玩具は置かないようにし、危険がない安全な環境をつくる。 ●音が出たり、動いたりする玩具を準備する。	●目の前にある玩具をじっと見つめたり、目で追ったりする。	●ベッドばかりではなく、様々な玩具や保育者の姿を見たり触れ合ったりできるようにする。

⇄ 職員との連携
- 受け入れ時は、特定の保育者が受け入れをし、安心して過ごせるようにする。
- 眠りたいとき、おなかがすいたときなど、生理的欲求を満たすことができるように、個々のミルクの量、入眠の癖や仕方を職員全員が把握しておく。

🏠 家庭との連携
- 園と家庭での生活が連続したものとなるように、家庭での様子を細かく聞き、また、保育園での様子も細かく伝え、子どもも保護者も安心して園生活を送ることができるようにする。
- 連絡帳の記入の仕方を伝え、食べた食材、授乳量、授乳時間、家庭での様子を記入してもらう。

◆ 評価・反省
- 家庭との連絡を密にし、個々の生活リズムを大切にしていった。職員間でも共通理解し対応することができ、子どもたちの生活リズムが安定してきた。
- 手足を動かすなど、少しずつ動きが出てきたので、腹ばいやベビーマッサージなどで体を動かすことを楽しめるようにしたい。

4月 月案 高月齢児

4月月案 高月齢児 つくし組

4月の月案 ここがポイント！

依存の中で安心感と充実感を得る

　特定の保育者との愛着関係の中で、心身の発達が促され、信頼関係を育んでいく大切な時期です。子どもの喜びや不快感などを敏感に受けとめ、笑顔で適切に対処していくことが求められます。

　また、はいはいやつかまり立ちなど、全身運動によって目覚ましく手足を発達させていく時期なので、安全に気を付けながら、十分に活動できる環境を整えましょう。

今月初めの子どもの姿

- 新しい環境に戸惑って泣くが、特定の保育者が抱っこすることで泣きやむ。また、後追いする姿も見られる。
- はいはい、つかまり立ちなどの移動運動が盛んになる。興味のある玩具に手を伸ばし、動かしたりして遊ぶ。

		★ 内　容
養護・教育	健やかに伸び伸びと育つ	●生活の様子（授乳量・食事・睡眠）や、リズム、癖などを把握してもらい、安心して生活し、新しい環境に慣れる。 ●自分なりの方法で、体を動かすことを楽しむ。
	身近な人と気持ちが通じ合う	●特定の保育者との関わりを喜び、信頼関係を深めて機嫌よく生活する。 ●保育者の愛のある丁寧な関わりの中で、情緒を安定させる。 ●安心できる保育者を見付け、触れ合い遊びを楽しむ。
	身近なものと関わり感性が育つ	●好きな玩具を見付け、音を鳴らしたり動かしたりして楽しむ。

食　育

- 食品調査票を定期的に家庭に渡し、食べられるようになった食材を常に把握できるよう、家庭とこまめに連絡を取り合い、園と家庭とで離乳の進め方を一貫させる。
- 様々な食材や、形状に慣れるようにする。
- スプーンやフォーク、コップの感触に慣れるようにする。

4月 月案・高月齢児

◆ ねらい
- 生活リズムを大切にし、生理的欲求を満たすことで、心地よい生活を送る。
- 特定の保育者と関わりながら、触れ合い遊びを楽しみ、信頼関係を深める。

✚ 安全・健康
- 毎朝子どもの健康観察を丁寧に行い、生活リズムを整える。また、心地よく過ごしやすい保育室の環境を整える。
- 乳児室内を清潔に保つだけでなく、子どもたちの手洗いの仕上げを丁寧に行い、感染症を予防する。

環境構成	予想される子どもの姿	保育者の援助
●連絡帳を職員全員が目を通しやすい場所に置き、一緒に個々の生活の流れを記入しておくボードを準備する。 ●食事、遊び、睡眠スペースを区切る。	●眠りたいが、新しい環境に慣れず、眠ることができない。 ●午前睡をし、昼に眠れなくなる。 ●給食は好きな食べ物だけを食べ、嫌いな物は食べない。 ●つかまり立ちをする際、転倒する。 ●立てたことを喜び、自分で拍手する。	●個々の生活リズムに応じて生理的欲求を満たし、気持ちよく生活に慣れるようにする。また、家庭と似た環境の中で生活できるように、個々の生活リズム、癖などを把握する。
●子どもたちに背を向けず、常に全体を見渡すことができる位置に保育者が点在するよう気を付ける。	●受け入れ時、保護者と離れると泣くが保育者が抱っこすると泣きやむ。 ●特定の保育者の後追いをする。 ●保育者がそばから離れると泣く。 ●保育者のひざの上に座り、ひざを動かしてもらうことや、くすぐり遊びを喜ぶ。 ●手を広げて抱っこを求める。	●朝の受け入れは、なるべく同じ保育者が行い、徐々に保育園生活に慣れるように、職員間での連絡を密にする。 ●少し離れた場所から子どもの名前を呼び、保育者の元まで来たときは抱きしめ、自分で移動できた喜びを味わえるようにする。 ●子どもの目を見て名前を呼び、かわいいという気持ちを込めて接し、子どもが保育者との関わりに安心感をもてるようにする。
●つかまり立ちや、つたい歩きができるような、机や牛乳パックの囲いなど、歩行を促すことができる玩具を準備する。 ●子どもたちの興味に応じた手づくり玩具を準備し、保育者もその玩具で遊ぶ姿を見せる。	●玩具を手に取ってなめたり、振って音を出したり、投げたりする。 ●はいはいで近づいてきて玩具を動かす。	●手に物を持つと投げてしまう子には、投げるという経験ができるよう小さなボールを準備する。

⇄ 職員との連携
- 登園時は、特定の保育者が受け入れをし、安心して過ごせるようにする。
- 前年度の担任から伝達を受け、個々の生活の仕方や癖を把握しておく。
- 食事・睡眠・排泄など様々な場面において職員間での役割分担を決めておく。その場に応じて柔軟な対応ができるよう、どの職員でもすべての役割が担えるようにしておく。

🏠 家庭との連携
- 園と家庭での生活が連続したものとなるように、家庭での様子を細かく聞き、また、保育園での様子も細かく伝え、子どもも保護者も安心して園生活を送ることができるようにする。
- 疲れが出やすい時期であることを話し、子どもの体調を注意して見てもらうように伝える。

🏷 評価・反省
- 安心できる特定の保育者とのスキンシップを通して触れ合い遊びなどを楽しみ、信頼関係をつくった。次第に情緒が安定し、どの保育者にも慣れてきた。
- 天気のよい日は積極的に戸外へ出たことで気分転換となり、リラックスできることが分かった。引き続き戸外へ出る機会を多く設け、春の自然に親しみたい。

5月 月案 低月齢児

5月月案 低月齢児 つくし組

月案 → P058-P059 5月の月案 低月齢児

5月の月案 ここがポイント！

毎日の変化に気付けるように

　乳児は、身長も体重も脳の動きも、私たちが想像する以上のスピードで発達しています。昨日できなかったことが今日はできるようになり、これまで感じなかったことも急に感じるようにと変化します。

　日々の発見を喜びにしながら、保護者にも連絡帳などを通して伝えましょう。乳児がいる喜びは、園にとっても家庭にとっても、かけがえのないものであることを感じましょう。

前月末の子どもの姿

- 腹ばいで過ごしたり、腹ばいで頭を持ち上げたりする。
- 眠くなったり、おなかがすいたりすると、泣くことで自分の欲求を表現する。

★内容

養護・教育 / 健やかに伸び伸びと育つ	●保育室内の気温、湿度、風通し、清潔に留意してもらい、快適な生活を送る。 ●生理的欲求を十分に満たし、健康や体調、機嫌の状態に留意してもらい、生活のリズムを整える。 ●立位で抱かれたり、腹ばいにされたり、様々な体位を経験し、保育者と触れ合いながら体を動かす。
身近な人と気持ちが通じ合う	●安心できる保育者を見付け、関わってもらうことを喜ぶ。
身近なものと関わり感性が育つ	●音の出る玩具、動く玩具に興味をもち、見たり触ったりして遊ぶ。

食育

- 家庭での授乳に配慮し、一日の活動量に応じて授乳する。
- 母乳しか飲めない子には、様々な哺乳瓶での授乳を経験させ、ミルクの味や哺乳瓶の感触に慣れるようにする。

5月 月案・低月齢児

◆ ねらい
- 個々の生理的欲求に十分に応じてもらい、生活のリズムを整える。
- 優しく愛のある雰囲気の中で、体を動かしながら保育者との関わりを喜ぶ。

✚ 安全・健康
- 外気浴をする際は、日照や気温、紫外線情報に留意する。
- 授乳前には、せっけんでよく手を洗いアルコールで消毒する。

環境構成	予想される子どもの姿	保育者の援助
●室内外の温度、湿度、換気に留意し、風通しをよくするなど、過ごしやすい保育室の環境を整える。 ●ミルクを飲んだ量、眠った時間を職員全員が理解し把握できるよう、そのつど書き込めるようなボードを準備し、連絡帳と見比べられるようにしておく。 ●ベビーマッサージや赤ちゃん運動など、楽しく体を動かせる遊びを準備する。	●汗をかくとぐずり泣く。 ●ヘルパンギーナなどの感染症にかかる。 ●熱が出るなどして、体調が悪いことを泣いて示す。 ●1回に飲むミルクの量が少なく、おなかがすいて泣く。	●感染症が発生した場合は保育室の環境を再確認し、空気清浄機を使うなど配慮する。汗をかいた場合はこまめに着替えをし、「きれいにしようね」「汗をかいたね」と言葉をかけながら手際よく行う。 ●毎朝家庭での様子、機嫌などを伝えてもらう。また、日頃から泣き方、顔色、便の状態など個々の様子をよく観察し、異常のある場合はすぐに対応する。家庭での起床時間、授乳時間、授乳量に応じてミルクをつくる。
●優しい笑顔と声かけで触れ合い、安心して楽しめる雰囲気をつくる。	●泣いたり、笑ったり、手足をばたばたさせたりする。 ●うれしそうに声を出して笑う。	●子どもの名前を日に何度も呼び、あなたを大切にしているということが伝わるようにする。
●手触りを感じられる玩具を準備する。 ●玩具は常に清潔に消毒しておく。	●自分の足や手をなめて遊ぶ。 ●音が出たり動いたりする玩具に興味をもち、目で追い、手を伸ばして触ろうとする。	●一定の方向ばかりを向く子にはタオルを挟むなどし、反対方向も向けるようにする。 ●握りやすい物、きれいな物、口に入れても安全な物を準備する。 ●握ったり、つかんだりすることはできなくても、その感触や手触りを感じられるようにする。

⇄ 職員との連携
- ミルクを飲んだ量や眠った時間など一人一人の一日の様子を職員間で把握できるようにする。
- 低月齢児と生活を共にする保育者、高月齢児と生活を共にする保育者とに分かれるが、常に連携を図り、個々の子どもに応じた遊びや生活ができるように共通理解する。

🏠 家庭との連携
- 園と家庭での生活が連続したものとなるように、家庭での様子を細かく聞き、また、保育園での様子も細かく伝える。
- 散歩、外気浴のときに使用する帽子を準備してもらう。
- ミルクの量を相談し、活動量に応じて調節する。

◆ 評価・反省
- 腹ばいになり頭を起こす姿や、手を伸ばして物を取ろうとする姿も見られるようになり、身の回りの物の認知もでき始めている。握りやすい玩具を準備したり、様々な体位を経験できるようにしたりしていきたい。

5月 月案 高月齢児

前月末の子どもの姿

- 個々の発達に応じた運動機能を使い、自分で移動することを楽しむ。また、外への関心が高まっている。
- 保育者に甘えたり、触れ合い遊びを喜んだり信頼関係が深まり、情緒が安定し探索行動を楽しむ姿も見られる。

	★ 内 容
養護・教育 — 健やかに伸び伸びと育つ	●生理的欲求を十分に満たし、健康や体調、機嫌について留意され、生活のリズムを整える。 ●はいはいや、つかまり立ち、つたい歩きをし、個々の発達に見合った活動を十分に楽しむ。
養護・教育 — 身近な人と気持ちが通じ合う	●保育者の愛のある丁寧な関わりの中で、情緒を安定させる。
養護・教育 — 身近なものと関わり感性が育つ	●戸外散歩を喜び、春の自然を見たり、触れたりする。 ●歌を聞いたり、手遊びを見ながら指差しをしたり、喃語を話すことを楽しんだりする。

5月の月案 ここがポイント！

外遊びの楽しさを味わえるように

　風の心地よい季節です。外に目が向くようにテラスなどを広く開け、外へと誘いましょう。木かげにゴザを敷いて遊ぶのも楽しいものです。草花の香りや土の香りなども十分に味わわせましょう。

　また、困ったときに振り返ると、そこには笑顔の保育者がいるという安心感がもてるように、一人一人の動きを見守っていきましょう。

食育

- 様々な食材や、形状に慣れ、食事の時間が楽しい時間となるようにする。
- スティック状の物や、つかみやすい物を準備し、自分で食べようとする意欲を引き出す。
- 手づかみで食べる姿は自分で食べたいという意欲の表れとして受け止め、汚れてもいいようにマットを敷く。

5月 月案・高月齢児

◆ ねらい
- 依存的欲求を十分に受け止めてもらい、楽しく触れ合いを深めながら信頼感を抱き、情緒を安定させる。
- 発達に応じた運動遊びで、体を動かして遊ぶことを十分に楽しむ。

✚ 安全・健康
- 乳児室のテーブル、床、玩具などは毎日消毒し、清潔に保つことで感染症を予防する。
- 個々の発達に応じた遊びを提供する中で危険を予測し、危険を未然に防げるような安全な保育環境を整える。

環境構成	予想される子どもの姿	保育者の援助
●職員全員が連絡帳に目を通すことができるように見やすい場所に置く。 ●過ごしやすい食事スペース、睡眠スペース、遊びスペースをつくり、生活や遊びが十分にできるようにする。 ●ゆったりとした音楽を流し、安心して眠れる環境をつくる。	●鼻水や咳が出たり、体調を崩したりする子が増える。 ●体力がついて午前睡がなくても過ごせるようになる。 ●つかまり立ちをした際、転倒する。	●家庭での睡眠時間を把握し、個々に応じて午前睡の時間を確保する。眠れない場合は、好きな遊びを楽しみ、情緒の安定を図った後、ゆったりと睡眠に入れるようにする。 ●体調が悪い子は戸外に出ることを控え、風邪の悪化を防ぐ。
●求めたときに目に入る位置に保育者がいられるよう、保育室内の配置を考える。	●泣いて保育者の後追いをする。 ●手を広げて抱っこを求める。 ●自ら保育者に近づき、抱っこを求め、笑顔を見せる。 ●指差しや喃語により、保育者に何かを伝えようとする。 ●歌を歌うと泣きやみ、保育者の顔をじっと見つめる。	●目を見て優しく「○○ちゃん」と名前を呼ぶことを大切にし、「かわいいな」という気持ちで抱いたり、ひざにのせたりして触れ合い遊びを楽しみ、笑いを共有する。
●マットやウレタン積み木など、転倒しても危険がないような用具を準備する。 ●春の自然を手に取って触れる機会を大切にする。 ●子どもたちの興味をひくようなお話を準備する。	●花や草を渡すと、手に取り口に入れたり、握ったり、つぶしたり、ちぎったりする。	●ウレタン積み木やマットで高低差をつけた道をつくり、登り降りするなど体を使って遊ぶことを楽しめるようにする。 ●戸外に出た際は、草花や生き物に触れ、見せながら「きれいだね」などと言葉をかけ、身の回りの自然を感じ、楽しめるようにする。

⇄ 職員との連携
- 受け入れ時は、優しい笑顔であいさつをし、抱っこで受け入れをする。
- 低月齢児と生活を共にする保育者、高月齢児と生活を共にする保育者は、相方の保育内容や個々の様子を把握し、子どもに応じた遊びや生活ができるようにする。

🏠 家庭との連携
- 疲れが出やすい時期であることを話し、子どもの体調を注意して見てもらうよう伝える。
- 歩行の様子に応じて、歩きやすいズックを準備してもらう。

🏷 評価・反省
- 触れ合い遊びで笑いを共有したことで、保育者の顔を見ると笑って自ら関わろうとするなど、保育者との情緒的な絆(きずな)が芽生えている。
- 積極的に戸外に出かけることができた。来月は梅雨に入るので、雨天時でも十分に体を動かして遊べるよう、環境を設定していきたい。

6月 月案 低月齢児

6月月案 低月齢児 つくし組

CD-ROM 月案 → P062-P063 6月の月案 低月齢児

前月末の子どもの姿

- 個々によって生活リズムは違うが、保育園での生活のリズムが少しずつ整う。
- 目の前の玩具をつかもうと手を伸ばしたり、小型のガラガラを少しの間、握ったり振ったり口に入れたりする。

		★ 内　容
養護・教育	健やかに伸び伸びと育つ	●汗をふき、こまめに着脱をして清潔に保ってもらい、梅雨期を心地よく快適に過ごす。 ●個々の生活リズムを整え、生理的欲求や依存的欲求を満たされて、安心して心地よく過ごす。 ●立位で抱かれたり、ベビーマッサージをしてもらったり、保育者との触れ合いを楽しみながら、様々な体位を経験する。
	身近な人と気持ちが通じ合う	●保育者の愛のある丁寧な関わりの中で、自分の欲求を表現する。
	身近なものと関わり感性が育つ	●おんぶや抱っこ、乳母車で戸外に出ることを喜ぶ。

食育

- 家庭での授乳量、授乳時間を把握し、ゆったりとミルクを飲むことができるようにする。
- 月齢に応じて、1回食・2回食を進める。離乳食が始まることで、授乳量、授乳時間も変化するので、しっかりと個々の状態を把握する。

6月の月案 ここがポイント！

愛のある関わりの中で、微笑む

園での生活リズムをつくり出し、抱っこにもおんぶにも慣れてきた頃です。目覚めているときには視線を合わせて語りかけたり、スキンシップができる触れ合い遊びをしたりと、微笑み合える時間を多くもつようにしましょう。

また、音の出る玩具や、柔らかいボールなど、五感を刺激するものを用い、楽しく遊べるようにしましょう。

6月 月案・低月齢児

◆ ねらい
- 梅雨期を気持ちよく過ごす。
- 保育者との触れ合いを楽しむ。

✚ 安全・健康
- 気温に合わせて室温や衣服、寝具などを調節し、梅雨期から夏期を快適に過ごせるようにする。
- 自由に体を動かすことができるようカーペットの上に寝かせる。その際、高月齢児とスペースを分け安全な環境をつくる。

環境構成	予想される子どもの姿	保育者の援助
● 家庭でタオルを準備してもらい、取り出しやすい場所に置く。 ● 連絡帳と、保育園での生活の記録とを照らし合わせて見られるよう、ボードを設置する。 ● 睡眠スペースに、個々に応じてベッドやラックを準備する。	● タオルで体をふかれた際、気持ちよさそうにする。 ● ラックで眠るが睡眠が浅く、すぐに目覚める。 ● 一定のミルクの量を飲まず、むらがある。	● 「きれいにしようね」と声をかけ、手際よく体をふき、着脱を行う。 ● 首がすわったら、横抱き以外の抱き方をし、優しく語りかけ、様々な体位を経験させる。ベッドやゆりかごばかりでなく、周囲の安全に気を付け、自由に体を動かせるようにする。
● 触れ合いが心地よくできるよう、タオルを敷いたコーナーを用意する。	● 眠いと泣いて、保育者に知らせる。 ● 泣いたり、笑ったり、手足を動かしたりして、自分の欲求を保育者に知らせる。 ● 名前を呼ばれたり、音が鳴ったりすると音のする方に顔を傾ける。 ● 保育者と目が合ったり、体に触れたりすると声をあげて笑い、手足を動かす。	● 聞いていることを意識し、声のトーンや話し口調に気を付ける。微笑みに対して保育者も微笑みを返し、子どもたちが自分の表現を受け止められた安心感を抱けるようにして、情緒的な絆も深めるようにする。
● 安心して遊べるようなスペースを準備する。また、あお向けになった際に、鈴など音が出る物を使用した手づくりマットを準備する。 ● おんぶひも、乳母車を準備する。乳母車は安定して座ることができる二人乗り用、または一人乗り用を準備する。	● 乳母車が動くと気持ちよさそうな顔をして、声を出す。散歩の途中で眠る。	● 晴れ間を見付け、気分転換を図り戸外で心地よく過ごせるようにする。授乳時間や睡眠時間を考慮し、高月齢児より短い散歩コースにする。

⇄ 職員との連携
- 低月齢児を見る保育者、高月齢児を見る保育者に分かれ、発達に応じた活動ができるようにする。常に連携を図り、共通理解を大切にする。
- 離乳食の進み方、衛生管理について連携を図る。

🏠 家庭との連携
- 健康診断の結果を、保護者に伝える。
- 汗をかいたらこまめに着替えられるように多めの衣服やタオルの準備と共に、通気性や肌触りのよい衣服の準備をお願いする。

◆ 評価・反省
- 冷房の風ばかりではなく自然の風を取り入れ、こまめに気温・湿度の調節を行うことができた。また、晴れている日は日光浴を楽しんだ。
- 起きている間は、楽しい雰囲気の中、積極的に関わった。よく笑うようになり、少しずつ喃語も聞かれる。来月も積極的に関わり、寝返りの動きなどを促した遊びを提供したい。

6月 月案 高月齢児

6月月案
高月齢児
つくし組

👧 前月末の子どもの姿

- はいはい、つたい歩き、歩行など、自分なりの移動手段で意のままに動き、興味のある物に近づく。
- つまむ、握る、投げるなど、指先を使った遊びを楽しむ。
- 散歩の際など、機嫌のよいときには盛んに喃語(なん)を話す。

		★ 内　容
養護・教育	健やかに伸び伸びと育つ	●汗をふいてもらい、必要に応じてシャワーを浴び、梅雨期を心地よく快適に生活する。 ●自分の生活リズムで過ごす。 ●はいはいをしたり、歩いたり、転がったりと、体を動かして遊ぶことを楽しむ。 
	身近な人と気持ちが通じ合う	●信頼できる保育者との触れ合いの中で愛着を深め、安心して自分の欲求を表現する。 ●喃語を発し、応答してもらうことを喜ぶ。
	身近なものと関わり感性が育つ	●押す、引く、投げる、たたき合わせるなど、指や手を使った運動遊びを楽しむ。

6月の月案 ここがポイント！

汗の始末をしてもらい、快適に過ごす

新陳代謝が活発な子どもは、全身運動をするたびに汗をかきます。そのままにしておくと風邪をひいたり、不快感から泣いたりすることにつながります。気温や湿度を確認しながら、子どもが快適に全身運動ができる環境を整えましょう。

また、言葉をよく聞いていてインプットする時期なので、ゆっくりはっきりと優しく語りかけることが大切です。

🍚 食　育

- 様々な食材や形状に慣れられるよう、「もぐもぐごっくん」と声をかけながら、おいしく食事ができるようにする。
- 食べ物を手に持ちやすいような形状にし、自分で食べられるようにする。また、こぼれてもよいような環境を整える。
- 食べられなくても、スプーンやフォークを持ちたがる姿を受け止め、次第に慣れるようにする。

◆ ねらい

- 体調や気温に留意してもらい、梅雨期を気持ちよく過ごす。
- 発達状態に応じた遊びや活動を十分に楽しむ。

✚ 安全・健康

- 戸外に出たときなど、動きが活発になるので遊んでいる姿から目を離さず、安全確認をする。
- 気温に応じて、室温の調節、衣服の着脱をし、梅雨期から夏期を快適に過ごせるようにする。

環境構成	予想される子どもの姿	保育者の援助
● 汗をふくことができるよう、タオルを準備する。 ● シャワー室には必ず鍵をかける。 ● 室内の温度や湿度に留意する。 ● 個々の欲求が十分に満たされるように、保育室の環境を整える。 ● 十分に体を動かせるよう、個々の発達に応じたスペースをつくる。	● 着替えの際、汗のためなかなか衣服が脱げずに怒ったり泣いたりする。 ● 他児とのリズムがずれ、他児が寝ているときに起き、起きているときに眠る。 ● 保育者に援助を求め、歩きたがる。 ● 物につまずき、転倒する。	●「汗をかいたね」などと言葉をかけながら、個々に応じた方法で着脱し、きれいになる心地よさを感じられるようにする。 ● 毎日の生活リズムを記録し、個々に最も適したリズムを見いだせるように接する。
● どこにいても子どもの姿が見えるように机やオムツ交換台などを配置し、保育室の環境を整える。	● 泣いて抱っこを求めたり、近づいたり、後追いしたりなど、自分から保育者に関わろうとする。 ● 大きな声を出したり、声を出したりして笑う。 ● 嫌な気持ちを表現する。	● 優しく抱いて「大丈夫だよ」と声をかける。周りの様子が見えるようにひざに抱き、そこから遊び出せるようにする。 ● 子どもの話したいという気持ちが増すように表情豊かに言葉を返し、嬉しくなるような応答をする。
● 転がしたり、押したりして遊べる玩具を準備する。 ● 指人形や人形を準備する。	● 玩具を手に取り、たたき合わせたり持ちかえたり、投げたりする。 ● かごやカバンを荷物棚から引き出し、引きずって歩く。	● 保育者は常に全体を見渡し、個々に応じた次への発達を促す援助を行う。 ● 玩具以外の物に興味を示し、出したりたたいたり口にくわえたりする子どもの姿を、いたずらではなく遊びの一環としてとらえる。

⇄ 職員との連携

- 後追いしたり、保育者を求めて泣いたりする子に対し、優しくきめ細かく対応できるよう話し合っておく。
- 様々な役割分担を決めるが、子どもの様子に応じて柔軟に対応できるようにする。

🏠 家庭との連携

- 調節・着脱しやすい衣服を準備してもらう。
- 健康診断の結果を、保護者に伝える。
- いたずらと見られる行動も子どもの探索活動の一つとして大切な行動であると知らせると共に、危険な場合はそのつどくり返し伝え、子どもが覚えられるようにとアドバイスする。

◆ 評価・反省

- 梅雨期に入り、雨天が続いた。室温、湿度を保つためエアコンなどを使用して過ごしやすい環境を整えた。
- 歩行が完了した子、つたい歩きの子、はいはいなど、移動運動がとても盛んになった。保育室の環境を見直し、雨天でも動ける子が十分に歩行できる安全なスペースを確保できた。梅雨明け後は、個々に応じた水遊びの仕方を考えていきたい。

6月 月案・高月齢児

7月 月案 低月齢児

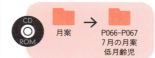

月案 → P066-P067 7月の月案 低月齢児

7月月案 低月齢児 つくし組

😊 前月末の子どもの姿

- 足をねじって体を傾けたり、手足を使って活発に体を動かしたり、全身の動きを楽しむ。
- 眠っているときと起きているときの差がはっきりし、起きているときは喃語を発するなど行動が活発になる。

		★ 内 容
養護・教育	健やかに伸び伸びと育つ	●必要に応じて沐浴やシャワー、水分補給を行い、心地よく生活する。 ●ゆりかごやベッドに慣れ、安心して眠る。 ●こまめにオムツを取り替えてもらい、皮膚の清潔を保つ。 ●寝返りをしたり、腹ばいで遊んだり、手や足を自分で動かして遊ぶ。
	身近な人と気持ちが通じ合う	●喃語を発する。 ●喃語を受け止めてもらう。
	身近なものと関わり感性が育つ	●音の出る玩具に興味を示し、つかんだり口に入れたりする。

🍚 食 育

- 家庭での授乳量、授乳時間を把握し、ゆったりとミルクを飲むことができるようにする。
- 月齢に応じて、1回食・2回食を進める。離乳食が始まることで、授乳量、授乳時間も変化するため、しっかりと個々の状態を把握する。

7月の月案 ここがポイント！

機嫌よく過ごせるように

十分な睡眠が取れないと機嫌が悪くなり、ちょっとしたことで泣き出します。生活リズムを整え、水分補給を十分にし、心地よく過ごせることを大切にしましょう。

ベビーマッサージをしたり、全身運動を促したりすることで、リフレッシュできることもあります。静と動の活動がバランスよくできるように、一人一人の様子をよく観察して関わりましょう。

7月 月案・低月齢児

◆ ねらい
- 暑い夏を気持ちよく過ごす。
- 水の感触や沐浴を楽しみ、心地よく過ごす。
- 保育者との触れ合いを十分に楽しむ。

✚ 安全・健康
- 登園時に保護者から健康状態を聞き、沐浴前に再度、子どもの様子を確認する。また、空腹時や満腹時の沐浴は避ける。
- こまめに着替え、オムツ交換を行い、肌の清潔を保つ。
- 日差しの強い日は長時間の外出を控える。

環境構成	予想される子どもの姿	保育者の援助
●ベビーバス、たらいなどの安全と衛生面を確認後、湯を入れて準備をしておく（安定して座れる水位にする）。 ●シャワー時には冷房を止める。 ●眠くなったら、すぐに眠れるよう睡眠スペースを設定する。 ●オムツ交換スペースをつくり、その天井にモビールをつるす。 ●安全にあお向けや、寝返り、腹ばいで遊ぶことができるようなスペースを確保する。	●湯の中に入ることに不安を抱き泣くが、ベビーバスの中に入ると気持ちよさそうにし、笑顔を見せたり、喃語を発したりする。 ●眠りが浅く、揺れがなくなると泣くが、抱っこすると泣きやむ。 ●オムツを替えながら体をさすったり足を伸ばしたりすると、声をあげて喜ぶ。 ●あお向けになり、手や足をバタバタさせる。 ●うつ伏せから手を伸ばして、飛行機のようなポーズをする。	●子どもの目線で話しかけ、歌を歌いながら優しく体をなでたり、湯をかけたりして、楽しく沐浴ができるようにする。 ●癖やしぐさから眠いことを判断し、個々に応じた方法で入眠できるようにする。不安な気持ち、暑さなどから、眠れない気持ちを理解し、眠れるまで丁寧に関わる。 ●こまめにオムツの確認をし、優しい言葉をかけながら手際よく済ませる。 ●あやし遊びの際に寝返り運動を取り入れ、どちらの方向でも向けるように働きかける。
●保育者は子どもが視界に入る場所に座る。	●保育者の顔を見て笑う。 ●「あー」「うー」と喃語を発し、保育者の返しにもこたえて笑う。	●喃語を話す子どもの口元をまねて「楽しいね」などとこたえ、やり取りする中で発語の喜びや楽しさを知らせていく。
●玩具は消毒し、子どもたちが好む音の出る玩具や、握りやすい玩具を取りやすいように設置する。	●目の前にある玩具を見つめたり、握ったり、口の中に入れたりする。	●様々な玩具に触れ、人との関わりを楽しめるようにする。

⇄ 職員との連携
- 通常より授乳量が減ったり、眠りが浅かったりした場合は、個々の対応の仕方を話し合い、心地よく過ごせるように配慮する。
- 優しく笑顔でオムツ交換する保育者の姿を示し、温かい雰囲気をつくるよう共通理解する。

🏠 家庭との連携
- 汗をかいて衣服が汚れやすくなることを伝え、多めの着替えと、タオルの準備をお願いする。
- 家庭での沐浴や、シャワーの様子を尋ねる。
- 月齢によって、母体からの免疫が薄れ感染症にかかりやすくなることを伝え、日々の子どもの体調を把握してもらう。

🏷 評価・反省
- 冷房は室温が高いときや入眠時など、こまめにつけたり消したりし、快適な環境づくりを心がけた。
- 沐浴では、健康面・安全面に十分に気を付けた。職員間の連携がうまくいかず、最初は全員が沐浴することに時間がかかったが、そのつど、よりよい方法を話し合い、すばやく行うことができたので今後も続けていきたい。

7月 月案 高月齢児

7月月案 高月齢児 つくし組

7月の月案 ここがポイント！

水遊びを安全に楽しく

暑くなってくると疲れやすくなり、機嫌も悪くなりがちです。だからといって、冷房の効いた保育室でずっと過ごすのは困りものです。自然の気温を体感し、水に触れて涼を取りましょう。ビニールプールは滑りやすいので、なるべく手を添えて移動させます。少しずつ水に親しめるように、水に浮く玩具、沈む玩具を準備しましょう。楽しい経験になれば、またやりたいと思うはずです。

前月末の子どもの姿

- 身の回りの物に興味を示す。また、引いたり押したり投げたりといった運動機能も発達し、力も強くなる。
- 名前を呼ぶと、手をあげたり、その方向を見たりする。
- 手遊びを喜び、手をたたいたり手足を動かしたりする。

	★ 内　容
養護・教育 / 健やかに伸び伸びと育つ	●シャワーを浴びたり、こまめに水分補給をしたりする。また、十分な休息を取り、暑い夏を心地よく生活する。
養護・教育 / 身近な人と気持ちが通じ合う	●自分以外の友達の存在に気付く。 ●名前を呼ばれると、手をあげるなど反応する。
養護・教育 / 身近なものと関わり感性が育つ	●安心できる環境の中で、自分の遊びや探索活動を十分楽しむ。 ●自分の好きな遊びを見付け、満足できるまで遊ぶ。 ●水に触れることを楽しむ。

食育

- 自分で食べる気持ちを大切にしながら、手に持てるような食材を準備し、盛り方を工夫して楽しく食事ができるようにする。
- 暑さのため、食欲がないときはミルクで補う。
- フォークに食べ物を刺して渡し、フォークを使って食べる感覚に慣れるようにする。

◆ ねらい
- 暑い夏を気持ちよく過ごす。
- 水の感触を楽しみ、気持ちよく過ごす。

✚ 安全・健康
- 健康状態により沐浴や水遊びが無理なくできるようにする。
- 用具、遊具、玩具の点検を行う。
- シャワーや衣服の交換をこまめに行い、肌の清潔を保ち、皮膚のトラブルに留意する。

7月 月案・高月齢児

環境構成	予想される子どもの姿	保育者の援助
●個々に応じた方法で、いつでも水分補給ができるようにしておく。 ●着替えのかごを準備し、衣服の取り違え、入れ違えがないような環境を設定する。	●湯や水が体にかかることを嫌がる。 ●暑さによる疲れから、いつもより長く眠ったり、寝苦しそうだったり、眠りが浅かったりする。 ●暑さのため、食欲がなく水分をほしがる。 ●食事スペースなど、様々な場所へ行く。 ●滑って転倒する。	●汗をかくことが増えるとあせもや皮膚疾患を起こしやすいので、シャワーを浴び、タオルで体をふく。シャワー室は使用後は必ず鍵をかけ、事故を防ぐ。 ●いつでも水分補給ができるよう、湯ざまし、お茶を準備しておく。
●子どもに背を向けないよう、立ち位置や座る位置に気を付ける。また、子どもが見えなくならないよう、保育室内の物の配置を工夫する。	●喃語を発する。 ●友達の顔に触れたり、つねったり、たたいたりする。 ●名前を呼ばれると返事をする。	●名前を呼ばれたら保育者が手を添えて、一緒に返事をするなどの温かい雰囲気をつくる。 ●楽しく話す機会を設け、子どもが聞いていることを意識し、生活や行為に結び付いた言葉で優しく語りかけ、喃語を引き出す。
●手触りがよい手づくり玩具や、音の出る玩具を、子どもが取り出しやすいように設置する。 ●水遊びの2時間前に水をくみ置きし、水温調節する。 ●子どもが行きたがる場所に玩具を置くなど、発見や探索を楽しめるように環境や玩具を工夫する。	●行動が活発になり保育室の隅へ行ったり、ベッドの下へもぐったりする。また、保育室の戸を開けようとし、廊下に出たがる。 ●水を怖がり、水がかかることを嫌がる。または喜ぶ。	●危険がない保育室の環境を整え、子どもが満足できるまで探索活動を楽しめるようにする。 ●水遊びでは、保育者は子どもの姿に十分に目を向け、「気持ちいいね」と保育者も水に触れ、心地よさを感じるようにする。

⇄ 職員との連携
- 水遊びが始まるので、職員間の役割を十分に話し合い、安全に遊ぶことができるようにする。
- 暑さのために食欲が落ちたり、眠れなくなったりするので、個々の子どもへの対応の仕方を話し合う。

🏠 家庭との連携
- 当日の体調を必ず伝えてもらい、その日の遊びの内容を配慮する。
- 汗をかいたり衣服が汚れやすくなったりすることを伝え、タオルや衣服の補充を多めに準備してもらう。
- 家庭では、どのように入浴やシャワーをしているのか尋ねる。

🏷 評価・反省
- 暑さにより多量の発汗、寝不足、食欲低下など、子どもの体調に変化が見られたので、家庭との連絡をしっかり取り、個々に応じた方法での体調管理に努めた。
- 個々に応じた沐浴・水遊び・シャワーを安全に楽しむことができた。来月は、水遊び用の玩具などを準備し、環境を工夫したい。

8月 月案 低月齢児

8月月案
低月齢児
つくし組

😊 前月末の子どもの姿

- 母体からの免疫が徐々になくなっているため、体調を崩す子が増えている。
- 寝返りや、保育者のひざの上で屈伸するといった運動を楽しむことが多い。

	★ 内　容
養護・教育 健やかに伸び伸びと育つ	●暑い夏も健康に過ごす。 ●沐浴や衣服の着脱をし、体、衣服、身の回りにあるものを常に清潔な状態に保たれる。 ●立位で抱かれたり、腹ばいにされたり、体位を変えてもらうことを喜ぶ。 
身近な人と気持ちが通じ合う	●安心できる保育者との間で、思いを受容してもらい生理的欲求を満たすことで、保育者との信頼関係をつくる。 ●大人の語りかけやあやしに対し、じっと見つめたり、微笑んだりする。
身近なものと関わり感性が育つ	●玩具を見ると、手を伸ばしたり握ったりする。

🍚 食　育

- 離乳食の内容や状況について保護者と連絡を密に取り、更に調理員との連携も図りながら、様々な食材を食べられるようにする。
- 食べるときは「おいしいね！」「もぐもぐ」など保育者が優しく呼びかけながら、楽しい雰囲気の中で食事ができるようにする。

8月の月案 ここがポイント！

室外と室内の温度差に留意して

　ずっと冷房の効いた保育室にいると、外に出た際、うまく体温調節ができなくなってしまいます。あまり室温を下げず、扇風機なども併用して、温度差を少なくする工夫をしましょう。

　また、乳児を抱っこしていると互いに暑さを感じます。メッシュのシートを利用したり腕を洗って冷やしてから抱くと、ずいぶん感じ方が違います。

8月 月案・低月齢児

◆ ねらい
- 沐浴やシャワーを必要に応じて行い、水分補給をする。
- 信頼関係を築いた保育者との関係の中で、欲求を満たしてもらい関わることを十分に楽しむ。

✚ 安全・健康
- 沐浴やシャワーを行い、ヘルパンギーナ、咽頭結膜熱（プール熱）などの感染症の予防や早期発見を心がける。
- 沐浴の際は、保育者も温度を体感して確認・調節する。
- 水分補給を行い、熱中症による脱水症状を予防する。

環境構成	予想される子どもの姿	保育者の援助
●毎日、子どもたちの体調や機嫌などを細かく保護者に聞くことで、一人一人が健康に過ごせるような環境をつくる。 ●着替えスペースをつくり、保育者が笑顔で「気持ちいいね」「すっきりしたね」など声をかけながら、気持ちよさが感じられるような雰囲気づくりをする。	●前夜の寝つきが悪く、機嫌が悪い。 ●食欲がない。 ●気温や湿度が合わず、イライラしている。一方、上機嫌な子もいる。 ●沐浴やシャワーを喜ぶ（嫌がる）。 ●汗をかいている感覚や暑さなどが気持ち悪いことを泣いて訴える。 ●保育者が関わって、生理的欲求を満たしてもらうことを喜ぶ。 ●屈伸運動や腹ばいになりたがる（嫌がる）。	●保護者と子どもの体調について細かな連絡を取り合うことで、子どもの機嫌の悪いときには何が原因なのか、すぐに発見して対応できるようにする。 ●子どもたちが不快に感じないように、汗の始末など身の回りを清潔に保つ。 ●一人一人に合った抱き方や体位などを保育者間で話し合うことで、子どもたちの個々の発達を促す。
●保育者は安心できる笑顔や姿勢で抱っこし、屈伸、腹ばいなどを喜んでできるような雰囲気をつくる。	●保育者が笑ったり話したりする姿をじっと見つめる。 ●保育者と触れ合うことを喜び、自分から求めてくる。 ●安心して保育者と遊ぶ。	●人見知りが出ているので不安になったときはいつでも保育者がそばにいることを伝え、抱っこして安心できるようにする。
●音の出る玩具、動かして遊べる玩具など、子どもたちが手を伸ばして握って遊べるような手づくり玩具を準備しておく。	●興味をもって玩具に触れる。	●子どもたちの手の発達を促せる手づくり玩具を準備し、楽しさを共有する。

⇄ 職員との連携
- 一人一人の体調管理をこまめに伝え合い、感染症の早期発見に努める。
- 子どもの健康状態に応じた過ごし方ができるように保育者間で役割分担をする。
- 食欲不振になりやすいので調理員と連携を図り、子どもが少しでも多くの食材を食べられる工夫をする。

🏠 家庭との連携
- 母体からの免疫がなくなっていることから、感染症にかかりやすいことを伝え、子どもの体調管理には十分に配慮してもらう。
- 子どもの普段の何気ない行動の一つ一つが発達であることを保護者に伝え、一緒に子育ての楽しさや喜びを感じられるようにする。

🏷 評価・反省
- 保護者と連携し、感染症を未然に防ぎ、情緒の安定も図ることができた。
- 沐浴やシャワーなども、気温や子どもたちの体調に合わせて心地よい環境の中でできた。
- 安心できる保育者が接することで、自分から目の前にある玩具に触れて遊ぶ姿も多く見られてよかった。

8月 月案 高月齢児

8月月案 高月齢児 つくし組

前月末の子どもの姿

- 暑くなってきたため、体調を崩す子が増えたが、家庭との連絡をこまめに取ることで情緒が安定している。
- 水に触れることを喜ぶ子もいれば、怖がる子もいる。
- 喃語が進み、自ら話そうとする。

	★ 内 容
養護・教育 — 健やかに伸び伸びと育つ	●休息や水分補給を十分に行い、暑い夏も健康に過ごす。 ●顔や手、衣服が汚れた際にはふき、衣服の着脱を行い、清潔にする。
養護・教育 — 身近な人と気持ちが通じ合う	●伝えたい気持ちを受け止められ、保育者とのやり取りを楽しむ。
養護・教育 — 身近なものと関わり感性が育つ	●水に触れ、冷たさや感触を楽しむ。 ●つかむ、握る、引っ張るなど、指先を使って遊ぶことを楽しむ。 ●絵本を見て指差しながら喃語を発することを喜ぶ。

8月の月案 ここがポイント！

食欲があれば、元気に過ごせる！

暑さのために、食欲がなくなることがあります。水分ばかりをとると、なおさらです。食べ物の絵本や紙芝居、歌などを活用して食べたくなるような雰囲気をつくりましょう。「パックン」「もぐもぐ」「ごっくん」などリズミカルに言葉をかけ、食べることはおいしくて楽しいことだと体験できるようにします。保育者がおいしそうに食べる姿を見せることも、大事な環境の一つです。

食 育

- 保育者も「もぐもぐ」「ごっくん」「おいしいね！」などと、子どもたちの表情を見ながら、一緒に食事をし、楽しい雰囲気をつくる。
- フォークで物を刺すときには、保育者も一緒に「チックンするよ」などと見本になり、少しずつ自分で食べる楽しさが味わえるようにする。
- こぼれてもよい環境をつくる。

◆ ねらい

- 体調に配慮しながら健康に過ごす。
- 水遊びを体験する中で、手や指を使った遊びを楽しむ。
- 喃語を優しく受け止めてもらい、保育者とのやり取りを満足するまで楽しむ。

✚ 安全・健康

- とびひ・プール熱などの感染症を早期に発見し、適切に対応する。
- シャワーの際は、保育者も温度を体感して確認・調節する。
- 水遊びの際は、転倒、熱中症、水の温度に留意する。

8月　月案・高月齢児

環境構成	予想される子どもの姿	保育者の援助
●水遊びの後に忘れず水分補給ができるようにそばに用意しておく。 ●水遊びやシャワーの後、すぐに着替えられるよう、着替えスペースの場所を工夫する。 ●直接日光が当たらないようにシートで日陰をつくっておく。	●暑くて前夜の寝つきが悪く、機嫌も悪い。 ●気温や湿度が合わずイライラしている。一方、上機嫌な子もいる。 ●着替えることを嫌がる。	●暑さで体力を消耗して休息が必要な場合は、いつでも休息できるようにする。 ●水遊びをする際は、直射日光が当たらないよう日陰をつくり、足元に滑りにくいゴザを敷くなど安全に配慮する。
●子どもが何か伝えようとしているときは、優しい眼差しと理解しようとしている保育者の姿を示す。	●保育者の問いかけに笑顔を見せ、着替えることを喜ぶ。 ●保育者の反応を見て、「マンマンマン」「ババババ」など、切れ目のない喃語を話す。 ●喜んで絵本を見たり、保育者の模倣をしたり、何か伝えようとする。	●子どもとのスキンシップを大切にし、気持ちよく着脱が行えるようにする。 ●子どもの目線になって子どもの言葉をまね、話す楽しさが味わえるようにする。 ●子どもの伝えたい気持ちを受け止め、更に伝えたくなる雰囲気をつくる。
●水遊びが十分楽しめるよう、じょうろやスポンジなどの玩具を十分用意する。 ●保育者も玩具で一緒に遊ぶ姿を示し、自ら触ってみたくなる雰囲気をつくる。 ●発達に合った絵本を用意する。	●自ら水に触れる。触れるのを恐れる。水の中に入っていく。 ●裸足で歩く。転倒することもある。 ●保育者と一緒に水に触れたり、玩具を使って遊んだりする。	●柔らかい素材や、危険がないような水遊びの道具をつくる。

⇄ 職員との連携

- 夏に多い感染症について症状や対応、感染の広がりを防ぐ手立てを確認しておく。また、一人一人の体調管理をこまめに伝え合うことで、感染症を防ぐ。
- 保護者に、子どものかわいい姿や成長を伝えることを共通認識する。

🏠 家庭との連携

- 探索活動が増えているので、身動きしやすい服装を準備してもらう。着替えの機会が増えるので、調節しやすく着脱しやすい衣服を多めに準備してもらう。
- 子どもの発した言葉を保護者に伝え、成長を感じられるようにする。

🏷 評価・反省

- 残暑が続き、子どもたちも食欲が低下したり機嫌が悪くなったりする子もいた。家での様子を把握し職員間で連携を図り、休息や食事の時間をずらすなど、一人一人の体調に配慮したので、感染症にかかる子は少なかった。
- 水遊びでは、水に触れると共に、手づくり玩具で手や指先を使って楽しめてよかった。

9月 月案 低月齢

9月月案 低月齢児 つくし組

👶 前月末の子どもの姿

- お座りが安定した。人見知りが見られるようになり、担任以外に抱っこされると泣く。
- 表情が豊かになり「あーあー」など声を出し、音の出る玩具を鳴らして遊ぶ。

		★ 内　容
養護・教育	健やかに伸び伸びと育つ	●暑い日が続くので、水分補給をこまめにする。 ●ずりばいで向きを変えたり、移動したりすることを楽しむ。
	身近な人と気持ちが通じ合う	●信頼できる保育者との触れ合いの中で、依存的欲求を満たし、情緒を安定させる。 ●安心できる保育者と触れ合い遊びを楽しむ。
	身近なものと関わり感性が育つ	●気に入った玩具に自分から近づき、握ったり振ったりする。

🍚 食　育

- 上あごと舌でつぶして食べられるような食材や調理法を、調理員や保護者と伝達し合いながら進める。
- 「甘いね」「どんな味かな？」と食材の味に興味がもてるように声かけをし、楽しく食事ができるようにする。

9月の月案 ここがポイント！

触れ合い遊びを通して五感を磨く

温かな保育者の笑顔とスキンシップは子どもたちにとって不可欠な要素ですが、そこにプラスアルファのアイデアを加えてみましょう。いつものカーペットではなく、いぐさ素材や麻のマットの上で遊び、感触の違いを味わったり、空き缶や水を入れたペットボトルのひんやりとした感じをほっぺや腕で受け止められるようにしたりと、いろいろ工夫してみましょう。フルーツの香りや味も楽しみたいものです。

9月 月案・低月齢児

◆ ねらい
- 夏の疲れを癒し、快適に生活する。
- 保育者の愛情豊かな受容と関わりの中で、触れ合い遊びを楽しむ。

✚ 安全・健康
- 登園時と朝の健康観察で子どもの体調について伝達し合い、臨機応変に対応する。
- 保育室は常に清潔な状態を保てるよう、床や玩具などを消毒し、感染症予防に努める。

環境構成	予想される子どもの姿	保育者の援助
●水分補給がいつでもできるよう、やかんに麦茶や白湯を用意する。 ●気温に応じて、エアコンを使用したり、窓を開けて換気したりして、室内温度を一定に保つ。 ●落ち着いた空間の睡眠スペースをつくっておき、眠たくなった子がゆったりと休息が取れるようにする。 ●自由に移動することを楽しめるよう、健康で安全な保育環境を整える。 ●床にはじゅうたんを敷き、寝転がっても痛くないようにする。	●発汗量が多く、元気がない。 ●食欲がない子がいる。 ●泣いて体調が悪いことを表す。 ●寝つきが悪い。 ●移動できることを喜ぶ。	●子どもたちの汗の量や体調について伝達し合い、水分補給をこまめに行い、脱水症状を防ぐ。また、室内温度を一定に保ち、一人一人の生活リズムを安定させることで、夏の疲れを癒し、快適に過ごせるようにする。 ●子どもたちの身体発達の過程をしっかりと把握し援助することで、安全に個々の移動能力を伸ばす。
●保育者の優しい声がいつも聞こえる環境にしておく。	●機嫌もよく、表情が豊かである。 ●保育者との関わりを喜び、笑顔も多い。 ●泣いて、保育者との触れ合いを求める。 ●抱っこをすると顔を保育者にくっつけ、安心する。 ●体に触られることを喜ぶ。 ●「ぎゅっ、ぎゅっ」と声をかけながら触れると、まねをしようとする。	●子どもたちに笑顔で関わることで、心身共に満たされた気持ちで過ごせるようにする。 ●愛情豊かな笑顔で触れ合うことで、温かい雰囲気をつくる。様々な触れ合い遊びを用意して、個々に合った触れ合い遊びを楽しめるようにする。
●季節に合った壁面を用意することで、明るく刺激がある保育環境を整える。 ●子どもたちが喜びそうな触れ合い遊びや音楽を準備しておく。	●好きな玩具を取ろうと、向きを変えようとする。 ●玩具を手に持ち、音を鳴らすことを楽しむ。	●「いい音がするね」と声をかけたり、保育者もまねをして音を鳴らしたりして、喜びを共有する。

⇄ 職員との連携
- 落ち着いた雰囲気をつくり、ゆったりと過ごせるように、保育者の動きを話し合い、連携を図る。
- 子どもの体調について保護者と密に連絡を取り合い、子どもの具合が悪いときにすぐ対応ができるよう、子どもの様子を共通理解しておく。

🏠 家庭との連携
- 着替える回数も多くなるので、調節しやすい衣服、着脱しやすい衣服を準備してもらう。
- 感染症にかかりやすくなる季節のため、日々の体調の変化をこまめに伝達し合い、家庭と園との双方で健康状態を確認する。

◆ 評価・反省
- 保育者間で一人一人の健康状態を伝達し合い、水分補給や室内温度の調整を行うことで、夏の疲れを癒しながら過ごすことができた。
- 使っていない玩具はこまめに片付け、広いスペースを多く設けることで安全に運動能力を高めることができた。次月も更に移動能力が高くなるので、清潔で安全な保育環境を整えたい。

9月 月案 高月齢児

9月月案 高月齢児 つくし組

月案 → P076-P077 9月の月案 高月齢児

前月末の子どもの姿

- 様々な遊具に積極的に関わって遊ぶことを楽しむ。
- 水に触れることを喜び、流れる様子を見つめる。
- 擬音の言葉を喜び、まねして声を出すことを楽しむ。

		★ 内　容
養護・教育	健やかに伸び伸びと育つ	●個々の状態に応じてシャワーをし、十分な休息を取ることで、夏の疲れを癒しながら生活する。 ●顔や手が汚れたときはふいてもらい、衣服の着脱を行い、きれいになった心地よさを感じる。
	身近な人と気持ちが通じ合う	●安心できる環境の中で、自分の思いや感情、要求を態度で示す。 ●喃語を発し、応答してもらうことを喜ぶ。
	身近なものと関わり感性が育つ	●自分のできる移動能力を使って体を動かすことや探索活動を十分に楽しむ。 ●様々な物を自由に使って、感触遊びを楽しむ。

食育

- 保育者に援助してもらいながら、フォークで刺して食べたり、手づかみで食べたりしながら食事の時間を楽しめるようにする。
- 盛り方や旬の物を取り入れるなど工夫し、様々な食材を味わえるようにする。
- 「おいしいね」「甘いね」と声をかけながら、食事をする喜びや、食材の独特の甘さやおいしさを伝える。

9月の月案 ここがポイント！

十分な探索活動を保障する

自分の力ではいはいしたり、つたい歩きをしたりして移動ができるようになると、目に入るものすべてが新鮮で触ってみたくなります。この意欲を大切に、十分に活動できるように環境を整えていきましょう。

また、玩具の上にハンカチなどをかけて隠し、子どもが発見して楽しむ遊びも楽しいでしょう。自分でハンカチをかけたり、取ったりも楽しめます。

◆ ねらい
- 夏の疲れを癒し、ゆったりと快適に過ごす。
- 運動機能を使って、探索活動を楽しむ。
- 小麦粉、砂、土、寒天などの様々な感触を楽しむ。

✚ 安全・健康
- 一人一人の健康状態を把握し、個々に合わせた活動や休息時間について配慮する。
- シャワーの際には、保育者も温度を体感し確認する。シャワー後はタオルですばやく体や頭をふき、体調管理に努める。

🪑 環境構成	👧 予想される子どもの姿	👕 保育者の援助
●一人一人に適した方法で十分な休息が取れるよう、睡眠スペースをつくるなど環境を整える。 ●換気扇や扇風機などで、適切な気温を保てるようにする。 ●おしぼり袋や着替えなどをかごに用意し、取り間違えのないようにする。 ●危険のない保育環境を整える。 ●マットやじゅうたんなどを準備し、転倒した際に直接、頭が床にぶつからないようにする。	●湯や水が体に触れることを嫌がり泣く。 ●暑さのため、食欲がない。 ●いつもより早めに眠る。 ●表情が豊かで、機嫌もよい。 ●汗を大量にかく。 ●着替えをすることを嫌がる。 ●壁や柵につかまりながら歩こうとする。	●気温や健康状態を把握し、シャワーの実行を判断する。水温や出す量にも配慮し、安心して行えるようにする。 ●顔をふかれることや着替えることを嫌がるときには、子どもの気持ちを代弁しながら手際よく済ませる。 ●危険のない保育環境を整えることで、安心・安全に体を動かせるようにする。また、歩いてみたいと思えるような環境を工夫する。
●保育者の楽しむ姿を示し、子どもたちも触ってみようと思えるような雰囲気をつくる。 ●適切な言葉で子どもたちに伝える。	●手をたたき、笑顔になり喜びを表現する。 ●思い通りにならずに泣き出す。 ●積極的に声を出そうとしたり、話すことを楽しんだりする。	●思いを受け止められる心地よさを、感じられるようにする。
●くり返しのある絵本や、絵がはっきりしている本を用意する。	●手押し車を使って歩く。 ●興味のあるところにもぐったり、行ってみようとしたりする。 ●水に触ることを怖がる子もいれば、楽しむ子もいる。 ●何でも口の中に入れようとする。	●口の中に物を入れる可能性が高いため、十分に注意する。 ●くり返しのある絵本や物の絵がはっきりしている絵本を用意し、楽しさを共有する。

⇄ 職員との連携
- 活動が活発になるので、保育者間で分担しながら連携を図り、だれがどこに座るかなどを決め、子どもの安全を見守るようにする。
- 園で流行している感染症を職員全員が把握すると共に、初期段階での症状を理解しておく。

🏠 家庭との連携
- 前月に引き続き、発汗が多いときにはシャワーをすることを伝え、着替えやタオルを多めに準備してもらうようにする。
- 食欲がない子の保護者には、園での食事の量を詳しく伝え、家庭でも留意してもらう。

🏷 評価・反省
- 衣服を着替える際に嫌がる子もいたが、子どもの気持ちを代弁しながら手際よく行うことで、子どもが感じるストレスを軽減できた。
- 個々の移動能力も高まり、手押し車で歩くことが楽しくなった。しかし、一人で歩く際には、転倒したらすぐに援助できるよう配慮したい。

9月 月案・高月齢児

10月 月案 低月齢児

10月月案 低月齢児 つくし組

月案 → P078-P079 10月の月案 低月齢児

10月の月案 ここがポイント！

食欲の秋、様々な味に慣れよう！

過ごしやすい季節になり、移動運動も活発になります。動かして遊べる玩具などで、体の活動を促しましょう。

また、食材に秋の味覚がたくさん入ってきます。食べ慣れない物は舌で押し返すことが多いですが、口に入れただけでも味わっているととらえ、無理せずに順番を変えながら、子どもが様々な味に慣れていけるようにしましょう。

👶 前月末の子どもの姿

- ずりばいで行きたいところに移動することを楽しむ。
- つまむ、たたく、引っ張るなど、手や指を使って遊ぶ。
- 唇を閉じてごっくんと飲み込むことが上手になる。
- 知らない人を見ると、表情を硬くしたり、泣いたりする。

		★ 内　容
養護・教育	健やかに伸び伸びと育つ	●生活リズムを大切にし、生理的欲求を満たし、安心して生活する。
	身近な人と気持ちが通じ合う	●信頼できる保育者との触れ合いの中で、愛着を深める。 ●語りかけや、あやし遊びに、微笑んだり喃語を発したりする。 ●気持ちや要求を、全身で表現する。
	身近なものと関わり感性が育つ	●安心できる環境の下で、ずりばいやはいはいで探索活動を楽しむ。 ●音を鳴らしたり、動かしたりして楽しむ。

🍚 食育

- 食品調査票を1か月に1回、家庭に渡して、食べられるようになった食品を常に把握できるようにする。
- コップを持って飲もうとするので、保育者が角度を調節したり、量を少なめにしたりする。
- スティック状の食べ物など、手に持てる物を準備し、自分で食べようとする意欲を引き出す。

◆ ねらい
- 季節の変わり目を心地よく過ごす。
- 姿勢を変えたり移動したり、様々な運動機能を使い、体を動かして遊ぶ。

✚ 安全・健康
- 朝夕の気温差により、咳や鼻水などの症状がある子が増えるので、健康状態を把握する。
- 動きが活発になるので、危険がないように環境を整える。
- 月齢、発達に応じた玩具の再点検を行う。

環境構成	予想される子どもの姿	保育者の援助
● 肌寒い日もあるので、衣服の調節や室温に留意する。 ● 移動運動が盛んになってくるので、思いきり体を動かして遊べるような、安全で広いスペースを確保する。	● 風邪をひく。 ● 体調が悪いことを泣いて伝える。 ● 自分で食べたがる。 ● 午前睡をするため、午睡時間が遅れる。 ● 寝起きに泣く。	● 体調が悪い子は戸外に出ないなど、個々に応じた方法で対応することで、風邪の悪化を予防する。
● あやし遊びや触れ合い遊びができるわらべ歌など、たくさん準備しておく。	● 泣いて保育者の後追いをする。 ● 手を広げて抱っこを求める。 ● 保育者に微笑みかける。 ● できないことを訴えて、保育者にしてもらおうとする。 ● 保育者のまねをする。 ● 触れ合い遊びを喜ぶ。 ● 声を出して笑う。	● 目を見て「○○ちゃん、先生いるよ」と名前を呼び、大丈夫だよ、心配しなくていいよという気持ちで抱っこしたり、ひざにのせて触れ合い遊びを楽しんだりする。 ● 子どもたちに「○○しようね」と言葉をかけながら優しく関わり、生理的欲求を十分に満たす。 ● 話したいという気持ちが増すように、表情豊かに言葉を返し、嬉しくなるような応答をする。
● 玩具の破損がないか毎日点検し、喉に詰まるような大きさの玩具は置かないなど、月齢、発達に応じて玩具の再点検を行う。 ● 探索が活発になるので、室内、戸外、散歩先での安全点検を行い、子どもの特性や行動を十分に把握する。 ● 音の出る玩具、動かして遊べる玩具など、子どもの状況に応じて発達を促すような手づくり玩具を準備する。	● 物を触ったり、なめたりして確認する。 ● 音の出る物を追いかける。	● ウレタン積み木やマットなどで高低差を付けた道をつくり、いろいろな方法で登ったり、降りたりすることを楽しむ。

⇄ 職員との連携
- 薄着で過ごす大切さを確認し合い、個々の体調や活動に配慮した衣服の調節ができるよう共通理解をする。
- 子どもの興味や関心に気付き、話し合う中で、発達に合わせた玩具を準備する。

🏠 家庭との連携
- 薄着で過ごすことの大切さを伝え、調節しやすい衣服を準備してもらう。
- 子どもの喃語には様々な意味が込められていることを伝え、丁寧に言葉を返し、十分に関わってもらえるようにする。

🏷 評価・反省
- 動きが活発になり、はいはいや、つかまり立ちなどの移動運動が盛んになった。子どもの成長段階を把握し、成長を促す遊具や玩具などで環境を整えたい。

10月 月案・低月齢児

10月 月案 高月齢児

10月月案 高月齢児 つくし組

前月末の子どもの姿

- 机などでつかまり立ちをし、つたい歩きを盛んにする。
- 様々な物に触れ、感触遊びを楽しむ。
- 喃語、指差しが盛んになる。
- 衣服の着替えを、心地よく感じる。

	★ 内 容
養護・教育　健やかに伸び伸びと育つ	●気温の変化に伴い、自分のリズムで生活する。 ●オムツが汚れたら、清潔にしてもらい、気持ちよさを味わう。 
身近な人と気持ちが通じ合う	●近くにいる子どもの動きを目で追う。 ●近くにいる子どもの動きをまねする。
身近なものと関わり感性が育つ	●傾斜や段差のある道を歩くことを楽しむ。 ●戸外に出かけ、身近な生き物や自然物を見たり触れたりする。 ●簡単な言葉の意味が分かり、絵本や紙芝居を読んでもらうことを喜ぶ。

🍚 食 育

- 食品調査票を１か月に１回家庭に渡し、食べられるようになった食品を常に把握できるようにする。
- 楽しい環境の中で、手づかみでおやつや給食が食べられるようにする。
- こぼれてもよい食事環境を整える。
- 保育者がそばで「もぐもぐね」と口を動かす姿を示し、そしゃくすることを覚えられるようにする。

10月の月案 ここがポイント！

秋の自然物に触れて遊ぼう！

散歩が楽しい季節です。木の葉や木の実などの自然物に触れ、香りや感触を味わいましょう。また、バッタやコオロギなどの動きを見たり、トンボが飛ぶ様子を観察したりするのも楽しいですね。犬や猫など身近な動物のほか、季節になると姿を現す虫たちとの出会いも大切にしましょう。

運動会に参加する子もいます。無理なく安心して普段の運動遊びを行えるようにしましょう。

◆ ねらい

- 季節の変わり目を心地よく過ごす。
- 秋の自然に触れながら、保育者と一緒に秋の戸外遊びを楽しむ。

✚ 安全・健康

- 朝夕の気温差により、咳や鼻水などの症状が見られる子がいるので、健康状態を把握する。
- 開放感を味わい、十分に体を動かして遊べるスペースを確保する。また、玩具の点検は毎日行う。

10月 月案・高月齢児

環境構成	予想される子どもの姿	保育者の援助
●室内外の温度・湿度・換気に留意し、外気との差が5℃以内の過ごしやすい環境をつくる。 ●落ち着いて遊べるようにスペースを区切る。 ●オムツ交換台にはモビールを天井からつるし、優しく声をかけながら、オムツを替える。モビールは季節によって変える。 ●子どもたちが乳母車から降りて安全に遊べるような散歩コースを調べておく。	●風邪をひく。 ●体調が悪いことを泣いて伝える。 ●着替えをすることを嫌がる。 ●オムツが汚れたことが気になり動けない。 ●オムツが汚れても気にせずに遊ぶ。 ●転倒して泣く。 ●手をつなぎながら歩く。	●体調が悪い子は戸外に出ることを控えるなど、個々に応じて対応し、風邪の悪化を防ぐ。 ●道を歩く際は転んでけがをしないよう、すぐに手をつなげるところで見守る。手をつなぐなど安心して歩ける環境をつくる。
●保育者同士、どの子どもを確認するか話し合い、子どもの姿に背を向けないようにし、その場の広さに応じて分散した位置に立つ。 ●優しい笑顔、見守り、語りかけにより、安心して保育者に語りかけ、遊べる雰囲気をつくる。	●泣いて保育者の後追いをする。 ●保育者に微笑みかける。 ●抱っこを求める。 ●「あーあー」と喃語を発する。 ●保育者のまねをする。	●子どもが抱っこを求めるなど、甘えたいという気持ちを十分に受け入れ、情緒の安定を図る。 ●「気持ちいいね」などと笑顔で優しく声をかけて着替えさせ、心地よさが味わえるようにする。 ●言葉をまねして言うなど、発語を楽しめるようにする。
●赤ちゃん絵本を自由に手に取れる所に置き、選べるようにしておく。 ●植物や動物と触れ合える公園などを下見しておく。	●手に取った物を眺めたり、口の中に入れて確認したりする。 ●好きな遊びをくり返し楽しむ。 ●生き物や自然物を見て、指差したり触ったりする。	●個々がどんな玩具に興味をもっているかを把握し、一緒に遊びを楽しむことで信頼関係が深まるようにする。

⇄ 職員との連携

- 薄着で過ごす大切さを確認し合い、気温の変化に合わせ、一人一人の体調や活動に配慮した衣服の調節ができるように共通理解をする。
- 探索が活発になるので、室内、戸外、散歩先での安全点検、子どもの特性、行動の把握を十分にする。

🏠 家庭との連携

- 薄着で過ごすことの大切さを伝え、調節しやすい衣服を準備してもらう。
- 靴は底が柔らかく、足の甲が十分に隠れる物がよいことを伝え、子どもの足に合った靴を選んでもらう。

🏷 評価・反省

- 天気のよい日は散歩に出かけ、自然物を見たり、触ったり、匂いを嗅いだりと五感を働かせて感じていた。今後も興味を示していることを発語へとつなげていきたい。

11月 月案 低月齢児

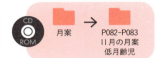

11月月案 低月齢児 つくし組

前月末の子どもの姿

- はいはい、つかまり立ちへと運動機能が発達している。
- 音楽を聴いて体を動かすことを楽しんでいる。
- 保育者のする行為に関心をもち、手を伸ばしたり、模倣したりし、自分の思いを身振りや喃語で表現する。

		★ 内 容
養護・教育	健やかに伸び伸びと育つ	●保育室内の温度、湿度に留意してもらい、薄着で快適に過ごす。 ●安心できる環境の下で、ゆったりと過ごし、授乳や睡眠などの生活リズムを整える。 ●オムツが汚れたらこまめに取り替えてもらい、心地よさを感じる。
	身近な人と気持ちが通じ合う	●抱っこしてもらうことを楽しむ。 ●リズミカルな触れ合い遊びを楽しむ。
	身近なものと関わり感性が育つ	●はいはいや、つかまり立ちなど、発達に応じた移動運動を行い、探索活動を楽しむ。 ●保育者をまね、音楽に合わせ体を動かして遊ぶ。 ●散歩に出かけ、秋の自然に触れる。

食 育

- 食品調査票を家庭に提出してもらい、食べられるようになった食品を把握できるようにする。
- コップやスプーンを手に持ち、慣れるようにする。
- 離乳食はつまみやすい形にしたり、おかゆやスープをすくいやすいように援助したりして、自分で食べる意欲を大切にする。
- 食べられる喜びを味わえるよう、楽しい雰囲気をつくる。

11月の月案 ここがポイント！

薄着に慣れて風邪知らず

肌寒い季節になりました。家庭では風邪をひかないようにと子どもに厚着をさせがちですが、園内は暖かくしていることを伝え、薄着の習慣を付けるようにしましょう。

時々は外気に触れることも必要です。体温調節機能がうまく働くように、優しくトレーニングしていきましょう。手を洗える子には手を添え、小さい子はおしぼりで、手をきれいに保ちます。

11月 月案・低月齢児

◆ ねらい
- 発達に応じて、移動運動を楽しむ。
- 保育者と一緒に戸外に出て散歩することを喜ぶ。
- 秋の自然に触れることを楽しむ。

✚ 安全・健康
- 活発な動きを予想して子どもから目を離さず、安全に過ごせるようにする。
- その日の気温や湿度、活動量などを考慮して衣服の調節を行い、快適に過ごせるようにする。

環境構成	予想される子どもの姿	保育者の援助
● 薄着でも快適に過ごせるように、温度、湿度に留意しながら、暖房の温度調節をしたり、定期的に換気をしたりする。 ● スペースを区切り、保育者の優しい笑顔や語りかけにより、安心して遊んだり授乳や睡眠をしたりする環境をつくる。 ● 汚れたオムツはすぐに処分し、衛生的に過ごせるようにする。 ● 移動運動を行えるように十分なスペースのある場所、活動しやすい場所を確保する。	● 薄着でも風邪をひかずに過ごす。 ● 午前睡を行うことで、機嫌よく活動する。 ● ぐっすり眠れず、泣いて起きる。 ● 排尿・排便の気持ち悪さを、泣いて訴える。 ● 手の届く物を、つかまり立ちでつかもうとする。 ● つかまり立ちをしながら移動し、時々手を離して立つ。	● 朝夕と日中の温度差に配慮しながら衣服を調節する。 ● 起床時間や子どもの状態に応じて、睡眠時間や授乳量を考慮する。 ● 「すっきりしたね！」など笑顔で言葉をかけ、気持ちよさを感じられるようにする。 ● 子どもの活動量を把握し、床に妨げとなる物がないかを確認したり、場合に応じて環境の再構成を行ったりして、個々の発達に合った活動を行えるようにする。
● 子どもたちが興味をもち、まねしやすい触れ合い遊びを準備する。	● 自分の気持ちを泣いて訴えたり、抱っこを求めたりする。 ● 保育者の語りかけに笑顔を見せたり、喃語を発して気持ちを表現したりする。	● 抱っこや触れ合い遊びを通して情緒の安定を図る。 ● 泣いて嫌がる子には、その子の好きな玩具を渡したり、歌を歌ったりして、安心できる雰囲気をつくる。 ● 個々の表現の仕方を笑顔で優しく受け止めることで、楽しさや喜びを味わえるようにする。
● 日常的に童謡などの歌を歌うことで、自然と音楽に触れられる環境をつくる。	● はいはいで探索活動を楽しむ。 ● 音楽に合わせて体を動かしたり、保育者をまねて手をたたいたりする。	● 子どもの前方に座り、はいはいして到達した喜びを抱きしめて共有する。 ● 気持ちがのらない場合は無理に誘わず、他の子どもの様子を見たり、自分の好きなことをしたりできるようにする。

⇄ 職員との連携
- 感染症について理解し合い、体調の変化をすばやく発見して未然に防ぐ。
- 腹ばいの子には足の踏んばりで支えたり、前の方に玩具を置いたりして、はいはいの運動機能を促す活動を共通理解して行う。

🏠 家庭との連携
- 流行している感染症について知らせ、その予防に努めてもらうと共に、規則正しい生活を送って健康に過ごせるように留意してもらう。
- はいはいをすることの大切さを伝え、歩行を無理に急がせない。

◆ 評価・反省
- はいはいや、つかまり立ちでの移動が活発になっているため、広い場所での活動を心がけた。更に個々の発達に合わせた環境や活動内容を工夫したい。
- 笑顔で共感しながら、コップやスプーンの持ち方も伝えたい。

11月 月案 高月齢児

11月月案 高月齢児 つくし組

前月末の子どもの姿
- 寒暖の差があるため、咳や鼻水の症状が見られる。
- 戸外活動や散歩では、安定した歩行で、自分の関心のあるところや物への探索活動を楽しむ。
- 喃語、指差しが盛んで、歌や手遊びも喜んで模倣する。

		★ 内　容
養護・教育	健やかに伸び伸びと育つ	●薄着で快適に過ごす。 ●オムツ交換し、きれいにする心地よさを感じる。
	身近な人と気持ちが通じ合う	●友達の姿に関心をもち、顔や体に触れたり、笑い合ったりする。 ●簡単な言葉の意味が分かり、身振りや喃語、単語で自分の思いを表現する。
	身近なものと関わり感性が育つ	●戸外に出かけ、秋の自然物に自ら関わり、遊ぶ。 ●歌や音楽に合わせて保育者と一緒に体を動かして遊ぶことを楽しむ。

食育
- いろいろなメニューの食材の大きさや硬さに配慮して、楽しく給食やおやつを食べられるようにする。
- 自分で食べたいという意欲を尊重し、手づかみやスプーンを持ちたがる子など、個々に合わせて対応する。
- 食器に手を添える食べ方や、スプーンとフォークの持ち方などを知らせる。
- 積極的に食べようとする子の姿を認める声をかけ、周りの子の意欲を促す。

11月の月案 ここがポイント！

自分から食べる意欲を大切に

秋が旬の食材が、メニューの中にたくさん入ってきます。それらをおいしく味わいながら、食べる楽しさを共有できるようにしましょう。

手づかみで食べる経験も十分に保障し、スプーンやフォークを使うと便利で、かっこいいということも感じられるようにします。

受け身の食ではなく、能動的な食への関わりを支えていきましょう。

11月 月案・高月齢児

◆ ねらい
- 気温の変化に応じた衣服で過ごす。
- 秋の自然に親しみ、好奇心や関心をもつ。
- 触れ合い遊びや音楽に合わせて、体を動かすことを楽しむ。

✚ 安全・健康
- 十分に体を動かして遊べるようにする。その際には危険物がないかを確認し、安全を確保する。
- 個々の体調の変化について保護者と話し合い、風邪や感染症などを未然に防ぐ。

環境構成	予想される子どもの姿	保育者の援助
●温度、湿度に留意して、暖房をつけたり、定期的に換気を行ったりする。 ●子どもたちの健康状態に合わせて、衣服の調節をする。衣服は取り出しやすい場所に置く。 ●汚れたオムツはすぐに処分し、衛生的に過ごせるようにする。消毒剤は必ず子どもの手の届かない場所に置く。 ●子どもたちが安全に、秋の自然を感じられる散歩コースを選ぶ。	●鼻水や咳などが見られる。 ●薄着でも風邪をひかずに過ごす。 ●排尿・排便した気持ち悪さを、発語や喃語で訴える。 ●オムツが汚れている気持ち悪さを訴えることなく、遊び続ける。 ●「おしりがすっきりしたね」の保育者の語りかけに笑顔を見せて、心地よさを感じる。 ●トイレへ興味を示し、座ろうとする。また、座ることを喜ぶ。	●登園時に保護者と家庭での様子や体調について話し合い、その子に合った対応を行う。 ●朝夕と日中の温度差に配慮しながら衣服を調節する。 ●「すっきりしたね！」などの言葉をかけて、気持ちよさを感じられるようにする。 ●トイレへの興味を示すような、絵本の読み聞かせを行う。 ●個々の発達段階を把握し、その発達を促すような動きを援助する。
●保育者間でどの子を見守るか分担しておき、背を向けずに見守る。 ●保育者の優しい笑顔、見守り、語りかけにより、安心して話しかけられる雰囲気をつくる。	●友達への関心からかみつきやひっかき、友達が使っている玩具を取ってしまう。	●友達との仲介をしながらも目を離さず、かみつきやひっかきを未然に防ぐ。 ●喃語を繰り返したり言葉を返したりして、言葉を発する楽しさを味わえるようにする。
●日常的に音楽に触れることができる環境をつくる。	●興味のあるところへ自由に歩いて行き、発語や喃語を発しながら、自然物に触れようとする。 ●自分の好きな遊びを見付け、夢中で遊ぶ。 ●音楽に合わせて体を動かし、保育者のまねをして手をたたく。	●同じ玩具を複数用意する。 ●音楽に合わせた声の出し方や動きは、保育者が見本となるよう、分かりやすく表現する。

⇄ 職員との連携
- 個々の体調や発達について毎日確認し、それぞれに合った過ごし方を提供できるようにする。
- 感染症について理解し合い、体調の変化を見逃さず未然に防ぐ。
- 友達への関心からかみつきが見られるので、保育者間で見守る位置を確認し合い、安全な環境をつくる。

🏠 家庭との連携
- 流行している感染症について知らせ、その予防に努めてもらうと共に、規則正しい生活で健康に過ごせるように留意してもらう。
- 散歩や戸外活動での様子を伝え、足に合った歩行しやすい靴を用意してもらう。

🏷 評価・反省
- 外に出られない日も増えてきた。歩行を楽しめるように室内でも工夫して遊びや場所を提供したい。
- 友達への関心が高まるにつれ、かみつきやひっかきが出てきた。保育者間で連携し未然に防ぐようにしたい。
- 排泄面では便座に座れる子が増えたが、焦らず少しずつ進めたい。

12月 月案 低月齢児

12月月案 低月齢児 つくし組

前月末の子どもの姿
- 体調を崩す子も多く、鼻水、咳、発熱などの風邪の症状が増えている。
- 手遊びを喜び、まねをしたり体をゆすったりする。
- 指差しが盛んで、棚から物を引っ張り落とす。

		★ 内 容
養護・教育	健やかに伸び伸びと育つ	●快適な保育室で、活動しやすい薄着で過ごす。 ●姿勢を変えたり移動したりする中で、はいはいや、つたい歩きなどを十分に行う。 
	身近な人と気持ちが通じ合う	●信頼できる保育者と触れ合い、豊かな愛情に包まれ、気持ちのよい生活を送る。 ●喃語や片言を優しく受け止めてもらい、保育者とのやり取りを楽しむ。
	身近なものと関わり感性が育つ	●保育者の歌や音楽などに合わせて、手足を動かして楽しむ。

12月の月案 ここがポイント！

生活の中に歌とリズムを

ベビーマッサージの際にも「トントン」、「1、2」とリズミカルに声をかけますが、着替えるときや鼻をかんだりする際にも、楽しいリズムで関わりましょう。

わらべ歌の中にも子どもと触れ合い遊びができる歌がたくさんあります。子どもは歌から言葉を覚えることも多くあります。生活の中にメロディーやリズムがあると、心が豊かになるので心がけてください。

食育
- 口腔機能の発達や食事の摂取状況に応じて、離乳完了期までの段階を追って離乳を進める。
- 一口の量が多いと丸のみになるので、食べられる大きさの物を口に運び、「かみかみ」「もぐもぐ」などの言葉をかけ、よくかんで食べることを促す。また、しっかりかんで食べているかを確認する。

◆ ねらい

- 動きやすい衣服や薄着で過ごす。
- 自分の行きたいところへはったり、つかまり立ちや一人歩きをしたりするなど、全身を使って探索活動を楽しむ。

✚ 安全・健康

- 室温、湿度に気を配り、換気をこまめに行う。
- 安全で活動しやすい空間の中で探索活動が十分にできるよう、遊具の置き場や棚の位置などを適切に構成する。
- 体調に留意し、晴れた日には戸外遊びを楽しめるようにする。

12月 月案・低月齢児

環境構成	予想される子どもの姿	保育者の援助
●室内外の温度、換気、湿度に留意し、過ごしやすい保育室の環境をつくる。 ●加湿器や空気清浄機を用意して、必要に応じて使用する。 ●検温、排泄状況表は目に付きやすいところに設置し、必要な際に記録を取る。 ●はいはい、つたい歩き、一人歩きができるスペースを確保する。 ●子どもの目線に合わせて周囲を見渡し、つたい歩きやはいはいの際に危険箇所がないかを点検し、自由に遊べる環境を整える。	●鼻水や咳などの風邪の症状が見られ、体調が悪いときは、ぐずったり泣いたりして伝える。 ●オムツを替えるとき、じっとしていない。 ●はいはいや、つたい歩きをする。 ●階段をはって登る。	●気温の変化や体調に合わせ、こまめに衣服の調節を行う。 ●鼻をかんだり、オムツを替えたりする際には、感染予防のため、きれいに手洗いをする。 ●着替えの際には、愛着行動に十分にこたえ、情緒の安定を図る。
●表情豊かに話したり、簡単な絵本を用意したりする。	●親しい人には身を乗り出して、抱いてもらおうとする。 ●気に入らないと座り込み、足をバタバタさせて泣く。 ●絵本を見て「あーあー」と指差し、喃語を話す。	●特定の保育者との温かな触れ合いの中で情緒の安定を図り、安心して過ごせるようにする。 ●友達と一緒の空間で過ごす楽しい雰囲気が感じられるようにする。 ●ひざにのせ、一対一の関わりの中で、わらべうたを歌ったり絵本を読んだりするなど、言葉のやり取りを楽しむ。
●鈴や太鼓などを用意し、多様な音を聞ける環境をつくる。	●マットの上を登ったり、転がったりする。 ●物を押したり、引っ張ったり、よじ登ったりする。	●腹ばいのときに足の踏ん張りを支え、前方に好きな遊具を置くなどし、運動機能の発達を促す。

⇄ 職員との連携

- 一人一人の興味がある遊びにじっくりと付き合い、子どもの探索活動の意欲を十分に満たすことができるように、保育者間で事前の話し合いをする。

🏠 家庭との連携

- 朝晩は寒いので調節できる衣服を用意してもらうが、室内は暖かな空間であることを伝え、厚着をせずに動きやすい服装にしてもらう。
- 保育者や友達とのやり取りの姿を伝え、成長を喜び合う。

🏷 評価・反省

- 段ボールハウスやマットなどを準備することで、自ら関わりをもち、試す姿が見られた。今後も継続して全身を使った遊びを取り入れたい。

12月 月案 高月齢児

12月月案 高月齢児 つくし組

 →
月案　P088-P089 12月の月案 高月齢児

前月末の子どもの姿

- 寒暖の差が激しいため、体調を崩す子がいる。
- 目覚めてもオムツが濡れていないことも増えている。
- 「まんま」「ブーブー」など意味のある言葉が聞かれる。
- 友達への関心が高まり、物の取り合いも見られる。

		★ 内　容
養護・教育	健やかに伸び伸びと育つ	●活動しやすいように薄着で過ごす。 ●便器での排尿に慣れる。 ●安全で活動しやすい環境の中で、全身を使った遊びを楽しむ。 
	身近な人と気持ちが通じ合う	●身振りや言葉で保育者に伝える。 ●保育者の話しかけに応じ、簡単な言葉を使うことを楽しむ。
	身近なものと関わり感性が育つ	●保育者に見守られながら、好きな遊びを見付け、一人遊びを楽しむ。 ●絵本や紙芝居などを読んでもらうことを楽しむ。

食　育

- 食べたいという意欲を大切にし、楽しく食べることができるようにする。
- 口腔機能の発達や食事の摂取状況に応じて、離乳完了期までの段階を追って離乳が完了できるようにする。
- 「かみかみ」「もぐもぐ」などの言葉をかけながら、よくかんで食べることを促す。また、口元や頬の動きをよく観察し、しっかりかんでいるかを把握する。

12月の月案 ここがポイント！

話す意欲を支え、言葉のやり取りを楽しむ

　子どもの喃語や片言を温かく受け止め、自分が話すと保育者が喜んでくれると思える雰囲気をつくります。また、絵本や紙芝居などで、言葉のおもしろさやリズムの楽しさを伝えましょう。まねっこをしながら、子どもは言葉を覚え、生活の中で使えるようになっていきます。

　子どもの言葉を代弁した後、「そうだよね」と確認したり、「貸してって言ってみよう」と促したりして、語彙を増やすチャンスをつくりましょう。

◆ ねらい
- 気候や体調に留意し、動きやすい衣服、薄着で過ごす。
- 保育者と一緒に全身運動を楽しむ。

✚ 安全・健康
- 冬にかかりやすい病気や感染症の早期発見を心がけ、看護師と連携を図り、一人一人の体調に合わせて対応する。
- 玩具は口に入れる物と認識して常に消毒し、破損がないか点検する。

12月 月案・高月齢児

環境構成	予想される子どもの姿	保育者の援助
●室内外の温度、換気、湿度に留意し、過ごしやすい保育室の環境をつくる。 ●加湿器や空気清浄機を用意し、必要に応じて使用し、保育室の環境を整える。 ●検温、排泄状況表は目に付きやすいところに設置し、必要な際に記録が取れるように準備する。 ●トイレの便座を温めておく。 ●自分で着脱しやすいよう、ゆとりのあるズボンやパンツ型のオムツを用意する。	●促されてトイレの便器に腰かける。 ●トイレにはられた絵に興味を示す。 ●こぼしながらも手づかみやスプーンやフォークを使って食べる。 ●保育者に手伝ってもらいながら自分でズボンやパンツを脱いだり、はいたりしようとする。 ●一人ではうまく脱ぎ着ができずに、かんしゃくを起こす。	●鼻水をかんだり、オムツを替えたりした際には、感染予防のため、きれいに手洗いをする。 ●一人一人の排泄の間隔を把握し、うまく排泄ができたら大いにほめ、喜びと結び付けながら習慣づける。 ●スプーンやフォークに手を添えながら、自分で食べようとする意欲を大切にする。 ●着脱では励ましたり、ほめたりしながら、できたという満足感につなげる。
●伝えたい気持ちをもっている際には、すぐにこたえられる場に保育者が位置する。	●うまくできたときには、ほめてもらおうと見せて回る。 ●盛んに話をする。	●話したい気持ちを受け止め、言葉が足りないところを保育者が代弁しながら、言葉を使う楽しさが味わえるようにする。
●触ってみたい、つまんでみたいと思えるような玩具を目に付くところに置く。 ●同じ種類の玩具を多数そろえる。 ●自分でめくりやすい厚地の絵本も多数用意する。 ●玩具の片付け場所が分かりやすいよう、絵や写真をはっておく。	●狭い場所や段ボールの自動車や段ボールハウスの中に好んで入る。 ●見立て遊び、つもり遊びをする。 ●好きな絵本を持ってきて保育者のひざに座り、くり返し「読んで」とせがむ。	●子どもが何に関心をもち、どのような遊びを好むかを観察し、一緒に遊ぶ中で遊び方を知らせ、探索意欲を満たす。

⇄ 職員との連携
- 受け入れ時の保護者からの伝達事項を伝え合い、各自が把握しておく。
- トイレトレーニングの様子を伝え合い、保護者との共通理解の下に開始する手がかりを確認する。
- 運動能力には個人差があることを理解し、安全面には十分注意する。

🏠 家庭との連携
- 朝晩は寒いので調節できる衣服を用意してもらうが、室内は暖かいことを伝え、厚着をせずに動きやすい服装で過ごせるようにする。
- トイレでの様子を伝え合い、保護者との共通理解の下にトイレトレーニングをするタイミングを確認する。
- 離乳完了に向け、食品の硬さや大きさを話し合う機会を個別にもつ。

◆ 評価・反省
- 体調を崩す子も多く、室温や換気、加湿、消毒などに注意し、風邪が流行しないように注意した。次月も、甘えたい要求を受け入れ、安心して生活や遊びに入れるようにしたい。
- 体を動かして遊ぶことが盛んだが、ぶつかって転ぶことも多い。安全に遊べる空間を提供する中で、運動機能の発達を促したい。

1月 月案 低月齢児

1月の月案 ここがポイント！

全身運動をして暖かく過ごす

　寒い時期ですが、動きを誘発する環境をつくり、体を動かす楽しさを味わわせましょう。マットをロール状にしたものの上にもう1枚マットを置いて坂をつくって、ボールを転がしたり、後ろから追いかけたりと、運動を促します。段ボールを利用して自動車をつくって乗ったり、押して歩いたり、中に物を入れたりすると楽しいでしょう。つかまり立ちにも役立ちます。体を動かして暖かく過ごしましょう。

1月月案 低月齢児 つくし組

前月末の子どもの姿

- 保育者や友達の遊びに関心をもつ。
- いろいろな姿勢で探索活動をすることを喜ぶ。
- 指先を使った遊びを好み、つまんだり引っ張ったりする遊びをくり返す。

		★ 内 容
養護・教育	健やかに伸び伸びと育つ	●体調や活動に合わせて衣服を調節してもらい、心地よく過ごす。 ●おやつや食事、授乳後、顔や手を丁寧にふいてもらい、清潔にする。 
	身近な人と気持ちが通じ合う	●保育者や友達の存在に気付き、関心をもつ。 ●絵本を読んでもらうことを喜び、指差しや喃語をくり返す。
	身近なものと関わり感性が育つ	●登る、押す、引っ張るなど、体を動かして遊ぶことを楽しむ。 ●雪を見たり、風の冷たさを感じたりする。

食 育

- 上下の唇を使って食べ物を取り込めるよう、スプーンを唇の手前で止め、自分からスプーンに口を近づけるのを待ち、ゆったりと食事ができるようにする。
- 体調を考慮し、個々の離乳の状態を把握して、中期、後期、完了期と進める。
- 冬季は、温かい食べ物を温かく食べられるように工夫する。また、水分補給を必要に応じて行う。

1月 月案・低月齢児

◆ ねらい
- 生活リズムを整え、健康に過ごす。
- 愛情あふれる環境で、優しく語りかけてもらい、発声や喃語で応答し、発語を楽しむ。
- 安全で活動しやすい環境で、全身を使って遊ぶ。

✚ 安全・健康
- 快適な湿度や室温を保ち、こまめに換気をする。
- 誤飲防止のため、直径3.5センチ以下の物は置かない。
- 嘔吐したときは直接手に触れないよう処理をし、次亜塩素系の消毒液でふき取る。処理後は手洗い・消毒を行う。

環境構成	予想される子どもの姿	保育者の援助
● 室内は薄着で過ごせるように快適な湿度や室温を保ち、こまめに換気をする。 ● 健康観察を的確に行えるよう、体温計・メモボード・筆記用具を目に付く場所に設置する。 ● おしぼり、ティッシュを大人がすぐに取り出せる場所に置く。 ● 十分に体を動かして遊べるよう、室内を工夫し、スペースを広くとる。 ● 窓を開けて外気に触れてから、戸外へ出るようにする。	● 元気に登園する。 ● 寒さや正月の疲れから、体調を崩す。 ● 鼻をふかれることを嫌がる。 ● ティッシュで鼻をふかれ、心地よさが分かる。	● 朝の健康観察を丁寧に行う。また、保育園での様子を詳しく知らせ、家庭としっかりと連絡を取り合い、体調管理に努める。 ● 子どもたちが身の回りのことに興味をもてるよう、保育者が手本を示し、子どもの様子を見て必要に応じて言葉かけや援助をする。 ● 子どもの健康状態を把握し、天候や時間を考慮して、外気に触れるようにする。
● スキンシップをしながら触れ合い遊びをする。 ● 簡単なくり返しの言葉が入った絵本を準備する。	● 保育者の様子をじっと見ている。 ● 要求を喃語やしぐさ、片言で表そうとする。	● 子どもの思いを代弁し、言葉のやり取りの楽しさを知らせ、触れ合いを深める。
● 手づくり段ボール自動車など、全身を使って遊べるような興味がもてる玩具を準備する。	● 室内にある様々な玩具に興味をもち、探索活動がますます盛んになる。 ● 手づくり段ボール自動車を押したり引っ張ったり、マット等を使って、はいはい、登る、降りるなどを保育者をまねてやってみる。	● 子どもの様子を見て、危険のないようさり気なく援助し、遊びの楽しさを知らせる。

⇄ 職員との連携
- 休み中に生活リズムが乱れがちの子がいるので、家庭での様子を聞き、一人一人の状態を伝え合い、ゆったりと過ごせるようにする。
- 感染症が流行する時期なので、手洗い、うがい、掃除、換気をしたり、空気清浄機を使って加湿したりする。

🏠 家庭との連携
- 正月休みで生活リズムが乱れ、体調を崩しがちなので、子どもの様子について連絡を密に取り、感染症の早期発見に努める。
- 保護者の気持ちに寄り添いつつ、子どもの自我の芽生えを理解してもらい、十分に関わってもらう。

🏷 評価・反省
- ソフト積み木の上にマットを敷き、ゆるやかな坂をつくると、興味をもって体を動かし楽しむことができた。これからも保育者や友達と一緒に遊ぶ雰囲気を大切にしたい。

1月 月案 高月齢児

1月月案 高月齢児 つくし組

前月末の子どもの姿
- 寒さから体調を崩す子が多い。
- 両手をついて足から降りるなど、安全に行動できるようになるが、時々友達とぶつかることがある。
- いろいろな物や友達に関心を示す。

★内容

養護・教育		
健やかに伸び伸びと育つ	●体調や活動に合わせて衣服を調節し、心地よく過ごす。 ●安心できる保育者の下で、身の回りのことを自分でしようとする気持ちをもつ。 ●オムツが濡れていないときにトイレに行って、便器に座ることに興味をもつ。 ●戸外に出て外気に触れ、体を動かして遊ぶ。 ●オムツが汚れたことを感じて、知らせる。	
身近な人と気持ちが通じ合う	●保育者や友達と一緒に、同じ遊びの雰囲気を楽しむ。	
身近なものと関わり感性が育つ	●絵本を読んでもらうことを喜び、指差しをしたり言葉を話したりする。	

1月の月案 ここがポイント！

友達と同じことを楽しむ

友達が遊んでいる玩具がほしいと、力ずくで取ってしまうことが多いですが、同じ物を複数用意しておくことで、両方が満足することができます。「○○ちゃんと△△ちゃん、おんなじだね」と言葉をかけることで、同じ物を持っている喜びを感じ、相手の子どもを身近に感じることができるでしょう。友達は敵ではなく、共に暮らす仲間だということをゆっくり伝えていきましょう。

食育
- スプーンやフォークなどの食具を使って自分で食事する姿を保育者に認められることで、自分で食事する喜びが味わえるようにする。
- 保育者や友達と楽しい雰囲気の中で食事（離乳完了食、幼児食）ができるようにする。
- 好き嫌いが出てきたが、嫌いな物は食べる量を加減するなどの配慮をし、食べる喜びを味わわせる。

◆ ねらい
- 生活リズムを整え、健康に過ごす。
- 愛情あふれる環境で、保育者の優しい語りかけにより、応答したり言葉を発したりすることを楽しむ。
- 冬の自然に親しみ、丈夫な体をつくる。

✚ 安全・健康
- 室内はこまめに換気をし、快適な湿度や室温を保つようにする。
- 外出時には、個々の健康状態や天候や気温に留意して、防寒着での調節を丁寧に行う。

1月 月案・高月齢児

環境構成	予想される子どもの姿	保育者の援助
●室内はこまめに換気し、快適な湿度や室温を保つ。 ●おしぼり、ティッシュを大人がすぐに取り出せる位置に整え手や鼻水などをすぐにふけるようにする。 ●排尿の時間を記録できるようにホワイトボードを準備する。 ●便器に子どもの好きな物の絵をはるなどし、便器に座れたときはほめる。 ●下痢、嘔吐の汚物処理に必要な物を準備しておく。	●寒さや正月の疲れから、体調を崩す。 ●フォークやスプーンを自分で使ったり、手づかみで食べたりする。 ●鼻にティッシュを当てて、自分でふこうとする。 ●オムツが濡れたら、言葉やしぐさで保育者に伝えようとする。 ●保育者と一緒にトイレに行って便器に座ってみようとする。 ●オムツを触ったり、「チッチ」など言葉や表情で知らせたりする。	●家庭としっかりと連絡を取り合い、体調管理に努める。 ●意欲や行動を大切にし、「もぐもぐ」などの言葉を添え、そしゃく、嚥下の発達を促す。 ●身の回りのことに興味がもてるよう、保育者が手本を見せるなど、必要に応じて援助する。 ●個々の排尿の間隔を把握し、便器に座ることを少しずつ促す。 ●排泄を伝えようとする表情やしぐさに気付き、知らせたことを認め、「チッチ出たね」など、言葉に置きかえる。
●少しずつ友達との関わりが楽しめるように、同じ手さげ袋や人形を複数用意し、子どもが数人一緒に座れるコーナーをつくる。	●「行こう」と、喜んで戸外遊びに出かける。 ●友達の遊んでいる様子をじっと見つめる。 ●「ねんね」「ばいばい」など保育者の言葉をまねて話す。	●子どもの様子を見て、危険のないようさり気なく援助し、遊びの楽しさを共有する。
●子どもの好きな絵本をそろえ、自由に手に取れるところに置く。	●準備をしている保育者に近づく。	●絵本の心地よい言葉のリズムを楽しみ、友達と楽しさを共有できるようにする。

⇄ 職員との連携
- 一人一人の状態を保育者間で伝え合い、ゆったりと過ごせるようにする。
- 感染症が流行する時期でもあるので、手洗い、うがい、掃除、換気、加湿をしっかりと行う。

🏠 家庭との連携
- 正月休みで生活リズムが乱れ、体調を崩しがちなので、子どもの様子について連絡を密に取る。
- 雪遊びができるように、防寒具や靴下などの着替えを用意してもらう。

◆ 評価・反省
- 毎日、健康状態について家庭と連絡を取り合い、早めに医療機関を受診してもらうことによって感染症の拡大を最小限にできた。
- 午睡後にオムツが濡れていない子に、便器に座って排尿する姿が増えてきた。

2月 月案 低月齢児

2月月案 低月齢児 つくし組

前月末の子どもの姿

- 前月同様、体調を崩す子が多く、感染症が流行する。
- 段差のあるマットなどで、体を動かして楽しむ。
- 様々な物や人への興味・関心が高まり、指差しをしたり、一語文を発したりする。

		★ 内 容
養護・教育	健やかに伸び伸びと育つ	● 寒い冬を元気に過ごす。 ● 感染症予防のため、食事の際は丁寧に手をふいてもらう。
	身近な人と気持ちが通じ合う	● 応答してもらうことを喜び、簡単な一語文を話す。
	身近なものと関わり感性が育つ	● 雪や氷に触れ、驚いたり感触を楽しんだりする。 ● つまんだり、引っ張ったり、握ったり、指先を使って遊ぶことを楽しむ。

食育

- 一人一人の状態に留意して、授乳時間や量を加減する。
- 下の唇を使って取り込んで食べられるように、スプーンを唇の手前で止め、自分からスプーンに口を近づけることを待ち、ゆったり食事ができるようにする。

2月の月案 ここがポイント！

お気に入りの絵本はどれかな？

赤ちゃん絵本を手に取れるところに置き、子どもが自分で選んで見られる環境をつくりましょう。手に取ったら「一緒に見ようね」とひざにのせ、本文を読んだり絵について話したりします。持ち歩いたり、めくったりするのも本と仲良くなる第一歩なので、温かく見守ります。「ワンワン」、「ニャンニャン」、「ブーブー」など、片言を話すチャンスにもなるでしょう。

◆ ねらい

- 寒い冬を元気に過ごす。
- 冬の自然に親しみ、興味や好奇心が芽生える。
- 言葉を発することや、指先を使った遊びを楽しむ。

✚ 安全・健康

- 冬の健康管理に配慮し、保育室の温度、湿度、子どもの衣服の調整をする。
- 玩具の破損や衛生など、毎日点検する。
- 転倒によるけががないよう、子どもから目を離さない。

環境構成	予想される子どもの姿	保育者の援助
●エアコン、加湿器などを上手に利用し、快適な温度、湿度を整える。 ●衣服の調整ができるよう上着を入れた箱を置くなどし、すぐ取れる場所に置く。 ●個別のふきタオルを用意し、使用したエプロンやタオルは水洗いし、消毒をして清潔にする。	●咳や鼻水など、風邪ぎみの子どもが増える。 ●感染症にかかる。 ●口や手をふかれることを嫌がる。 ●自分で食べようとする。	●感染症が流行し始めた場合は、感染症予防のため、玩具はこまめに消毒し、おやつや給食時も、より丁寧に手をふき、消毒を行う。 ●「お手てキレイキレイしようね」など優しく声をかけ、清潔にする心地よさを感じられるようにする。 ●楽しい雰囲気で食事をする。
●声のトーンや話し方に気を付け、温かい雰囲気の中で言葉のやり取りを行う。	●「ママ」や「ワンワン」などの一語文を話す。	●遊びの中で言葉をかけ、楽しみながら言葉を促す。
●雪で十分に遊べる場所をつくる。 ●子どもたちが興味をもてる玩具や絵本を用意する。また、玩具の消毒を徹底する。 ●音楽や手遊びに興味がもてるよう、3歳未満児向けの音楽や簡単な手遊びを準備する。	●雪に触れ、雪遊びを楽しむ。 ●近くの玩具をつかんだり、引っ張ったりする。 ●手に取った物をなめる。 ●布などのいろいろな素材でできた絵本や、「いっぽんばしこちょこちょ」などの手遊びをする。	●初めて雪を見る子どもには、子どもの気持ちに寄り添い、恐怖感や不安感を取り除く。 ●保育者が玩具を使って遊ぶ姿を見せ、指先を使った遊びに興味がもてるようにする。 ●手遊びは、体に触れながら、興味がもてるような工夫をする。

⇄ 職員との連携

- 低月齢児、高月齢児と、共に生活する保育者に分かれるなどして、子ども一人一人に合った落ち着いた環境を整えられるようにする。
- 感染症が流行しているので、園児がかかるのを防ぐため、保育室内の温度・湿度・換気を徹底し、職員全員が殺菌・消毒も十分に行う。

🏠 家庭との連携

- 体調についての連絡を密に取り、家庭でも感染症予防に努めてもらう。
- 感染症の流行状況を把握しておく。
- 毎日の表現遊びや生活の様子を伝え、家庭でできる遊びを紹介する。
- 室内は温度・湿度を適切に調整していることを伝え、薄着で動きやすい服装を準備してもらう。

🏷 評価・反省

- 食事の前などに、子どもたちの好きな歌や手遊びを取り入れた。音楽に合わせて体を動かし、声に出して喜ぶ子や、一語文を多く発する子がいた。
- 玩具の消毒を徹底し、こまめな健康観察を行ったが、感染症が流行してしまった。来月は、より一層の衛生管理の徹底が必要であると感じた。

2月 月案・低月齢児

2月 月案 高月齢児

2月月案 高月齢児 つくし組

2月の月案 ここがポイント!

トイレっておもしろい

　子どもたちは、オムツが濡れたことが分かり、知らせることもできるようになってきました。活動の節目に、まだおしっこが出ていないようであればトイレに誘いましょう。便座に座ることに慣れさせ、おしっこができたらかっこいいことを伝えます。トイレに好きなキャラクターの絵をはったり花を飾ったりして、居心地のよい場であることを意識づけます。成功したら大いに喜び、意欲につなげていきましょう。

😊 前月末の子どもの姿

- 寒さから体調を崩す子が多く、感染症が流行する。
- 友達と関わって遊ぼうとする。
- オムツが汚れたことを感じ、保育者に伝える。
- 絵本を見ながら、簡単な言葉を話すことを楽しむ。

		★ 内 容
養護・教育	健やかに伸び伸びと育つ	●寒い冬を元気に過ごす。 ●オムツが濡れていないときはトイレに行き、便器での排尿に慣れる。
	身近な人と気持ちが通じ合う	●保育者の語りかけを喜び、簡単な言葉のやり取りを楽しむ。 ●保育者の仲立ちにより、友達と関わって遊ぶ。
	身近なものと関わり感性が育つ	●登る、降りる、跳ぶ、くぐる、押す、引っ張るなどの、運動を取り入れた遊びを楽しむ。

🍚 食 育

- 様々な調理形態に慣れる。
- 苦手な食品でも、そしゃくしながら食べられるように促す。
- 落ち着いた雰囲気の中で、楽しみながら食事ができるようにする。

2月 月案・高月齢児

◆ ねらい
●寒い冬を元気に過ごす。
●体を十分に動かして遊ぶ。
●保育者の仲立ちにより、友達と遊ぶことを楽しむ。

✚ 安全・健康
●冬の健康管理に配慮しながら、保育室の温度や湿度、子どもの衣服の調整をする。
●取り合いによる、かみつきやひっかきが起こらないよう、コーナーづくりや保育者の配置で、ゆとりのある環境にする。

環境構成	予想される子どもの姿	保育者の援助
●エアコンや加湿器を併用することで、快適な温度、湿度を整える。 ●衣服の調整ができるように箱を用意するなどし、上着が取れるところに置く。 ●活動別にスペースを区切るなどし、子どもの生活を見渡せる、危険のない安全な環境を整える。 ●十分に体を動かして遊べるよう、室内のレイアウトを工夫する。	●咳や鼻水など、風邪ぎみの子どもが増える。 ●感染症にかかる。 ●様々な場所へ行く。 ●保育者に、オムツが汚れたことを知らせる。	●十分に探索活動が行えるように保育環境を整え、けがのないよう職員間で連携し、子どもから目を離さない。 ●オムツが汚れたと感じたときに「おしっこ出た？」と声をかけ、少しずつ自覚できるようにする。 ●オムツが汚れたことを保育者に知らせたときは、十分にほめ、次の意欲へとつなげる。 ●安全な環境を整え、けががないように全体に目を配る。
●声のトーンや話し方に気を付け、温かい雰囲気の中で言葉のやり取りを行う。	●保育者に援助を求める。 ●声を出し、手をたたいて喜ぶ。 ●保育者の言葉をくり返したり、言葉のやり取りをしたりする。 ●友達のまねをして、一緒に遊ぶ。	●問いかけに答えることで、簡単な言葉を話す楽しさを味わわせる。 ●気持ちを代弁しながら、友達と触れ合う楽しさが感じられるような言葉かけをする。また、友達との関わりがうまくいかないときは、子どもの気持ちが伝わるような言葉を引き出す。
●登る、降りる、跳ぶ、くぐる、引っ張るなどができる遊びのスペースや玩具を用意する。 ●安全に遊びを楽しめるように、スペースを広く取る。	●登る、降りる、跳ぶ、くぐるなど、様々な体の動きを楽しむ。 ●段差のところで転倒する。 ●積み木などで一人遊びをする。 ●玩具の取り合いをする。	●玩具の取り合いになった場合は、同じ物を渡し、どちらも満足できるようにする。

⇄ 職員との連携
●受け入れは、どの保育者が行っても安心して登園できるように、個々の受け入れの特徴を十分に伝達する。
●登園時、朝の健康観察での子どもたちの体調を職員間で把握しておき、体調の変化にすぐに気付けるようにする。

🏠 家庭との連携
●体調についての連絡を密に取り、家庭でも感染症予防に努めてもらう。
●家庭には、室内の温度・湿度を徹底管理していると伝え、薄手で動きやすい服を用意してもらう。
●園で喜んでいる絵本や手遊び、家庭でできる触れ合い遊びを紹介する。
●節分の行事を行うことを知らせる。

🏷 評価・反省
●保育者との信頼関係が強く築かれ、見守られている安心感から、子どもが自ら好きな場所へ向かい、好きな遊びをしたり、他児と関わろうとしたりする姿が多く見られた。来月は、異年齢児との交流を楽しめるよう、1歳児クラスの保育者と連携を図り、異年齢児と交流できる機会を増やしたい。

3月 月案 低月齢児

月案 → P098-P099 3月の月案 低月齢児

3月月案 低月齢児 つくし組

前月末の子どもの姿

- 身近な大人と信頼関係が深まり、情緒が安定している。
- 座る、立つ、歩くなどの運動面の発達により、自由に手を使って探索活動する。
- 応答してもらうことを喜び、簡単な一語文を話す。

		★ 内　容
養護・教育	健やかに伸び伸びと育つ	●食事の前後や衣服が汚れたときには、保育者に清潔にしてもらい、きれいになった心地よさを感じる。
	身近な人と気持ちが通じ合う	●泣いたり、笑ったり、大きな声を発することで、自分の欲求を表現する。 ●喃語や片言を優しく受け止めてもらい、保育者とのやり取りを楽しむ。
	身近なものと関わり感性が育つ	●はいはい、つかまり立ち、つたい歩き、歩行など、自分の能力に応じて、体を動かして遊び、探索活動を楽しむ。 ●安心できる保育者の見守りの中で、自分の好きな遊びを十分に楽しむ。

食育

- スプーンにごはんやおかずをのせ、自分で口に運ぼうとしたら、スプーンやフォークの持ち方を手を添えながら知らせる。
- 保育者も一緒に口を動かしながら、かむことを知らせる。「○○ちゃん上手にかめるね」などと認めることで、満足感を味わわせる。

3月の月案 ここがポイント！

成長を確かめ、喜び合おう！

　目覚ましい成長を遂げてきた子どもたち。入園した頃からの発達の過程を振り返り、保護者と共に喜び合いましょう。両者の協力関係があったからこそ、子どものすこやかな成長があったのだと感謝を込めて話し、今後も共に育てていくことを確認します。

　また、子どもとの絆に感謝し、いつも見守り、応援していることを愛情たっぷりに伝えていきます。

3月 月案・低月齢児

◆ ねらい
- 安心できる保育者との関係の下、自己を十分に表現する。
- はいはい、つかまり立ち、つたい歩きなど、活発に体を動かして遊ぶことを楽しむ。

✚ 安全・健康
- 加湿器や換気を適切に行い、保育室の環境を整える。
- 気温差が激しいので、衣服の調節をこまめに行い、気持ちよく過ごせるようにする。

環境構成	予想される子どもの姿	保育者の援助
● おしぼりは、温めておく。 ● トイレはかわいい絵をはっておき、高月齢児が便器に座っている姿を見せ、トイレの雰囲気が感じられるようにする。 ● つかまり立ちや、つたい歩きができるような囲いや、自由に歩き回ることができる場所を用意する。	● 手や口が汚れたら、ふいてもらう。 ● 体や衣服が汚れたら、言葉やしぐさで保育者に知らせる。	●「きれいになったね。気持ちいいね」など、保育者が手や口を清潔にしながら体感したことを言葉で表現することで、清潔になる心地よさを感じ取れるようにする。
● 保育者間で連携し、子どもの表情や行動が把握できる位置に付く。 ● 喃語や一語文や片言で自分の思いを表現する友達の姿や、それを受け止める保育者の姿を示す。	● 自分の思い通りにならないと、怒る。 ● 気に入らないことがあると、ひっくり返って大声を出す。 ● 初めて見る雪に驚き、保育者に抱っこを求める。 ● 友達の遊びに興味をもち、友達の遊んでいる玩具を取る。 ● 保育者に喃語や片言で話しかける。	●「～してほしかったんだね」と言葉を添えて欲求を満たすことで、満足感が味わえるようにする。 ● 保育者の仲立ちを通して、友達と遊ぶ楽しさが感じられるようにする。 ● 保育者が簡単な言葉を添え、友達と言葉のやり取りを楽しめるようにする。
● 子どもが自分で好きな玩具を取り出せるところに、個々の発達に応じた玩具を清潔にして配置する。	● 自分の好きな動きで移動し、探索活動をする。 ● 近くの玩具をつかんだり、引っ張ったりする。	● 子どもの気持ちを理解し、自分のペースで探索活動が楽しめるようにする。 ● 一人で遊んでいるときは見守り、十分楽しめるように環境を整える。

⇄ 職員との連携
- 進級に向けて1歳児の保育室で遊んだり、散歩に行ったり、担任以外の保育者との触れ合いを多くする。
- 自我が芽生え、トラブルが増えてくるので、かみつき、ひっかきを未然に防ぐための話し合いをする。

🏠 家庭との連携
- いやいや期を迎え、様々なところで強いこだわりが見られるようになるが、成長の証であることを知らせ、温かく関わってもらう。
- 子どもへの関わり方に不安を感じたときには、いつでも保育者が相談にのることを知らせる。

◆ 評価・反省
- 保育室の棚やロッカーの位置を見直して広い空間をつくり、移動運動を楽しむことができた。
- 言葉にならない思いを温かく受容し、丁寧に関わることで発語が促され、保育者への話しかけも増え、よかった。
- 新しい担任に一年間の子どもの発達、生活の様子などを引き継ぐことで、新しい環境に慣れるようにしたい。

3月 月案 高月齢児

3月月案 高月齢児 つくし組

前月末の子どもの姿

- 保育者の仲立ちで友達と一緒に遊ぶことを喜ぶ。
- 着脱を「自分で」と言うようになる。うまくいかないことも多く、保育者に援助を求めたり怒ったりする。
- オムツへの排尿の不快感を、保育者に知らせる。

		★ 内 容
養護・教育	健やかに伸び伸びと育つ	●衣服の調節により、快適に生活を送る。 ●便器での排泄に慣れる。 ●保育者の優しい言葉かけや援助で、身の回りのことをする。
	身近な人と気持ちが通じ合う	●異年齢児との交流を楽しむ。 ●自分の欲求を、言葉で伝えようとする。
	身近なものと関わり感性が育つ	●興味のある絵本を保育者と一緒に見ながら、簡単な言葉のくり返しや模倣をして遊ぶ。

食 育

- 自分で食べようとスプーンやフォークなどの食具を使って食事する姿を認めながら、個々の発達に応じて正しい持ち方ができるように促す。
- 楽しい雰囲気の中、苦手な物も少しずつ食べてみようとする姿を認める。

3月の月案 ここがポイント!

1歳児クラスへスムーズな移行を!

4月からの生活を予想し、スムーズに慣れていくために、計画の中にも様々な配慮を入れる必要があります。子どもたちを連れて1歳児の保育室へ遊びに行きます。0歳児の保育室にはない玩具を用意するなど魅力的な環境にしておき、来るのが楽しみになるようにします。また、保護者にもどのような生活になるのか、何が変わるのかを簡潔に示し、安心できるようにしましょう。保護者の安心が子どもの安定につながります。

3月 月案・高月齢児

◆ ねらい
- 保育者との仲立ちにより、様々な人と関わることを楽しむ。
- 安心できる保育者との関わりの下、運動、言語、生活面において自分でしようとする気持ちをもつ。

✚ 安全・健康
- 他クラスで異年齢の友達と触れ合う機会を設けるときは、事前に0歳児にとっての危険物がないかを確認する。
- 自己主張が激しい時期なので、子どもと一緒に遊びながら個々の表情や行動が把握できる位置につく。

環境構成	予想される子どもの姿	保育者の援助
●室内外の気温差に配慮し、室内の温度設定をする。 ●加湿器や空気清浄機を使用し、空気を常に清潔にしておく。 ●トイレを清潔にして、壁に花や動物の絵をはるなどし、明るい雰囲気をつくる。 ●トイレットペーパーは、1回分ずつ保育者が用意しておく。 ●自分で着脱をやってみようとする友達の姿や、温かく見守る保育者の姿を示す。	●日中は暖かいが夕方は寒いなどの気温差により体調を崩す。 ●便座に座ることを嫌がる。 ●オムツが濡れていないことが多い。 ●身の回りのことがうまくできず、怒って途中でやめる。	●季節の変わり目は体調を崩しやすいので、室温、湿度、換気に気を付ける。 ●特に気温差が激しいので、衣服の調節をこまめに行い、気持ちよく過ごせるようにする。 ●トイレに行く友達を見ることで、少しずつ関心が向くようにする。 ●排泄のタイミングが合うときは、パンツで過ごせるようにする。 ●「自分で」という子どもの意欲を大切にする。失敗してもよいという温かい気持ちで関わり、やってみようとする姿を支える。
●自分の思いを言葉で伝える友達の姿や、温かい眼差しで話を聞く保育者の姿を示す。	●友達の姿をまねて、やってみようとする。	●分かりやすくゆったりと話し、言葉のくり返しのおもしろさが味わえるように工夫する。
●1歳児クラスの保育室に遊びに行く日を設定する。 ●絵本を子どもが自由に手に取ることができるところに置いておく。	●1歳児クラスの保育室で過ごすことを喜ぶ子や、戸惑って保育者から離れない子がいる。 ●絵本の中で知っている物があると、指差しや言葉で知らせる。	●ほかの保育室で不安な様子を見せる子には、しっかり寄り添い、安心できるようにする。

⇄ 職員との連携
- 進級に向けて1歳児の部屋で遊んだり、散歩に行ったり、1歳児のクラス担任と移行の準備や受け入れの仕方を話し合っておく。
- 次年度の1歳児の担任に、一人一人の子どもの成長や発達を伝達する。
- 自我が芽生えてトラブルが増えるので、かみつき、ひっかきを未然に防ぐために話し合う。

🏠 家庭との連携
- クラスだよりや保育参観などでの子どもの様子を通じて、成長や進級を共に喜び合えるようにする。
- 一年間の感謝の気持ちを、保護者に伝える。
- いやいや期を迎え、何でも自分でやろうとし、様々なところに強いこだわりが見られるようになるが、成長の証であることを知らせる。

◆ 評価・反省
- 自我が芽生え、自己主張する時期ということを保育者と保護者が共通理解したことで、家庭でもゆったりと関わってもらうことができた。
- 着脱や排泄などを自分でやろうとする姿を認め、さり気なく援助をすることで自信がつき、意欲が高まっている。次年度の担任に引き継ぎ、更に取り組んでいきたい。

4月 月案 文例

新年度が始まり、新入園児・在園児ともに不安な姿が見られることでしょう。子どもたちの不安な気持ちを受け止め、安心できる環境をつくっていきましょう。それぞれ、低月齢児……◆、高月齢児……★に対応しています。

月案文例 → P102-P103 4月の月案文例

今月初めの子どもの姿

- ◆★つかまり立ち、つたい歩きといった運動機能が発達する。
- ◆★ミルク以外にもおやつや離乳食を喜んで食べる。
- ★人見知りをし、知らない大人や子どもを見ると泣く。

ねらい

- ◆★生活リズムを大切にされ、安心して過ごす。
- ◆★温かい雰囲気の中で、新しい環境や保育者に慣れる。
- ◆★安心できる環境の中で入眠する。
- ◆★身の回りの玩具に興味を示し、遊ぼうとする。
- ★安心できる環境の中で、喜んで食事をする。

健やかに伸び伸びと育つ

【内容】
- ◆おなかがすいたこと、オムツが汚れたことなどの不快な気持ちを表現する。

【環境構成】
- ◆★一人一人の顔色や体の様子をゆったりと見られるように、保育室を配置する。
- ◆★安心して眠れるよう、場所を区切るなど工夫する。
- ◆ゆったりとした曲を流し、眠りやすい環境をつくる。

【予想される子どもの姿】
- ◆環境の変化になじめず、体調を崩しがちになる。
- ◆咳、鼻水、熱などの症状が改善せず、欠席が続く。
- ◆★環境の変化により、なかなか眠れずに泣く。

【保育者の援助】
- ◆★保護者から、今までの家庭での過ごし方や、家庭での生活リズムを聞き、子どもに負担がかからないように無理なく、ゆっくりと園での生活リズムに慣れる。
- ◆個々の健康や発達段階を把握し、一人一人のペースを大切にしながら無理なく過ごせるようにする。
- ◆朝の視診をしっかり行い、一人一人の健康状態に留意する。
- ◆★環境の変化により、眠りたいのになかなか眠れず、情緒が不安定になりやすいので、静かな場所に移動したり、おんぶをしたりして安心して眠りやすい雰囲気をつくる。
- ◆★不安な気持ちを優しく受け止め、動物の壁面や音楽、置物などを用意し、不安な気持ちを和らげる環境を工夫する。
- ★まだ歩行も安定しておらず、危険性も高いので、安全に歩行を楽しめる環境構成をする。

身近な人と気持ちが通じ合う

【内容】
- ◆★抱きしめられたり言葉をかけられたりして、安心感を得る。
- ★ゆったりとした環境の中で、保育者や友達と一緒に過ごす。
- ◆保育者との関わりの中で、泣いたり笑ったりして、自分の思いを表現する。
- ◆★保育者と触れ合いながら安心して入眠する。
- ◆★新しい保育者との触れ合いに安心する。
- ★保育者との触れ合いを楽しむ中で、喃語を発することを楽しむ。

【環境構成】
- ★喃語を発したくなるような、和やかで安心感のある雰囲気をつくる。
- ★優しい保育者の笑顔の下、安心して思いを表現しやすい雰囲気をつくる。

【予想される子どもの姿】
- ◆★新しい環境に不安を抱き、保育室に入ると泣く。
- ◆★慣れてくると保育者に抱っこされたり、おんぶされたりすることに安心感を覚える。

◆★保育者の声を聞いて反応を示す。
◆★保育者の声を聞くと振り返ったり、見たりする。
★保育者に慣れず、抱っこされることを拒む。
【保育者の援助】
◆★優しく声をかけたり、スキンシップを図ったりしながら、母親と離れた不安な気持ちに寄り添う。
◆★子どもの不安を優しく受け止め、抱っこやおんぶをして情緒の安定を図りながら、安心して過ごせるようにする。
◆★子どもの意思、感情をくみ取り、保育者が反応を返すことで、喃語・コミュニケーションを促す。
★保育者から離れられずにいる子には、無理させず、情緒の安定を図り、他児の歩く姿や遊ぶ姿を見せることで、歩行したい・遊びたいという意欲を促す。
★子どもがまねしやすく、分かりやすい言葉を選んで関わる。
★子どもの思いを優しく受け止め、言葉にし、笑顔を返すことで、安心して自分の思いを表現できるようにする。

身近なものと関わり感性が育つ

【内容】
◆★新しい保育室の環境に慣れる。
★玩具を握ったり、歩行移動を盛んにしたりし、身体活動を楽しむ。
★保育者の手遊びを喜び、見たりまねをしたりする。
【環境構成】
◆★床に玩具などが散乱しないよう、安全な環境を整える。
★子どもの発達、興味に合わせた玩具を用意し、意欲的に遊びやすい環境を整える。
★動物の壁面などを用いて、楽しく明るい雰囲気をつくり出す。
【予想される子どもの姿】
◆★身の回りの玩具に興味を示し、握ったり触ろうとしたりする。
【保育者の援助】
◆★子どもの発達に合わせた音が出る玩具や、握りやすい玩具を用意し、保育者が振って音を出してみせることで、興味を引き出し、触ってみたくなる雰囲気づくりをする。
◆★園庭の一角にシートを敷き、お座りやはいはいなどで太陽の光を浴び、自然と触れ合う機会をつくる。

食育

◆★他児がおいしそうに食べる様子を見せ、食べたくなるような雰囲気をつくる。
◆★保育者も口をもぐもぐと動かし、おいしそうに食べる姿を示す。
◆★無理に食べさせようとせず、本児の様子を見ながら少しずつ口に運ぶようにする。
◆★子どもが安心しやすい体勢、座り方を配慮し、「おいしいね」と声をかけたり、保育者が食べるまねをする姿を見せたりすることで、「食べてみたい」と思えるような雰囲気をつくる。

職員との連携

◆★個々の生活リズムや食事の特徴、入眠の癖などを職員会議で把握し、職員間で同じ対応が取れるよう、伝達を丁寧に行う。
◆★一人一人の健康状態を把握して、看護師とも連携をする。

家庭との連携

◆★子どもの様子について、保護者と連絡帳や会話でやり取りしながら、共に成長段階を理解し合う。
◆★持ち物や生活の流れについて連絡をする。
◆★慣れない環境から体調を崩しやすいので、園と家庭での様子を細かく連絡し合う。

評価・反省

◆ミルクの量や離乳食の食材も増え、保育者との関わりも深まってきた。来月は連休を挟むので、再びゆっくりした生活リズムを取り戻せるようにしたい。
◆★初めのうちは抱っこやおんぶをされても泣いていることが多かったが、徐々に自分から保育者を求め、慣れや安心を感じている姿が見られるようになった。
★運動面では、散歩などを通して、体の発達を促していきたい。

4月 月案文例

5月 月案 文例

園での生活に慣れてきた子もいれば、まだ不安で泣いてしまう子もいます。外気浴や散歩が気持ちよい季節、戸外へ出かけ楽しく遊べるようにしたいものです。それぞれ、低月齢児……◆、高月齢児……★に対応しています。

月案文例 → P104-P105 5月の月案文例

前月末の子どもの姿

- ◆★おやつや離乳食、給食を喜んで食べる。
- ◆★抱っこやおんぶなど、保育者との触れ合いを喜ぶ。
- ◆喃語を発することを楽しむ。

ねらい

- ◆★保育園のリズムに慣れ、安定・安心して過ごす。
- ◆★保育者とのコミュニケーションを喜び、信頼関係を深める。
- ★春の自然に親しみ、散歩や外気浴を楽しむ。
- ★他児や他児の行動に関心をもち、観察したり、まねたりして、関わろうとする。

健やかに伸び伸びと育つ

【 内 容 】
- ◆★安心できる環境の中で、抱っこや布団に横になって入眠する。
- ★オムツを替えてもらうことの心地よさを味わう。
- ★室内や戸外での歩行を楽しみ、身体の発達を高める。

【 環境構成 】
- ◆★カーテンを閉めたり、照明を調節したりすることで、眠りやすい明るさの室内を整える。
- ◆★オムツ台は毎回消毒をして清潔感のある環境に整える。
- ◆★天気のよい日は戸外活動を取り入れる。乳母車に乗ったり歩いたりする経験を大切にするため、適切な場所を設定する。
- ◆★保育者の優しい声かけの下、安心してオムツ交換ができる雰囲気をつくる。
- ★子どもの背の高さに合わせた椅子を用意する。
- ★大きな石や木の枝などを排除し、安全な環境を整える。

【 予想される子どもの姿 】
- ◆眠くなってくると、ぐずり泣きをする。

【 保育者の援助 】
- ◆★子守唄やオルゴール調の曲を流し、カーテンなどで室内の明るさを調節して眠りやすい雰囲気をつくる。
- ★マグマグやコップの持ち手に一緒に手を添え、自分で持つことを知らせながら、「自分で」の意欲を育てる。
- ★子どもから少し離れたところで保育者が、「おいでー」と笑顔で手を広げて待ち、保育者の元まで歩くことから、身体能力や歩行バランスの向上を促す。
- ★階段など、高さのあるところでの上り下りを経験させ、手足の発達を促す。
- ★散歩や外気浴を十分に楽しめるよう、安全に歩行できる環境を選ぶ。

身近な人と気持ちが通じ合う

【 内 容 】
- ◆★抱きしめたり言葉をかけられたりして、安心感を得る。
- ◆★笑顔や受容の下、温かな雰囲気の中で安心して過ごす。
- ◆★友達の存在に興味を示し、関わろうとする。
- ★保育者との触れ合いを楽しむ中で、喃語を発する。

【 環境構成 】
- ◆★子どもの様子に合わせて、添い寝するなど、安心できる環境をつくる。
- ◆★環境にまだ慣れず、不安がる子に対して、特定の保育者が寄り添う。
- ◆保育者が楽しそうに話しかける姿を示す。
- ★他児が楽しそうに歩行している姿を見せるなど、楽しい雰囲気をつくる。
- ★楽しそうに遊ぶ友達の姿を見せ、興味を感じるような雰囲気をつくる。

★安心して喃語を発することができる、和やかな雰囲気をつくる。

【予想される子どもの姿】
★安心できる保育者に、抱っこを求め関わろうとする。
◆保育者とのスキンシップ中や、外に出ているときは機嫌がよくなり、「アウアウ」などの喃語を発する。
◆★保育者が手をあげたり、「いないいないばあー」をしたりする動きを見てまねる。
◆★友達の遊んでいる姿に興味を示し、じっと見つめる。

【保育者の援助】
◆眠くなるとぐずる姿が見られるので、抱っこやおんぶをするなどして、安心できる関わりをもつ。
◆★子どもの目を見て優しい笑顔で話しかけたり、スキンシップを図ったりすることで、保育者との関わりを喜べるようにする。
◆★目覚めた際に不安になって泣くことがあるので、そばに寄り添い、添い寝をしたり、優しくトントンしたりして、安心して入眠できるようにする。

身近なものと関わり感性が育つ

【内容】
◆★玩具を使った遊びやわらべ歌を楽しむ。

【環境構成】
◆手でつかみやすく投げても大丈夫な、柔らかい玩具を用意する。
◆★散歩は、春の自然に親しめるよう、桜の木や花壇の花が見えるところを選ぶ。
◆★時々心地よい音楽を、耳障りにならない音量で流し、ゆったりとした雰囲気をつくる。

【予想される子どもの姿】
★「いっぽんばしこちょこちょ」などの触れ合い遊びを喜ぶ。

【保育者の援助】
◆手触りの異なる素材の玩具を用意し、それぞれ十分に味わわせる。
◆★優しい声でリズミカルに歌って聞かせるようにする。

食育

◆★「おいしいね」という声かけにより、食事をすることの喜びを感じられるようにする。
◆★食べたいという気持ちを大切にし、「おいしいね」「カミカミだよ」という言葉をかけ、楽しい雰囲気の中で食事ができるようにすると共に、そしゃくを促す。
◆★保育者や他児がおいしそうに食べる姿を見せることで、おいしく食べることのできる雰囲気をつくる。

職員との連携

◆★自分で食べる意欲がもてるよう、調理員とも話し合いながら、子どもがつまみやすい大きさ、口に入れやすい大きさに配慮する。
◆★自分でコップを持ちたい子、保育者が飲ませてあげる子など発達差があるので、日々の子どもの様子を細かく伝え合う。
◆★子どものかわいい姿を伝え合う。

家庭との連携

◆★持ち物や生活の流れについて連絡をする。
★子どもの足のサイズに合ったズックを用意してもらう。

評価・反省

◆食事では、離乳食の進み方も順調で、食材も増えてきている。そしゃく量が少ないので、大人のかむ姿を見せるなどして、そしゃく力を高めていきたい。
★保育園生活に慣れると同時に疲れも見られるようになった。発熱したり咳をしたりなど体調を崩しやすい子がいたので、来月からも健康管理に気を付け、快適で健康に過ごせるようにしたい。
★天気のよい日は、なるべく戸外に出かけ、春の自然に触れて楽しみ、手をつないで歩いた。また、いろいろな遊具で遊んで興味・関心を広げ、声をかけて友達と一緒に遊び楽しむこともできた。

5月 月案文例

6月 月案 文例

園での生活にもだいぶ慣れ、情緒が安定する頃。梅雨に入り保育室で過ごす時間も多くなります。保育室の衛生管理を徹底しつつ、健康に過ごしましょう。
それぞれ、低月齢児……◆、高月齢児……★に対応しています。

月案文例 → P106-P107 6月の月案文例

前月末の子どもの姿

- ◆★保育者に十分に甘え、情緒に落ち着きが見られる。
- ★少しずつ部屋の雰囲気や生活に慣れ、自我が出てくる。

◆ ねらい

- ◆★梅雨期の健康に気を付け、快適に過ごす。
- ◆★保育者と一緒に好きな場所で探索活動を楽しむ。
- ★梅雨期の自然に触れ、遊びの中で季節を感じる。

健やかに伸び伸びと育つ

【内 容】
- ◆★ずりばいやはいはいなど、自分の能力に応じて体を動かし、移動することを喜ぶ。
- ★戸外遊びの後は、手洗いを援助されてしっかり行う。

【環境構成】
- ◆★窓を開け、換気のよい環境を整える。
- ◆★伸び伸びと体を動かして遊べるよう、安全な環境を整える。
- ◆★危険な物がないか事前に周りの様子を確認しておく。

【予想される子どもの姿】
- ◆★汗をかきあせもができる。
- ◆★保育者が背中をさすると安心して入眠する。
- ★「お手て洗うよ」という保育者の言葉を聞き、他児が手洗いしているのを見て、手を洗おうとする。

【保育者の援助】
- ◆★気温の変化を考慮して衣服の調節をする。
- ◆★梅雨期のため湿度が高くカビの発生なども考えられるので、保育室の衛生管理に気を付ける。
- ◆★午睡中に汗をかくこともあるので、午睡後はこまめに体をふいたり着替えたりして、肌の清潔を保つ。
- ★手洗いの際は保育者がそばに付き、蛇口の開閉、手の洗い方、ペーパーの使い方など丁寧に関わり、気持ちよさを一緒に味わって、自分でできる力を育てる。

♥ 身近な人と気持ちが通じ合う

【内 容】
- ◆★保育者とスキンシップを図りながら、クラスの中に居場所をつくり、安心して生活する。
- ★保育者の温かい眼差しの中、園のリズムに慣れて楽しく生活する。
- ◆★様々な方法で自分の気持ちを相手に伝えようとする。
- ◆★信頼できる保育者に見守られ、安心して休息する。
- ◆★保育者や友達と一緒に十分に体を動かす。
- ★保育者や友達に関心や興味が少しずつ芽生え、模倣して楽しく遊ぶ。
- ★生活の中で使うあいさつをまねしてやってみようとする。

【環境構成】
- ◆★子どもや保護者に明るくあいさつする姿を示すことで、温かで家庭的な環境を整える。
- ★友達の遊びに入れるように、保育者が仲立ちをする。

【予想される子どもの姿】
- ◆★自分の興味のある遊びを見付け、保育者や友達と一緒に楽しさを共有して遊ぶ。

【保育者の援助】
- ◆★分かりやすく、はっきり発音し、ゆっくりとした話し言葉を心がける。
- ◆★子どもが感じている気持ちを言葉で表現し、保育者との共感が芽生えるように関わる。
- ★優しくトントンし、眠るまで言葉をかけながらそばで見守る。
- ★遊びが深まるように、保育者自身も共に楽しみながら楽しい時間を共有していく。
- ★保育者が危なくないように見守ったり、一緒に共感したりして、興味・関心を深められるようにする。

★周りの友達に関心をもって同じ物がほしい思いを理解し、玩具の数を増やして、仲立ちとなって思いの伝え方を知らせる。

身近なものと関わり感性が育つ

【内　容】
★保育者や友達と探索活動を楽しみ、砂や石、葉っぱや小動物などに触れてみようとする。
★砂や土、紙や粘土など、素材の違う物に触れ、匂いや感触を楽しみながら遊ぶ。
◆★簡単なあいさつの絵本、身近な動物の絵本などをくり返し読む。

【環境構成】
◆★一人一人が十分に遊べるように、数・量を準備しておく。
★小動物がよく観察できるようにケージから出したり、抱きかかえたりしてじっくり楽しめるようにする。

【予想される子どもの姿】
★保育者に促されて、一緒に片付けを行う。
★気に入った葉っぱや石を見付けると、手に持って離そうとしない。
★玩具の取り合いが増え、トラブルになる。
★「もう一回」と催促し、絵本を読んでもらい楽しむ。
★土や砂などの手触りを嫌がる子どももいるが、友達の姿を見て遊ぼうとする。

【保育者の援助】
★玩具を口に入れたり、友達に投げたりするなど、危険な遊び方をしていないか、しっかりと見守る。

食育

◆★食後は手や顔をふき、気持ちよさを感じさせる。
◆★調理員と連携を図りながら一人一人の離乳食を進めていく。
◆★保育者が食べさせてあげる子、自分で食べたいという意欲が芽生えている子、フォークやスプーンを使用できる子など、発達に応じて分かれて食事を進める。
★個々に合わせて食べる量に配慮し、全部食べられたという達成感を味わわせる。

職員との連携

◆★保育者が一人一人に優しく丁寧に関われるように連携を図る。
◆★食中毒の発生を防ぐため、食事の完成から摂取までの時間を短くするよう、調理員と連携を図る。

家庭との連携

◆★汗をかきやすいので、調整しやすい衣服を多めに用意してもらう。
★砂や水を使った遊びの後の泥シミは落ちにくいので、汚れてもよい服を用意してもらう。

評価・反省

◆★梅雨期で気温や湿度が高く、衣服を調節し、扉を開放して保育室や廊下にコーナーをつくって遊んだことで、子どもたち一人一人が落ち着いて遊べるようになった。
◆★今月中旬より風邪による欠席が目立ち、長期で休む子も見られた。来月も一人一人の様子に注意して体調の変化に気を付けるようにする。
◆★途中入所児も園生活に慣れて落ち着いてきている。食事中に泣く姿が時々見られるので、保育者が横に付きその子のペースでゆっくりと食事を進めていく。また、その様子を家庭にも知らせ安心してもらう。
★小麦粉粘土や泥んこ遊びなどの様々な素材を使って、保育者と一緒につくる過程を見た。裸足になって気持ちよさを味わうことで、子どもたちは少しずつ「やってみたい」と思えるようになり、一緒に楽しめた。
★活動後にシャワーをすることで心地よさを感じた。また、楽しい雰囲気の中で苦手な物も食べてみようとしたり、個々に合わせて量を配慮したりすることで、食べられたという達成感を味わえてよかった。
★来月も引き続き、様々な素材を用いた玩具を使い、夏ならではの水遊びを取り入れ遊ぶと共に、友達にも関心がもてるように仲立ちをし、子ども同士で遊んでいるときは温かく見守りたい。

7月 月案 文例

梅雨が明けたら、水遊びが始まります。水を怖がる子や、自分から触ろうとする子など様々。じょうろや玩具を用意し、水に触れる機会を多くつくりましょう。それぞれ、低月齢児……◆、高月齢児……★に対応しています。

月案文例 → P108-P109
7月の月案文例

前月末の子どもの姿

- ◆身の回りの物や人に興味をもち始め、自発的に関わろうとする。
- ★簡単な言葉で思いを表現しようとする。

◆ ねらい

- ◆★シャワーを浴びて汗を流し、健康で快適に過ごす。
- ◆★こまめに着替えをし、室内の温度・湿度調節を行い、気持ちよく過ごす。
- ◆★リズムに合わせて手遊びをしたり、体を動かしたりして楽しむ。
- ★水遊びや泥んこ遊びを通して、水や泥の感触を味わいながら遊ぶことを楽しむ。
- ★保育者や友達のしていることに興味をもち、まねすることを楽しむ。

健やかに伸び伸びと育つ

【内容】
- ◆★快適な環境の中で、安心して食事や睡眠をとる。
- ◆★体をふいたり、シャワーを浴びて汗を流したりして、さっぱりとした気持ちよさを味わう。
- ★トイレで排泄する気持ちよさや喜びを味わう。

【環境構成】
- ◆★子どもの健康状態や天候、気温に合わせて室内の温度・湿度の調整をし、環境を整える。
- ◆足ふき・体ふきタオル、着替えを用意し、スムーズにシャワーを浴びる友達の姿を見せる。
- ◆★子どもに合わせて、眠りやすい場所に布団を敷く。
- ◆★カーテンを閉めたり、音楽をかけたり、室内温度を調節したりして、眠りやすい環境を整える。
- ★踊る姿を周囲の人に見てもらえる場を整える。
- ★トイレに行きたくなるような環境を整える。

【予想される子どもの姿】
- ◆★頭や体に汗をかく。
- ◆★暑さにより、ぐずり出す子がいる。
- ◆★顔や頭にシャワーがかかることを拒み、泣く。
- ◆★シャワーを怖がることなく、笑顔で気持ちよさそうに汗を流してもらう。
- ★給食後、自ら布団に行って眠る。
- ★トイレの声かけが聞こえると、自分からトイレコーナーに来て、便座に座って排尿する。

【保育者の援助】
- ◆★散歩に出る際は直射日光や紫外線に気を付けて、帽子を着用させる。
- ◆★子どもたちが快適に過ごせるよう、室内の温度や湿度調節を行う。
- ◆★保育室の温度や湿度にも留意し、エアコンを使用する際は外気温と室内の温度差に気を付け、冷えすぎないように配慮する。
- ◆★登園の際、温度に合わせて衣服の調整をする。
- ★トイレでの排尿が難しい月齢の高い子には、優しくオムツ交換を行い、さっぱりとした心地よさを味わえるようにする。
- ◆★給食後すぐに午睡に誘うことができるように、子どもたちの食事中に布団を敷いておく。
- ★シャワーを嫌がる子には、無理せずに優しく足から流し、少しずつ温水がかかることに慣れるようにする。
- ★トイレでの排尿に挑戦したくなるよう、トイレコーナーを工夫する。
- ★排尿に成功した子の姿を認めて十分にほめ、「気持ちよかったね」などと声かけをすることで、自信をもち、トイレで排尿する気持ちよさを味わえるようにする。

身近な人と気持ちが通じ合う

【内容】
- ◆保育者の優しく、温かな眼差しの下で、安心して生活する。

◆ゆったりとした雰囲気の中で、保育者や友達と一緒に過ごす。
◆互いに遊びや動きをまねしたり、まねされたりすることを楽しむ。
★簡単な言葉を使って大人とのやり取りを楽しむ。
【環境構成】
◆★安心して言葉を発することのできる和やかな雰囲気をつくる。
【予想される子どもの姿】
★簡単な言葉で自分の思いを伝えようとする。
★保育者や友達と手をつないで歩くことを喜ぶ。
★保育者との言葉のやり取りを楽しむ。
【保育者の援助】
★安全な道では友達と手をつないで歩いたり、一人で歩くことを経験させたりすることで、友達との関わりを深め、自由に歩き回れるようになった成長を喜び、探索活動を楽しみながら身近な環境に自発的に働きかける意欲を高める。
★保育者も子どものまねをしたり、まねをしやすいような動作を見せたりしながら、人との関わりを楽しめるようにする。
★子どもが安心して自分の思いを自分の言葉で表現できるような、温かく優しさにあふれた雰囲気づくりをする。また、保育者とのやり取りの中から言葉の獲得へとつなげる。
★子ども同士が気持ちよく生活できるよう、保育者が仲立ちする。

身近なものと関わり感性が育つ

【内容】
★保育者や友達と散歩を楽しむ。
★リズムに合わせて手遊びや踊りを楽しむ。
【環境構成】
◆ボールやぬいぐるみなど柔らかい玩具を用意し、優しい保育者の見守りの下で安心して関わりを楽しめる雰囲気をつくる。
【予想される子どもの姿】
◆身近な物に自発的に関わろうとする。
【保育者の援助】
★保育者と向かい合って踊ることで、一緒に体を動かしたくなるような楽しい雰囲気をつくる。

食育

◆★「おいしいね」などと言い合いながら食事をすることで、楽しくおいしく食事ができるようにする。
★友達や保育者の顔を見ながら、楽しく食べることができるよう、配置を整える。
★保育者もおいしそうに食べる姿を見せる。
★夏の暑さにより、ごはんやおかずを残しがちになる子がいるので、初めから一人一人の食欲に合わせて量を調節し、食べることができた喜び、達成感を味わえるようにする。

職員との連携

◆★保育者間で連携し、安全で楽しく散歩や探索活動を楽しめる環境を整える。
◆★保育者間で連携し、安全でスムーズにシャワーや着替えを行えるようにする。

家庭との連携

◆★汗をかきやすいので、普段より衣服を多めに用意してもらう。
★色水遊びや泥遊びをするので、汚れてもよい服を用意してもらう。

評価・反省

◆★天候が不順で気温や湿度も高いので、シャワーで汗を流し、気持ちよく過ごせるようにした。
◆★来月は、途中入園児がいるので、無理なく園生活に慣れ、安心して生活が送れるような雰囲気づくりをしたい。
★気温差も激しくて体調を崩しやすく、鼻水、微熱、咳が出る子が多かった。水遊びは避け、砂遊びや遊具で遊ぶなど、子どもの体調に合わせて楽しめるようにした。
★食事では、「ピカピカになったよ」「見ててね」と伝えてくる子が増え、楽しい雰囲気の中で食事ができた。

7月 月案文例

8月 月案 文例

夏本番の8月。水遊びをたっぷり楽しんだ後は、休息をしっかり取れるようにします。体調を崩すことなく、元気に夏を乗り切りたいものです。
それぞれ、低月齢児……◆、高月齢児……★に対応しています。

月案文例 → P110-P111
8月の月案文例

前月末の子どもの姿

- ★指差しや身振り、単語、二語文などで、自発的に意思を伝えようとする。
- ★友達と同じことをしたがり、玩具の取り合いが増える。

ねらい

- ◆★栄養や休息を十分に取り、安定した生活リズムの中で元気に過ごす。
- ★水の冷たさや不思議な感触を感じながら、積極的に水遊びを楽しむ。
- ★遊びや生活の中で、友達と一緒に楽しく過ごす。

健やかに伸び伸びと育つ

【内　容】
- ◆★適度な休息や午睡を取る。
- ★保育者に促され、トイレで排尿する。

【環境構成】
- ◆★室内を整理整頓して、清潔感のある保育室にする。
- ★一人一人に合った食事の仕方を工夫し、食べたくなるような机や椅子の配置をする。

【予想される子どもの姿】
- ◆★夏の疲れから、動きが鈍く元気がない。
- ◆★活動後はシャワーを浴び、きれいになった気持ちよさを味わう。
- ★トイレトレーニングをする。
- ★保育者と一緒に着替え、自分でも着脱しようとする。

【保育者の援助】
- ◆★保育室の温度や湿度に配慮する。
- ◆★疲れが出やすくなるので、一人一人の体調管理、水分補給を十分に行い、ゆったりと過ごせるようにする。
- ◆★静かな環境で、ゆったりと午睡ができるようにする。
- ◆★毎日の健康観察、体調のチェックを行い、無理なく遊べるようにする。
- ◆★プールや水遊びでは、危険のないよう配慮する。
- ★清潔で安全な環境を整え、安心して探索活動をしたり、伸び伸びと体を動かしたりして遊べるようにする。
- ★砂遊び後の手洗いが十分にできているか、一人一人に確認する。
- ★個人差が大きいことから、それぞれの発達に合わせてほめる。

身近な人と気持ちが通じ合う

【内　容】
- ◆十分なスキンシップで気持ちを満たし、落ち着いて過ごす。
- ★保育者に名前を呼んでもらい、簡単な言葉のやり取りを楽しむ。

【環境構成】
- ◆★いろいろな欲求や要求を優しく受け止め、安心して過ごせるようにする。

【予想される子どもの姿】
- ◆★水を怖がる子や顔に水がかかって泣く子がいるが、保育者がそばにいることで、安心して水に慣れる。
- ★最初は怖がっていた子も、保育者が一緒にプールに入ることにより、水遊びを楽しむようになる。
- ★名前を呼ばれ、「はい」と返事をしたり、自分の名前を言ってみたり、簡単な言葉のやり取りをする。

【保育者の援助】
- ★友達がやってみようとしている姿を知らせながら、さり気なく援助し、できたことを一緒に喜び、意欲を高める。
- ★子どもの全体の動きを見て共感し、保育者が様々な表現を喜び、参加しやすい雰囲気をつくる。

身近なものと関わり感性が育つ

【内容】
◆くり返しのある絵本を見て、絵本を見る楽しさを知り、言葉を覚える。
◆★保育者や友達と歌や手遊びを喜んで行ったり、音楽に合わせて体を動かしたりする。
★夏ならではの好きな遊びを保育者と楽しむ。
◆★保育者をまね、手遊びや音楽に合わせて、喜んで体を動かす。
★身近な自然に興味をもち、喜んで遊び、親しみをもつ。
★保育者や友達と一緒に、水遊びの楽しさを十分に味わう。

【環境構成】
◆★季節にちなんだ絵本をそろえておく。
★気温に応じて温水にし、ミニプールやたらいなどを用意して、無理なく水遊びができるようにする。
★水遊びが十分に楽しめるように、玩具の種類を増やす。
★絵本がいつでも取り出せるように環境構成をする。

【予想される子どもの姿】
◆★興味のある絵本を見る姿が見られる。
★水を怖がらず、水遊びを楽しむ。
★水遊びや砂遊びを、元気にする姿が見られる。
★曲に合わせて伸び伸びと動く子どももいるが、興味をもてず違う遊びをする子どももいる。

【保育者の援助】
◆★玩具を口に入れた手でいろいろなところを触るので、より丁寧な消毒を心がけ、保育室の清潔を保つ。
★子どもの発見に共感し、水遊びを十分に味わえるようにする。
★絵本を通して、言葉のやり取りを楽しめるようにする。

食育

◆★食事をするペースを個々の発達に合わせ、ゆったりと食べられるようにする。
◆ゆったりとした雰囲気の中で、ミルクを飲ませたり食べさせたりしてくれる保育者に関心がもてるようにする。
◆★発達に応じた食事スペースをもち、手づかみで食べられる子は自分で食べたという気持ちを大切にする。
◆★食事の前後は顔や手をふき、心地よさを感じられるようにする。

職員との連携

◆★どの保育者も同じ対応ができるように、個々の健康状態を短い時間で適切に伝言する。
◆★水遊びに対する保護者の意向があるので、個別対応を職員間で共通理解し取り組む。

家庭との連携

◆★あせもやオムツかぶれなどの症状は、こまめにケアすることで治まることを伝え、常に皮膚を清潔にしてもらう。
◆★プール（温水）遊びができるかどうか、登園時に子どもの健康状態を聞く。

評価・反省

◆★水遊びは、子どもたちの体調や天候に合わせて、水の温度を調節したり、水遊びができない子は別の部屋で室内遊びを楽しんだりと、配慮することができてよかった。
◆★来月からも、夏の暑さや疲れに気を付け、水分補給をし、こまめに休息するなど、健康でゆったりとした生活リズムの中で過ごせるように工夫したい。
◆★先月末より体調を崩す子が見られたので、家庭と連携を図って子どもの健康状態の把握に努めた。体調が優れない子は清拭や沐浴で肌の清潔を保った。次月は天候に合わせて水遊びを楽しみたい。
◆★暑さのため、食欲がなくなるので、快適な室温にし、個々の食欲に合わせ、無理なく食事をとるようにした。来月は、食事が楽しめるような環境や言葉かけに注意したい。
★水遊びでは、友達と楽しい時間を共有することができた。保育者が容器に水をすくい「ジャー」と言いながら流すと、子どもたちもまねようとしていた。その際、容器の取り合いが見られたので、容器は複数用意するようにし、トラブルを未然に防ぐようにしたい。
★保育者のはげましや他児の姿が子どもの意欲向上に大きく関係しているので、表情や声のトーンに変化を付けながらほめることを大切にしたい。

8月 月案文例

9月 月案 文例

残暑の疲れで体調を崩す子も出てきます。体調管理を徹底しながら、探索活動や保育者とのスキンシップをたっぷり楽しめるよう、保育室の環境を整えましょう。それぞれ、低月齢児……◆、高月齢児……★に対応しています。

前月末の子どもの姿

★指差しや身振りだけでなく、自分の言葉で自発的に意思を伝えようとする。
★ジャンプや足の屈伸など、身体能力が高まる。
★自分でできることに意欲的に取り組もうとする。

ねらい

◆★夏の疲れに留意し、休息を取りながら安定した生活リズムの中で健康に過ごす。
◆★遊びや生活の中で、友達や保育者と一緒に触れ合うことを楽しむ。
★保育者や友達とのやり取りの中で、言葉を使うことを楽しむ。
★身の回りのことに関心をもち、少しずつ自分でやってみようとする。
★全身を使った遊びを楽しむ。

健やかに伸び伸びと育つ

【内容】
◆適度な休息や睡眠を取る。
【環境構成】
◆★子どもの健康状態や天候、気温に合わせて、室内の温度や湿度を調節し、過ごしやすい環境を整える。
◆★子どもの月齢に合わせ、午前睡、午睡が十分に取れるようにする。
★花や動物などの絵をはり、トイレで成功した子や便座に座れた子の姿をほめる様子を見せる。
【予想される子どもの姿】
◆★暑さにより、機嫌が悪くぐずる子がいる。
★のどが渇き、お茶や水分をほしがる。
★運動用具に意欲的に関わり、体を動かすことを喜ぶ。
★トイレの声かけが聞こえると、自らトイレコーナーに来て便座に座り、トイレを使う雰囲気を味わう。
★トイレでの排尿はまだできないが、他児のトイレの様子を見に行こうとする。
【保育者の援助】
◆★その日の天候や気温・湿度などに合わせて窓を開け、室内温度の調節を行う。
◆★夏の疲れにより、体調を崩しやすいので、水分補給や十分な睡眠をとれるようにする。
◆★外から戻ったときや気温が高い日には、おやつ・食事以外でも十分に水分補給をする。
◆★子どもたちが快適に過ごせるよう、室内の温度や湿度調節を行う。
★排尿に成功した子には、「おしっこ上手にできたね、かっこいい」などと声をかけることで自信を付けさせ、トイレで排尿することの気持ちよさを味わえるようにする。
★トイレで排尿する子の姿を見せることで、少しずつトイレに興味・関心をもつようにする。
★体を十分に動かせる環境をつくり、取り組む楽しさを味わいながら運動機能の高まりへとつなげる。
◆★暑い日には衣服の調整をする。

身近な人と気持ちが通じ合う

【内容】
◆★保育者との間で、十分なスキンシップで気持ちを満たし、落ち着いて過ごす。
◆互いに遊びや動きをまねしたり、まねされたりすることを楽しむ。
【環境構成】
◆★優しい笑顔で接する保育者の姿を示し、安心して保育者との触れ合いを楽しめるような雰囲気をつくる。
★異年齢の友達と一緒の親しみやすい環境をつくる。
【予想される子どもの姿】
◆★保育者や友達の遊びや動作を観察して、まねをして楽しむ。

【保育者の援助】
◆子どもの言葉やしぐさを優しい表情で受け止め、安心できる雰囲気をつくる。
★絵本を見たり、聞いたりしながら、保育者の言葉をまねして言う。
★安全な道では、友達と手をつないで歩いたり、一人で歩くことを経験させたりすることで、友達との関わりを深め、身近な環境に自発的に働きかける意欲を高められるようにする。
★「○○ちゃんと、○○ちゃん、一緒だね」などと声をかけることで、一緒ということを喜び、仲間意識を高められるようにする。
★子どもが安心して自分の思いを自分の言葉で表現できるような、温かで優しさにあふれた環境づくりをする。

身近なものと関わり感性が育つ

【内　容】
◆★身近な自然の草花や虫に興味をもち、戸外遊びや散歩を楽しむ。
★運動会ごっこを楽しむ。
★くり返しのある絵本を見たり聞いたりして言葉をまね、言葉を獲得する。
★リズムに合わせて体を動かしたり、踊ったりすることを楽しむ。

【環境構成】
◆★散歩は、虫や草花が多く見られるルートを選ぶ。
◆★年齢に合った絵本を多く用意し、見たくなる、聞きたくなるような絵本の読み方、見せ方をする。
★マット、ゴムひも、巧技台などを用意し、体を動かせる環境を整える。

【予想される子どもの姿】
◆花や虫を見て喜んだり、触ろうとしたりする。

【保育者の援助】
◆散歩時に抱っこをして、「はっぱだね」と声をかけながら自然物に触れる機会をつくる。
★草花や虫などの生き物に、興味・関心をもつ心を養う。
★散歩ルートでは、危険な場所がないか把握しておく。
★運動会で踊った曲や、年上のクラスの子が踊った曲を同じ空間で共に踊り、異年齢児との交流を深める。

食　育

◆★友達や保育者の顔を見ながら、楽しく食べることができる配置を整える。
★夏の疲れからごはんやおかずを残しがちになる子がいるので、初めから一人一人の食欲に合わせて量を調節し、食べることができた喜び、達成感を味わえるようにする。
★苦手な物でも、保育者や友達がおいしそうに食べる姿を見せることで、食べてみようかなと思える雰囲気をつくる。

職員との連携

◆★保育者間で連携し、安全で楽しく散歩や探索活動を楽しめる環境を整える。
◆★保育者は子どもたちが聞き取りやすい声の大きさ、速さに気を付ける。
◆★赤ちゃん言葉ではなく、正しい言葉の発音で話すようにする。

家庭との連携

◆★夏の疲れによる体調の変化を見逃さないようにし、連絡帳や口頭で子どもの様子を伝え合う。
★運動会に向けて子どもの足に合った靴を用意してもらう。

評価・反省

◆★運動会当日は、親子で喜んで取り組む姿が見られてよかった。
★運動会をきっかけに、保育室にマットやゴムひもなどを用意し、運動会ごっこを楽しみながら、ジャンプや上り下りができた。運動機能の発達につながったと思う。
★運動会後、年長の子どもたちと、曲に合わせて踊るなど、異年齢交流を深めながら運動会ごっこを楽しんだ。

10月 月案 文例

昼間と夕方の気温差が大きくなる時期。厚着をして登園する子も増えますが、日中は薄着で過ごせるようにし、室内遊びもたっぷり楽しめるようにしましょう。それぞれ、低月齢児……◆、高月齢児……★に対応しています。

月案文例 → P114-P115 10月の月案文例

前月末の子どもの姿

- ◆★喃語をよく発し、保護者や保育者、他児の発言を模倣しようとする。
- ★音楽に合わせて体を動かし、歩行やはいはいで自由な移動をするなど、活動的な姿がよく見られる。
- ★保育者や他児の行動や遊びを模倣する。

ねらい

- ◆★保育者との楽しいやり取りを通して、発語への意欲をもつ。
- ◆★気温や活動に応じて衣服の調整をすることで、快適に過ごす。
- ★保育者に受け止められて、認めてもらう喜びを感じる。
- ★音楽に合わせて体を動かすことを楽しむ。
- ★戸外活動を通して落ち葉など秋の自然物に触れ、室内・戸外で保育者や友達と歩行することを楽しむ。

健やかに伸び伸びと育つ

【内容】
- ◆★感染予防のため、保育室内を清潔に保つ。
- ◆★朝夕の気温の変化により、体調を崩しやすい時期なので、丁寧に健康観察を行う。

【環境構成】
- ◆★安全で十分な活動スペースをつくる。
- ◆★適度に窓を開けて新鮮な空気を取り込み、環境を整える。

【予想される子どもの姿】
- ◆★咳、くしゃみ、鼻水が出る子がいる。
- ◆★熱が出る子がいる。
- ◆★汗をかきやすい子がいる。

【保育者の援助】
- ◆★家庭との連携を図り、体調の変化にすぐ対応する。
- ◆★保育室を常に清潔に保つため、椅子、机、床、玩具を含む保育室全体をこまめに消毒し、感染の予防に努める。
- ◆★一人一人の表情、機嫌、体温などをしっかり観察して、子どもの体調を把握し、体調の変化に速やかに対応する。
- ★こまめに衣服の調節をし、快適に過ごせるようにする。

身近な人と気持ちが通じ合う

【内容】
- ◆保育者や他児と関わっていく中で、人や物への関心を深める。
- ★他児との関わりの中で、互いの存在を認め、同じ空間で玩具を使ったり、他児や保育者を模倣したりして遊ぶ。

【環境構成】
- ◆★保育者や子ども同士が安心して関わり合えるよう、愛のある雰囲気づくりをする。
- ★優しい保育者の笑顔の下、安心して自分の欲求を出せる雰囲気をつくる。
- ★散歩をする際は、人数を把握する。
- ★自由に発語を楽しめる温かい雰囲気をつくる。

【予想される子どもの姿】
- ◆保育者と目が合うと笑顔を見せる。
- ◆★泣いて自分の思いを伝えようとする。
- ★抱っこをしてほしくて、手を出して知らせる。
- ★発見や感じたことを、しぐさや言葉で保育者に伝えようとする。

【保育者の援助】
- ◆子どもが発するサインや欲求を優しく受け止め、対応することで満足感が味わえるようにする。
- ★子どもたちの欲求に適切にこたえられるよう、視野を広くもち、その子が置かれている背景にも目を向け、丁寧に関わる。
- ◆他児の姿を見て楽しむ子どもの姿を認め、他児への関心が芽生え始めた姿を優しくとらえ、同じ空間で見つめている瞬間を大切にする。

◆★子どもたちの気付きや思いに共感し、愛着関係や信頼関係を深める。
★温かい雰囲気の中、笑顔での関わりを心がけ、子どもたちが見守られている安心感から、自由に思いや気付きを表現できるようにする。
★保育者や他児の遊びや行動を見て、やってみたいと感じた思いを大切にし、模倣できた姿を温かく受け止める。
★一人遊びを楽しむ子は温かく見守り、十分に遊び込める環境をつくる。また、その中から保育者を介して他児への関心が膨らむような雰囲気をつくる。

 身近なものと関わり感性が育つ

【内　容】
★聞き慣れた音楽が流れると、リズムに合わせて体を動かして踊る。
★散歩などの戸外の活動を通して、秋の自然に触れる。
★ずりばいやはいはい、歩行など、自分の能力に合った方法で探索活動を楽しむ。

【環境構成】
◆★散歩コースは落ち葉やどんぐりがあることを事前に確認する。
◆★簡単な単語がくり返される、紙芝居や絵本を用意する。
◆★日常的に童謡など、子ども向けの音楽を流し、自然と音楽に触れることができる環境をつくる。

【予想される子どもの姿】
◆★保育者や他児が自然物に触れるのを見て、同じように興味を示して関わろうとする。
★落ち葉を見付けて踏み、踏んだ際に出る音を楽しむ。
★絵本の動物を見て、「ワンワン」などと言葉を発する。

【保育者の援助】
◆★子どもたちが自発的に音楽に親しみを感じられるように、音楽を流したり、保育者が音楽に合わせて歌を口ずさんだり、音楽に興味・関心をもてるようにする。
★散歩などの戸外活動をするときは、あらかじめコースを確認し、子どもたちが安全に季節の自然物に多く触れ合えるようにする。
★興味をもって自然物に触れようとする気持ちに寄り添い、保育者が笑顔で優しく関わる安心感の下、ゆったりとした気持ちで活動を満喫できるようにする。

 食　育

★ごはんやおかずを残しがちな子には、初めから食事量を調節し、食べることができた喜びと達成感を味わえるように配慮する。
◆★「おいしいね」と言葉をかけながら、楽しくおいしく食事をとることができるようにする。

 職員との連携

◆★運動量に応じて活動を設定し、職員が分かれて発達に応じて適切に関わる。
◆★戸外に出る際には、先に子どもたちのズックを玄関に出す保育者、乳母車を準備する保育者と役割分担をし、スムーズに活動を進める。

 家庭との連携

◆★十分な全身運動ができるように、動きやすく、また気温に応じた衣服を用意してもらう。
★戸外で十分に歩行を楽しめるよう、足に合ったズックを用意してもらう。
★高いところや身の回りの様々な物に興味をもつので、危険物や棚の上をチェックし、落下物のないようにすることなどを、家庭でも心がけてもらう。

評価・反省

◆★来月は、新入園児が3名入るので、新入園児・在園児ともに安心・安定して生活できるように、保育者間で連携を図りたい。
★今月から新しい保育室になったこともあり、不安になる子どもがいると予想していたが、子どもたちはすぐに慣れ、自由に探索活動を楽しんだり、遊びを楽しんだりする姿が見られたのでよかった。
★今月から、発表会に向けての音楽に親しみを感じられるようにした。様々な歌を流したり、動きを取り入れたりしながら、体を使って表現することの楽しさを伝えていきたい。

11月 月案 文例

昼間はまだぽかぽか陽気。戸外へ出かけ、秋の自然にたっぷり触れる機会をつくりましょう。ドングリや落ち葉のカサカサする音に子どもたちは大興奮です。それぞれ、低月齢児……◆、高月齢児……★に対応しています。

月案文例 → P116-P117 11月の月案文例

前月末の子どもの姿

★音楽に合わせて体を動かすことを喜ぶ。
★生活や遊びの中で、保育者や友達のする行為、言葉を模倣する。
★手づかみやスプーン、フォークを使って食べようとする。

ねらい

◆★安心、安全な環境で、感染予防に努め、健康に過ごす。
★大好きな保育者に見守られている安心感の下で探索活動を十分に行う。
◆音楽に合わせて体を動かすことを楽しむ。
★見守られている安心感の中で、好きな遊びを十分に楽しみ、活発に探索活動をする。

健やかに伸び伸びと育つ

【内容】
★汚れたオムツを取り替えてもらい、気持ちよさを味わう。

【環境構成】
◆★清潔感あふれる環境を整える。
◆★暖房による乾燥を防ぐため、こまめに換気を行ったり、加湿器を利用したりする。
◆★食事スペース、遊びスペース、睡眠スペースを区切る。
◆★危険のない、安全で広々とした環境を整える。
★オムツ交換の場所が分かるように、オムツ交換シートを敷く。

【予想される子どもの姿】
◆★登園時は熱がないが、日中になると熱が上がってくる。
◆★朝の冷え込みにより、厚着で登園する。
◆★鼻水や咳は出ているが、食欲があり、機嫌もよい。
◆★机や椅子の上に、よだれや食べかすを落とす。
★オムツ交換を嫌がり、泣いたり、動き回ったりする子がいる。
★自分のオムツを持って、保育者のところへ来て差し出し、交換してほしいことをアピールする。
◆意欲的にはいはい、ずりばいで移動する。

【保育者の援助】
◆★朝の健康観察で異常を発見した際は、保護者に尋ね、適切に対応する。
◆★にこやかにあいさつを交わし、子どもの健康状態や機嫌をよく見る。
◆★保育室を常に清潔に保つため、椅子、机、床、玩具を含む保育室全体をこまめに消毒し、感染の予防に努める。
◆★感染症が流行する時期なので、保育室をこまめに換気し、消毒剤で殺菌して感染症を防ぐ。
◆★気温や活動内容、子どもの体調状態に応じて暖房を利用したり、衣服の調整を行ったりする。
◆★子どもたちの活動量を把握し、床に活動の妨げになる物がないか、活動スペースは十分に足りているかなどを確認する。場面に応じて速やかに環境の再構成を試みて、一人一人が発達に応じた活動を十分に経験できるようにする。
★自ら手を洗って椅子に座ろうとする子どもの姿を大いにほめ、次の意欲につなげる。
★オムツ交換を理解して自分から来た子どもの姿を十分にほめる。
★おしっこやうんちが出たことを保育者に知らせようとする姿を十分にほめ、自信を付けさせる。「気持ち悪かったね。きれいにしようね」と声をかけ、さっぱりする心地よさを味わえるようにする。
★つかまり立ちはバランスをくずしやすいので、すぐに手を出せるように近くで見守る。

身近な人と気持ちが通じ合う

【内　容】
◆保育者の温かい言葉かけと十分なスキンシップで気持ちを満たし、安心して過ごす。
★見守られている安心感の中で、自分でしたい気持ちを表現する。
◆絵本や保育者の優しい語りかけを通して、喃語(なん)を膨らませながら、言葉の理解や発語への意欲を育てる。
★保育者や友達との楽しい活動を通して、一緒に遊ぶことの楽しさを味わう。

【環境構成】
◆保育者の優しい笑顔と、温かく語りかける姿を示す。

【予想される子どもの姿】
★保育者や友達がしていることに興味をもち、まねをして遊ぶ。

【保育者の援助】
★保育者との関わりが基準となり、友達への関わりへと発展させられるように見守る。
★お話の中で身振り手振りをまねて、言葉の獲得へとつなげる。
★言葉の理解を深められるように、ゆっくり、はっきりと話し、言葉の獲得につなげる。
★子どもたちが保育者の言葉に応じた行動をしたときや話が聞けたときは十分にほめ、その喜びを共感し合う。更に発語への意欲を高められるようにする。

身近なものと関わり感性が育つ

【内　容】
◆★音楽に合わせて体を動かすことを楽しむ。
◆★個々の発達に応じ、音の出る玩具や穴に物を落とすといった指先を使う遊びを十分に楽しむ。

【環境構成】
★同じ玩具、遊具を共有して遊べる環境を整える。
★日常的に童謡など、子ども向けの音楽を流し、自然と音楽に触れる環境をつくる。

【予想される子どもの姿】
★歩行が完成している子は、自由に探索活動を楽しむ。
★一緒に同じ玩具で遊んでいても、途中から取り合いになってトラブルに発展する。

【保育者の援助】
★共有できる玩具、同じ種類の玩具を複数用意して遊べるようにする。

食　育

★手を洗って自ら椅子に座ろうとする子どもの姿を大いにほめ、次の意欲につなげる。
◆食前食後のあいさつを、保育者の歌と指の動きに合わせて行えるようにする。
◆「おいしいね」と笑顔を向ける。

職員との連携

◆★散歩時の持ち物の確認を忘れず、園外での役割を話し合っておく。
★かみつき、ひっかきなどのトラブルが見られた際の対応を、職員間で一貫して行っていけるよう話し合っておく。

家庭との連携

◆★規則正しい生活を送って、感染症予防に努めてもらう。
◆★午睡用布団、掛け布団の用意をしてもらう。

評価・反省

◆動きが安定せずに転倒したり、つかまり立ちの際に柵をつかみ損ねて顔をぶつけたりする姿が多く見られたので、職員の配置や保育室の環境を見直し、危険のないような環境を整えたい。
◆★今月は新入園児が入り、個々に合わせて無理なく園生活に慣れるように配慮した。また、食事面でも個々に合わせて進められるように、保護者とも話し合いながら取り組むことができた。
◆★来月も気温差などに配慮し、健康に過ごせるようにしていきたい。
★発表会では、子どもたちは泣くことなくステージ上で発表できた。緊張して固まる子もいたが、一人一人が表現する姿を十分に認め、ほめることで自信を付けることもできた。自己表現する楽しさを感じたり、友達との関わりや関心を深めたりするきっかけになった。

12月 月案 文例

冬が到来し、風邪や感染症が気になる季節です。健康管理だけでなく保育室の環境にも十分注意し、クリスマスや年末年始が元気に迎えられるようにしましょう。それぞれ、低月齢児……◆、高月齢児……★に対応しています。

月案文例 → P118-P119
12月の月案文例

前月末の子どもの姿

- ◆はいはいする子は、探索活動が増えている。
- ★つたい歩き、歩行など活発に動き、転倒などによる小さなけがが増えた。
- ★生活発表会を経験し、手遊びや踊りなど、体でリズムをとったり、保育者のまねをしたりして手足を動かすことを楽しむ。

ねらい

- ◆★感染症に気を付け、元気に過ごす。
- ★暖かい時間帯には外気に触れ、健康に過ごす。
- ★保育者や友達と関わりながら、好きな遊びを楽しむ。
- ★保育者と一緒に、人や動物などの模倣をして楽しむ。

健やかに伸び伸びと育つ

【内　容】
- ◆★保育者に手伝ってもらったり、見守られたりしながら、フォークや手づかみで、自分で食べようとする。
- ★衣服の着脱を保育者に手伝ってもらい、清潔になった気持ちよさを味わう。
- ★保育者に見守られながら、安心して一定の時間ぐっすりと眠る。
- ★保育者にオムツを替えてもらい、気持ちよさを感じる。
- ★自分でせっけんで手を洗ったり、保育者に手を洗ってもらったり、洗い方を見せてもらったりする。

【環境構成】
- ◆★気温や湿度に注意し、暖房や空気清浄機などを適切に使い、換気を適宜行う。
- ◆★保育室など子どもの生活空間をこまめに掃除する。
- ◆★水回りを毎日しっかり磨いて、清潔にしておく。
- ◆★光を遮断するためにカーテンを閉め、子守唄を歌うなど、落ち着いた環境で午睡ができるようにする。
- ◆★気温や湿度に応じて、寝具をこまめに調節する。
- ★寒い日もあるので、室内でも十分に体を動かせるよう、コーナーを設定する。

【予想される子どもの姿】
- ◆★元気に登園する。
- ◆★鼻水、咳、発熱など、体調を崩す。
- ★鼻水をふいてもらい、清潔な状態が分かる。
- ★オムツが濡れていないときは、便器に座ろうとする。
- ★保育者にオムツを交換してもらい、清潔感を味わう。
- ★「チッチ」と言ってオムツが濡れる前に保育者に言葉やしぐさで伝えることができる。
- ★段差や傾斜のあるところを、転ばずに上り下りできる。

【保育者の援助】
- ◆★熱が38度を超えた時点で家庭に連絡を入れ、迎えに来てもらう。そのときは園での子どもの様子を細かく保護者に伝える。
- ◆★一日元気に過ごしたことを連絡帳で伝達するだけでなく、保護者に直接様子を具体的に伝える。
- ◆★一人一人の様子を丁寧に観察し、表情や体調の変化に気を付け、異常がある場合は、すばやく発見して適切に対応する。
- ◆★暖房器具の点検や温度調節、換気に気を付け、快適に過ごせるようにする。
- ◆★冬の健康管理について保育者と話し合い、感染症や下痢の予防のために初期症状や病状を知り、消毒液などを用意する。
- ★子どもの体調やその日の気温に応じて、衣服の調節を行う。
- ★タイミングを見て、「オムツが濡れているね」「トイレに行く？」などと言葉をかけ、オムツ交換や排泄の援助をする。
- ★自分で手を洗おうとする気持ちを受け止め、さり気なく援助し、さっぱりした気持ちよさと達成感を味わわせる。

身近な人と気持ちが通じ合う

【内　容】
★友達と同じことをしたいという思いをもち、伸び伸びと活動する。
【環境構成】
◆★保育者がゆとりをもって関わる時間をつくる。
【予想される子どもの姿】
◆保育者に寄り添う。
◆保育者の関わりの下、友達と遊ぶ。
◆★友達と同じ遊びをする。
★手にカバンを持って「ばいばい」「行ってきまーす」などをくり返して喜ぶ。
【保育者の援助】
◆午前中の疲れや、午睡直後の甘えたい気持ちを理解し、保育者に抱っこしてほしい気持ちを十分に受け止める。
★一人一人の子どもの気持ちに共感して言葉をかけ、手をつないだり抱っこをしたり、スキンシップを図る。
★保育者は正しい発音ではっきりと話すことで、子どもが「まねしたい」「言ってみたい」と思えるようにする。

 身近なものと関わり感性が育つ

【内　容】
◆巧技台を使用し、はいはいで上り下りをしたり、歩いたり走ったりするなど、体を動かして遊ぶ。
◆★クリスマス会に参加する。
【環境構成】
★簡単なごっこ遊びができるよう、ままごと用のごちそうやぬいぐるみを出す。
【予想される子どもの姿】
★巧技台をたたいたり、ぬいぐるみを触ったりなめたり、好きなように関わる。
【保育者の援助】
★ままごと遊びでは、ごちそうを食べる様子を「おいしいね」「いただきます」などと声をかけることで、更に遊びが楽しくなるようにする。
★クリスマス会では、個々の様子に応じて途中で保育室に戻ったり、不安な子は保育者のひざの上に座って参加したりし、無理なく楽しめるようにする。

 食　育

★会話を楽しみながら、家庭的な雰囲気でゆっくり食事ができるようにする。
★一人一人の食事の状態に応じて「おいしいね」「これ食べてみる？」などと言葉をかけて、楽しく食べられるようにする。

 職員との連携

◆★個々の生活リズムに合わせて一人一人の体調に気を配り、体調の変化に気付いたら保育者同士で伝え合う。
◆★低月齢児と高月齢児とで遊びのスペースを分けたり、遊びの内容が子どもの発達に合っているかを確認したりする。

 家庭との連携

◆★天気や体調に合わせて衣服の調節ができるよう、ベストや足カバーを用意してもらう。
★インフルエンザなどが流行する季節なので、手洗いや水分補給が大切であることを知らせると共に、規則正しい生活を心がけてもらう。

 評価・反省

◆★冬になり寒さから体調を崩して風邪をひく子がいるが、感染症は発生しなかった。
◆★1月も職員間の連携を図り、環境衛生に十分配慮し、健康観察や家庭連絡をこまめに行い、感染症の早期発見・適切な対応に努めたい。
◆★離乳食期の子どもには、それぞれ体調の変化などを家庭と連絡を取り合い、献立に配慮している。
★途中入園児を迎え、10人のクラスとなった。発達に応じて個々の気持ちを受け止め、ゆったりと関わることで、どの子も情緒が安定するように努めた。
★途中入園のAちゃんは、少しずつ保育者との信頼関係を築き、落ち着いて生活できるようになってきた。

1月 月案 文例

新たな年のスタートです。ゆっくり関わりながら、個々のペースで元のリズムに戻していきます。発語や歩行の安定など新しい子どもの成長を楽しみましょう。それぞれ、低月齢児……◆、高月齢児……★に対応しています。

前月末の子どもの姿

- ◆★年末年始の休みの間に生活の乱れが見られる。
- ★途中入園児のAちゃんは、保育者や保育園の生活に少しずつ慣れ、保育室の雰囲気も落ち着いてきた。

◆ ねらい

- ◆★保育者や友達と関わりながら楽しく遊ぶ。
- ★保育者と一緒に模倣遊びを楽しむ。

健やかに伸び伸びと育つ

【 内 容 】
- ◆★自分のリズムに合った生活をする。
- ◆★鼻水が出たら、こまめにふいてもらう。
- ◆★一人一人の状態に合わせて、適切な休息を取り、ゆったりと過ごす。
- ★自分でフォークや手づかみで食事をする。
- ★保育者に促されてトイレに行ったり、オムツを替えてもらったりして気持ちよさを感じる。
- ★衣服の着脱を保育者に手伝ってもらい、清潔になる喜びを味わう。
- ★「おいしいね」と言いながら食事をする。
- ★保育者に手を洗ってもらったり、自分でもせっけんで手を洗おうとしたりする。

【 環境構成 】
- ◆★気温や湿度に注意し、暖房や空気清浄機などを適切に使い、換気を適宜行う。
- ◆★鼻水をすぐにふけるよう、ティッシュをロッカーの上に置いておく。
- ◆★保育室など、子どもの生活空間をこまめに掃除する。
- ★トイレは一人一人の排泄のタイミングを見て、誘う。
- ★まだまだ寒い日が続くので、室内でも運動を楽しめる斜面や、ゆるい段差のあるコーナーを設定する。
- ★子どもたちが伸び伸びと行動できる空間をつくる。

【 予想される子どもの姿 】
- ◆★鼻水、咳、発熱など、体調を崩す子が増える。
- ★鼻水をふいてもらい、清潔な状態が分かる。
- ★オムツが濡れていないときは、便器に座り排泄する。
- ★保育者の声かけでトイレに行ったり、オムツを交換してもらったりし、きれいになった心地よさを感じる。
- ★保育者が手本を見せながら一緒に手洗いをする。

【 保育者の援助 】
- ◆★感染症が流行しているので、早期発見や予防をしっかり行う。
- ◆★安心して眠れるように体に触れたり、静かな音楽を流したり、子守唄を歌ったりする。
- ★普段は活発な子どもが、顔色が悪く寝転んでいたり、保育者に甘えてきたりする姿が見られた場合は、検温して様子を見る。
- ★正月休み明けで生活リズムが乱れがちな子は、個々のペースに合わせて生活しながら徐々に元のリズムに戻していく。
- ★「ズボン脱げるかな」などの優しい声かけをし、さり気なく手を添え、楽しく排泄ができるようにする。
- ★保育者がさり気なく手を添えて援助することで、達成感が得られるように配慮する。また、「ここを持ったほうがいいよ」などと方法を知らせ、次への意欲につなげる。
- ★自分で手を洗おうとする気持ちを受け止め、汚れが残っているところを「ここも洗おうね」と言葉をかけ、さり気なく援助する。
- ◆★危険な物がないか室内の安全点検を常に行う。

身近な人と気持ちが通じ合う

【 内 容 】
- ◆保育者に見守られながら、安心して一定の時間ぐっすりと眠る。
- ◆★保育者のそばにいたいという思いを受け止められ、安心して過ごす。

【環境構成】
★保育者も一緒にごっこ遊びに参加したり、模倣遊びをしたりする。
【予想される子どもの姿】
★体調不良からか、保育者に甘える。
★友達と同じ遊びを喜んでする。
【保育者の援助】
◆★言葉や身振りから子どもの思いを受け止め、安心して自分の気持ちを表現できるように、保育者が優しい笑顔を示す。
★保育者がゆっくり、はっきりと話すよう心がけ、話す意欲を育む。
★別の保育室に遊びに行く機会を設け、異年齢児と触れ合えるようにする。その際、保育室の環境を見直し、安全面に配慮しながら十分に楽しめるようにする。

身近なものと関わり感性が育つ

【内容】
◆★平面や斜面などのはいはい、上り下り、歩く、走るなどの身体活動を楽しむ。
★なぐりがき、型はめなど、手指を使った遊びを楽しむ。
【環境構成】
★手先の遊びに集中できるよう、コーナーをつくる。
★しっかり握って描けるような、持ちやすいクレヨン等を用意する。
【予想される子どもの姿】
◆一人で遊ぶ。
★保育者のまねをしてごちそうを食べたり、ぬいぐるみを寝かせたりする。
★なぐりがきでは、直線だけでなく、「ぐるぐる」と丸の形が出てくる。
★保育者の姿を模倣して手をたたいたり、体を揺らしながら歌を聞いたりして誕生会に楽しく参加する。
【保育者の援助】
◆★ごちそうを食べる際に、「おいしいね」「いただきます」などの声をかけることで、更に遊びが楽しくなるようにする。
★誕生会は無理のない参加を心がけて楽しめるようにする。

食育

★「おいしいね」などの語りかけを大切にし、楽しい雰囲気をつくり、苦手な物も少しずつ口の中に入れることができるようにする。
★おいしそうに食べる保育者の姿から、さり気なく食事のマナーを伝える。

職員との連携

◆★個々の子どもの健康状態を保育者全員が把握し、その日の体調に応じて活動できるようにする。
◆★発達に応じて分かれて活動した際は個々の様子や発達を書面や口頭で伝え合い、職員の共通理解を図る。

家庭との連携

◆★インフルエンザなどが流行しているので、手洗いや湿度の調整、十分な水分補給の大切さを知らせる。
◆★年末年始の休み明けは、体調を崩したり、情緒不安定になったりするので、一人一人の生活リズムを整えるように連絡を取り合う。
◆★天気や体調に合わせて衣服の調節ができるよう、ベストやレッグウォーマーなどを用意してもらう。

評価・反省

◆★休み明けは、情緒が落ち着いて登園する子どもが多かった。発達に応じて個々の気持ちを受け止め、ゆったりと関わることで、情緒の安定を図ることができた。
◆★冬になり寒さから風邪をひく子がいた。感染症(胃腸炎)が発生したので、保育室を消毒して対応した。
◆★2月も職員間の連携を図り、環境衛生に十分配慮し、健康観察や家庭との連絡をこまめに行い、感染症の早期発見、適切な対応に努めたい。
◆★安全に留意して自由に活動ができるよう、環境づくりに努めた。行動範囲が広がり、十分に活動させることができた。

2月 月案 文例

まだまだ寒い2月は、活動量が落ちないよう、探索活動をたっぷり楽しめるようにしましょう。雪の降る日や氷の張る日は、触れる機会をつくりましょう。
それぞれ、低月齢児……◆、高月齢児……★に対応しています。

前月末の子どもの姿

- ★つまむ、めくる、引っ張るといった指先の動きが発達する。
- ★自分の思いを言葉やしぐさで表現する。
- ★大人の言葉を理解して、行動に移そうとする。

◆ ねらい

- ◆★見守られている安心感の中で、好きな遊びを十分に楽しみ、活発に探索活動する。
- ◆★安心・安全な環境の下、感染予防に努め、健康に過ごす。
- ◆★保育者に見守られながら、安心して適度な休息や睡眠を取る。
- ★指先を使った活動を楽しむ。

健やかに伸び伸びと育つ

【 内 容 】
- ◆★衣服を調整してもらい、室内を薄着で過ごす。
- ★オムツが汚れたら知らせ、取り替えてもらうことの気持ちよさを味わう。

【 環境構成 】
- ◆★保育室の玩具や机などを消毒したり、こまめに換気をしたりするなど、環境を清潔に保ち、感染予防に努める。
- ◆★室内で遊べるよう、遊具の配置やスペースの取り方などを工夫し、遊具・玩具の点検や消毒をし、清潔な環境を整える。
- ◆オムツ交換時は、保育者の温かい言葉かけやスキンシップを示す。
- ◆★危険のない、安全で広々とした環境を整え、十分に活動ができるようにする。

【 予想される子どもの姿 】
- ◆★室温が高く、汗をかく。
- ◆★インフルエンザやウイルス性の胃腸炎にかかり、長期欠席をする。
- ★「オムツ交換しようね」と言う保育者の言葉を聞いて、自らオムツ交換の場所へ来る。
- ★うんちが出たことが分かると、「うんち」と言っておしりを押さえて保育者に知らせる。

【 保育者の援助 】
- ◆室内の衛生管理を徹底して行い、玩具はきちんと消毒し、なめていた玩具もすぐに消毒するなど、子どもの間でなめ回しが起こらないようにする。
- ◆オムツ交換を嫌がる子には、玩具を持たせて興味を引き、すばやく交換する。
- ◆★家庭から持参する子どもの風邪薬やぜんそくの薬の有無は、職員全員が把握する。
- ★おしっこやうんちが出たことを保育者に知らせる姿を十分にほめ、自信を付けさせる。
- ★はきやすいようにズボンを広げて置き、「トンネルさんから○○ちゃんの足出るかな？」と楽しくなるような言葉をかけ、自分でやってみようとする気持ちが芽生えるようにする。
- ★床に活動を妨げる物はないか、活動スペースは足りているかなどを把握し、一人一人が十分に活動できるようにする。

身近な人と気持ちが通じ合う

【 内 容 】
- ★見守られているという安心感の中で、自分でしたいという気持ちを表現する。
- ◆保育者の声かけに反応して、喃語を発する。
- ★保育者や友達との楽しい活動を通して、一緒に遊ぶことの楽しさを味わう。
- ★絵本や保育者の優しい語りかけにより、言葉の理解が進み、発語への意欲をもつ。

【 環境構成 】
- ◆★保育者も一緒になって、笑顔で楽しむ姿を見せる。

◆★保育者が、子どものありのままの姿を優しく見守る様子を見せる。
【予想される子どもの姿】
★一緒に同じ玩具で遊んでいても、途中から取り合いになってトラブルに発展する。
★友達の行動を見て、同じように行動する。
★保育者が迎えに来てくれるまで動かない子がいる。
【保育者の援助】
★ゆったりと関わりながら言葉や思いをくみ取り、安心して自分の思いを表現することができるようにする。
★保育者との関わりを基準とし、友達との関わりへと発展させられるように見守る。
★お話の中で、身振り手振りをまね、言葉の獲得へとつなげる。
★子どもが自分で行動に移せるように、分かりやすくゆっくりとした言葉で声をかける。
★自分で考えて行動に移すことが難しい子には、優しい眼差しで待つ。時には迎えに行き、自分で行動したくなる時期が来るのを待つ気持ちをもつ。
★試みが達成された瞬間の満足そうな表情を見逃さず、共感して自信がもてるようにする。

身近なものと関わり感性が育つ

【内　容】
◆★発達に応じた遊びを十分に経験する。
★指先を使った様々な活動を楽しむ。
★シールをはったり、穴に物を落としたりして、指先を使った遊びを十分に楽しむ。
【環境構成】
★引っ張る、めくる、つまむなどの動作を楽しめる玩具や道具を用意する。
【予想される子どもの姿】
◆玩具を手に取り、口の中に入れたり、なめたりする。
【保育者の援助】
★子どもの発達に合った玩具や絵本を用意し、楽しみながら指先や言葉の発達を促す。
★作品展に向け、指先を使った活動を取り入れて、作品づくりを楽しめるようにする。
★子どもが集中して遊んでいるときには静かに見守り、一人遊びが十分に楽しめるように配慮する。

食　育

◆楽しく食事をする中で、食事への意欲を育む。
◆個々の食事の形態、落ち着いて食べられるような机と椅子の配置、隣席者・保育者の配置などに配慮する。
★おかわりの分をよけておき、子どもたちが満足するまで食べることができるようにする。

職員との連携

◆★子どもたちの活動量を把握し、場面に応じて再構成を試みて、一人一人が発達に応じた活動を十分に経験できるようにする。
◆★体調により、室内外に分かれて遊ぶことも多いので、保育者は役割分担をし、それぞれのグループが充実して遊べるようにする。

家庭との連携

◆★インフルエンザや感染性の胃腸炎が流行っているので、子どもの体調について互いに連絡し合う。
◆★着替えを用意してもらう。

評価・反省

◆★体調を崩して欠席する子がいたが、インフルエンザが流行することなく過ごせたのでよかった。
◆★室内の換気や消毒などもこまめに行うことができた。来月もしっかり行い、子どもたちが健康に過ごすことができる環境をつくりたいと思う。
◆★一人一人の発達を考慮し、各発達に応じた活動を設定し、寒い冬でも元気に体を動かして遊びを楽しむことができた。
★子ども同士の関わりが増え、深まってきた。今後は、月齢に合わせたコーナーづくりや、あひる組（2歳児）、ひよこ組（1歳児）との関わりも加えながら、人との関わりを楽しめるよう、活動内容も考えたい。
★子どもの思いや要求を受け止め、一人一人が満足できるように応答的な関わりを行うことができた。

3月 月案 文例

歩けるようになった子、言葉が出てきた子、離乳食が完了した子など、この一年の目覚ましい子どもたちの成長を、喜び合いましょう。
それぞれ、低月齢児……◆、高月齢児……★に対応しています。

月案文例 → P124-P125
3月の月案文例

前月末の子どもの姿

- ◆★感染症やインフルエンザにかかり欠席する。
- ★物のやり取りや、取り合いをする姿が見られる。
- ★指差し、身振り、片言などを盛んに使うようになり、二語文を話し始める。
- ★自分でしたい意欲が高まる。

◆ ねらい

- ◆★安心・安全な環境の下、感染予防に気を付け、健康に過ごす。
- ◆★保育者に見守られながら、安心して友達と関わり、遊ぶという生活を楽しむ。
- ◆★身体機能を高め、活発に探索活動を楽しむ。
- ★保育者の言葉を理解して、行動に移す。
- ★身の回りの簡単なことに自分で取り組もうとする。
- ★指差し、身振り、二語文などで自分の思いを相手に伝え、保育者と気持ちが通じ合うことの喜びを味わう。

健やかに伸び伸びと育つ

【内容】
- ◆★保育室内の玩具、机、椅子などを含め、環境を常に清潔に保ち、感染症の予防に努める。
- ◆★新入園児らと共に安定して過ごせるようにする。
- ★オムツやズボンの着脱を自分でしようとする。

【環境構成】
- ◆環境を区切るなど、一人一人が落ち着ける雰囲気をつくる。
- ◆★清潔感あふれる環境を整えるよう心がける。
- ◆★こまめに室温を確認し、適宜換気をするなどして清潔な保育室の環境を保つ。
- ◆★危険のない、安全で広々とした環境を整え、伸び伸びと活動できる環境をつくる。

- ★着脱に取り組みやすいよう、椅子を用意する。

【予想される子どもの姿】
- ◆★熱が下がらず長期欠席する。
- ◆★熱やおなかの痛みがあると、泣いて知らせる。
- ★自分のオムツを持って保育者のところへ来て差し出し、交換してほしいことをアピールする。
- ★うまく着脱できず、保育者に助けを求める。

【保育者の援助】
- ◆★体調や気温に応じて衣服の調節を行い、厚着にならないようにする。
- ◆★消毒をするなど、室内の衛生管理を徹底して行う。
- ◆★気温や活動内容、子どもの体調に応じて、暖房を使用して室内の温度を調節し、衣服の調節も行う。
- ★おしっこやうんちが出たことを保育者に知らせようとする姿を十分ほめ、自信をつけさせると共に、「気持ち悪かったね、きれいにしようね」と声をかけ、さっぱりすることの心地よさを味わえるようにする。
- ★着脱ではゆったりと時間をかけて、自分で取り組むことができるように見守る時間をつくる。

身近な人と気持ちが通じ合う

【内容】
- ◆見守られているという安心感の中で、自分の思いを表現する。
- ◆★指差し、しぐさ、簡単な言葉などで表現する。
- ★保育者に見守られながら、安心して身体活動や友達との関わり、遊びという生活を楽しめるようにする。

【環境構成】
- ◆★晴れている日には、春の日ざしを感じられるようにテラスにじゅうたんをしく。

【予想される子どもの姿】
- ◆★新入園児は、慣れない保育者や環境に不安になって泣く。
- ◆保育者の読む絵本に注目し、簡単な言葉をまねて言う。

★保育者の手の動きをよく観察して、同じように動かして楽しむ。
★一緒に同じ玩具で遊ぶ姿が見られるが、途中から取り合いになり、トラブルになる。

【保育者の援助】
★できてもできなくても、自分で取り組もうとする姿を十分に認め、ほめて自信や意欲へとつなげる。
◆★子どもの身振り手振りの自己表現を見逃さず、受け止めることで満足感が味わえるようにする。
◆★言葉の理解をより深めるため、ゆっくり、はっきりと話すことを心がけ、言葉の獲得につなげる。
◆★一人一人の思いの伝え方を理解し、「何を伝えようとしているのか」「何を求めているのか」を読み取り、優しく受け止めることで、受け入れてもらえたことの嬉しさ、保育者と気持ちが通じ合えた喜びを味わえるようにする。
★子ども同士のトラブルが見られたときは、どちらの子の心も満たされるような解決へと導く。その際は、かみつきやひっかき、押し倒しなどのけがにつながる行為は未然に防ぐ。
★友達同士で手をつないだり、一冊の絵本を一緒に眺めたりして、友達と関わって遊ぶ楽しさを感じられるようにする。
★何でも自分でやりたがる姿をゆったりと構えて待ったり、見守ったりし、自分でできたと思えるような援助を行い、満足感が味わえるようにする。

🐤 身近なものと関わり感性が育つ

【内　容】
★保育者や友達と手遊びを楽しむ。

【環境構成】
★手遊びに出てくる物を絵カードにして、見えるところに置く。

【予想される子どもの姿】
★保育者の手に触ったり、絵カードを見たりする。
◆★保育者の歌に合わせて体を動かす。

【保育者の援助】
★友達と共有できる玩具や、同じ種類の玩具を複数用意して遊べるようにする。

🍚 食　育

◆個々の発達に応じた食材や形状に配慮し、そしゃくを促しながら自分で食べる意欲を高める。
◆「カミカミ」「もぐもぐ」とそしゃくする姿を見せる。
◆保護者と連携を図りながら食材を増やし、すりつぶしや固形、軟飯から普通の硬さのごはんへの移行など、一人一人の発達に合わせて進める。
◆★子どもの人数が増えたので、落ち着いた雰囲気の中でおいしく食事ができるように、月齢別に分けて食事の部屋を区切る。
★きれいになった茶碗を保育者に見せる姿を受け止め、「食べることができた」という満足感につなげる。

⇄ 職員との連携

◆★保育者同士で連携しながら、新入園児・在園児が共に安心できる環境の中で過ごせるようにする。
◆★子どもたちの甘えを十分に受け止め、情緒の安定を図る。

🏠 家庭との連携

◆★できるようになったことや、友達と遊んでいる様子を伝え、成長を喜び合う。
★思い通りにいかなかったときのかみつきやひっかきを未然に防ぐために、環境設定に配慮していることを伝え、保護者が不安にならないようにする。

📝 評価・反省

◆★インフルエンザにかかる子もいたが、他児にうつることはなかった。室内の温度や湿度調節を行い、感染予防に努めることができた。
◆★途中入園が4名いたが、一人一人に応じて慣らし保育を行い、保護者と連携を図りながら、無理なく園生活や保育者に慣れることができた。
◆★進級に向けて、一人一人の成長や課題を確認し合い、次年度につなげるための話し合いができた。

こんなときどうする？ 月案 Q&A

Q 3つの視点の「身近なものと関わり感性が育つ」ですが、「もの」とは玩具や絵本類と考えていいのでしょうか？

A 物的環境のすべてと考える

玩具や絵本も身近なものではありますが、それだけではありません。自然の中の落ち葉や水も砂も頬をなでる風も、子どもの感性を育てる「身近なもの」です。子どもを取り巻く環境を「人的環境」と「物的環境」に分けるとしたら、後者のすべてが入ると考えましょう。

Q 4月でまだ子どもの様子も分かりませんが、どう計画を立てていけばよいのでしょうか？

A 4月はまず、保育者との絆（きずな）から

月初めの子どもの様子を見てからでも、立案はOKです。その際、前年度の4月の月案を見て参考にするとよいでしょう。年度の初めにまず求められるのは、特定の保育者との応答的な関係づくりです。子どもが安心できる受け入れから計画しましょう。

Q 「環境構成」を書く際、どうしても「こう整える…」だけになってしまいます。記入のコツは何でしょうか？

A 何のために整えるのか、意図を明確に

「内容」を経験させるための環境構成ですから、「しておくこと」を書くのではなく「何のためにそうするのか」を示すことが大切です。「布団を敷く」ではなく、「眠りたいときに安心してすぐ眠れるように、布団を敷いておく」と書けば、意図が伝わります。

第4章

個人案の立て方

この年齢に欠かせない「個人案」を、4月から3月まで掲載。更に、行動別の文例も紹介しています。

0歳児の個人案

おさえたい3つのポイント

個人案は、クラス全体の指導案では対応できない部分を補うものです。個人差に考慮し、その子の癖や傾向なども盛り込み、きめの細かい計画を立てます。

1 一人一人の課題をとらえる

月齢によっても個人によっても、その子に経験させたいことや育ちへの願いは違います。特に、何に気を付けてその子に関わるのかを明確にし、職員間で共通理解しなければなりません。その子の独特のサインや癖なども詳しく記入し、個に応じた適切な援助を目指します。

2 愛されていると感じる

温かい愛情を感じて抱かれ、優しい声や言葉を聞いて、子どもは「この世の中はいいところだ」と感じていきます。保育者と目を合わせ、微笑みを交わすようになったら、更に嬉しいでしょう。愛されていることを十分に感じながら、必要な経験を重ねられるようにします。

3 飲みっぷり、食べっぷり

しっかり飲むこと食べることができれば、体は健康に育っているということです。睡眠のリズムが整わず食欲がなかったり、母乳でない味を嫌がったり、うまく栄養をとれない場合が心配なのです。家庭と連携を図り、食を確保するためにどうするかを考えることが大切です。

●4月個人案　つくし組

	Aちゃん 4か月（女児）
今月初めの子どもの姿	●授乳間隔が3～4時間あり、母乳を飲んでいる。 ●視覚や聴覚が発達しており、音のするほうを見たり、保育者の顔をじっと見つめたりする。
ねらい	●保育者との信頼関係を深め、哺乳瓶やミルクの味に慣れる。
内容	●保育者との信頼関係を深め、ミルクの味や哺乳瓶の乳首に慣れる。健人
保育者の援助	●母親に冷凍母乳を準備してもらうようにお願いする。 ●午睡後の機嫌のよいときに哺乳瓶に冷凍母乳を移し、少しずつ飲めるようにする。 ●本児の授乳の様子に応じて、保育時間を延ばす。
評価・反省	●日中、母親が園に来て授乳を行うなど、保護者と連携を図りながら進めることができた。来月も機嫌のよいときを見計らい少しずつ飲めるようにしていきたい。

内容

「ねらい」を達成するために「経験させたいこと」です。「健やかに伸び伸びと育つ」「身近な人と気持ちが通じ合う」「身近なものと関わり感性が育つ」の3つの視点により、健 人 もので表示しています。

前月末(今月初め)の子どもの姿
前月末の、その子の育ちの姿をとらえます。具体的にどのような場面でその育ちが感じられたのか、発達段階のどこにいるのかを記します。※4月は「今月初めの子どもの姿」となります。

ねらい
この1か月で育みたい資質・能力を子どもの生活する姿からとらえたものです。園生活を通じ、様々な体験を積み重ねる中で相互に関連をもちながら、次第に達成に向かいます。

Bちゃん 6か月(男児)	Cちゃん 8か月(女児)	Dちゃん 10か月(男児)
●だいたい決まった時間に2回寝をしているが、睡眠時間は短い。 ●離乳初期食を嫌がらずに食べている。 ●ミルクを哺乳瓶で喜んで飲む。家庭では母乳も飲んでいる。	●登園時に泣くことが多かったが、少しずつ園生活に慣れ、安心して過ごせるようになった。 ●はいはいでの移動が増え、行動範囲が広がる。	●新しい環境になかなか慣れず、保育者のおんぶで過ごすことが多い。おんぶから徐々に、保育者のひざに座って遊ぶことに慣れ、一対一であれば玩具で遊ぶことができる。
●生活リズムを安定させ、安心して生活する。 ●安心してミルクを飲み、離乳食を食べる。	●保育者との関わりを深め、安心して遊ぶことを楽しむ。	●保育者との関わりに安心感を抱き、信頼関係を築く。
●安心して眠る。健 ●落ち着いた雰囲気の中、信頼できる保育者に抱っこされ、安心してミルクを飲む。健人	●一対一で密に関わることで、保育者との信頼関係を深める。人 ●保育者と関わりながら、安心して好きな玩具での遊びを楽しむ。人も	●触れ合い遊びなどを通して保育者との信頼関係を深める。人
●生活リズムを把握し、家庭と連続性のある生活が送れるようにする。 ●離乳食や哺乳量は家庭と連携を図り、本児の食事中の様子や体調に合わせて無理なく進める。 ●目覚めたときは十分なスキンシップと優しい語りかけを行い、安心して過ごせるようにする。	●登園時の受け入れは特に不安定になるので、保育者が温かく受け入れ、寄り添うことで、安心感につなげる。 ●本児の好きな「いないいないばぁ」遊びやボールや人形などの玩具を提供し、遊びの欲求にこたえ、楽しめるようにする。	●特定の保育者が受け入れるようにし、次第に他の保育者にも慣れるようにする。 ●本児の気持ちを優しく受容し、本児の楽しい遊びを共有し、信頼関係を深めていく。
●少しずつ生活リズムも安定してきている。人見知りが少しずつ出始めてきているので、スキンシップや優しい言葉を十分にかけ、心の安定を図りたい。	●初めは登園時に泣くことが多かったが、保育者が一対一で密に関わることで、落ち着いて過ごせるようになる。 ●はいはいでの移動が多くなってきたため、けがのないように安全面には十分に気を付け、見守っていきたい。	●新しい環境に敏感で、他児の泣き声を聞くことで不安になりやすいため、特定の保育者が受け入れをした。一対一でゆったりと過ごしていくことで、少しずつ保育者に安心感を抱き、園の生活にも慣れてきた。

保育者の援助
「ねらい」を達成するために「内容」を経験させる際、どのような援助が必要かを書き出します。その子のためだけの援助も書きます。

評価・反省
保育者が自分の保育を振り返り、その子が「ねらい」にどこまで到達できたか、これからどのように対応すべきかを書き、来月の個人案に生かします。

4月 個人案

立案のポイント
母親に授乳してもらったり、冷凍母乳を用意したり、連携していくことが要となります。

立案のポイント
離乳食が始まったので、Bちゃんの様子や体調に合わせ、進めていくようにします。

●4月個人案　つくし組

	Aちゃん 4か月（女児）	Bちゃん 6か月（男児）
今月初めの子どもの姿	●授乳間隔が3〜4時間あり、母乳を飲んでいる。 ●視覚や聴覚が発達しており、音のするほうを見たり、保育者の顔をじっと見つめたりする。	●だいたい決まった時間に2回寝をしているが、睡眠時間は短い。 ●離乳初期食を嫌がらずに食べている。 ●ミルクを哺乳瓶で喜んで飲む。家庭では母乳も飲んでいる。
ねらい	●保育者との信頼関係を深め、哺乳瓶やミルクの味に慣れる。	●生活リズムを安定させ、安心して生活する。 ●安心してミルクを飲み、離乳食を食べる。
内容	●保育者との信頼関係を深め、ミルクの味や哺乳瓶の乳首に慣れる。健人	●安心して眠る。健 ●落ち着いた雰囲気の中、信頼できる保育者に抱っこされ、安心してミルクを飲む。健人
保育者の援助	●母親に冷凍母乳を準備してもらうようにお願いする。 ●午睡後の機嫌のよいときに哺乳瓶に冷凍母乳を移し、少しずつ飲めるようにする。 ●本児の授乳の様子に応じて、保育時間を延ばす。	●生活リズムを把握し、家庭と連続性のある生活が送れるようにする。 ●離乳食や哺乳量は家庭と連携を図り、本児の食事中の様子や体調に合わせて無理なく進める。 ●目覚めたときは十分なスキンシップと優しい語りかけを行い、安心して過ごせるようにする。
評価・反省	●日中、母親が園に来て授乳を行うなど、保護者と連携を図りながら進めることができた。来月も機嫌のよいときを見計らい少しずつ飲めるようにしていきたい。	●少しずつ生活リズムも安定してきている。人見知りが少しずつ出始めてきているので、スキンシップや優しい言葉を十分にかけ、心の安定を図りたい。

保育のヒント
家庭との違いにストレスを感じないよう、居心地のよさを重視して、少しずつ慣れるようにしていきます。

保育のヒント
家でどのような種類の離乳食をどのくらい食べたのか、ノートに記入してもらいます。園側からも園での食事について細かく知らせ、喜び合えるようにしましょう。

健：健やかに伸び伸びと育つ　人：身近な人と気持ちが通じ合う　身：身近なものと関わり感性が育つ　を表しています。

立案のポイント
受け入れる際に泣くことが多いので、安心できるような関わりと、気に入った玩具を用意します。

立案のポイント
安心して過ごせることを第一に考え、スキンシップを多くして関わるようにします。

Cちゃん 8か月（女児）	Dちゃん 10か月（男児）
●登園時に泣くことが多かったが、少しずつ園生活に慣れ、安心して過ごせるようになった。 ●はいはいでの移動が増え、行動範囲が広がる。	●新しい環境になかなか慣れず、保育者のおんぶで過ごすことが多い。おんぶから徐々に、保育者のひざに座って遊ぶことに慣れ、一対一であれば玩具で遊ぶことができる。
●保育者との関わりを深め、安心して遊ぶことを楽しむ。	●保育者との関わりに安心感を抱き、信頼関係を築く。
●一対一で密に関わることで、保育者との信頼関係を深める。人 ●保育者と関わりながら、安心して好きな玩具での遊びを楽しむ。人もの	●触れ合い遊びなどを通して保育者との信頼関係を深める。人
●登園時の受け入れは特に不安定になるので、保育者が温かく受け入れ、寄り添うことで、安心感につなげる。 ●本児の好きな「いないいないばぁ」遊びやボールや人形などの玩具を提供し、遊びの欲求にこたえ、楽しめるようにする。	●特定の保育者が受け入れるようにし、次第に他の保育者にも慣れるようにする。 ●本児の気持ちを優しく受容し、本児の楽しい遊びを共有し、信頼関係を深めていく。
●初めは登園時に泣くことが多かったが、保育者が一対一で密に関わることで、落ち着いて過ごせるようになる。 ●はいはいでの移動が多くなってきたため、けがのないように安全面には十分に気を付け、見守っていきたい。	●新しい環境に敏感で、他児の泣き声を聞くことで不安になりやすいため、特定の保育者が受け入れをした。一対一でゆったりと過ごしていくことで、少しずつ保育者に安心感を抱き、園の生活にも慣れてきた。

記入のコツ!!
Dちゃんは、おんぶされると安定することが分かります。自宅でもおんぶが多いのかもしれません。具体的な情報は、計画を立てる上で非常に役に立ちます。

記入のコツ!!
個人案ですから、本児の好きな遊びは何なのか、気に入っている玩具などを記入しておくと、他の保育者が見た場合にも役に立つでしょう。

4月 個人案

5月 個人案

立案のポイント
哺乳瓶に慣れるまでは大変ですが、機嫌よく楽しく過ごしていれば受け入れる日は来るでしょう。

立案のポイント
よく食べるので、体の発達も目覚ましいですね。全身の筋肉をバランスよく動かしましょう。

●5月個人案　つくし組

	Aちゃん 5か月（女児）	Bちゃん 7か月（男児）
前月末の子どもの姿	●哺乳瓶に慣れず、スプーンやコップでミルクを飲むため、こぼれることが多い。 ●あお向けのときに音が鳴ると、顔の向きを変え、その方向を見る。 ●寝返りをする。	●好き嫌いなく、何でも喜んで食べている。 ●座った姿勢から自分で腹ばいになり、前方にある玩具を取ろうとする。座らせようとすると足をつっぱり、立とうとする。
ねらい	●哺乳瓶に慣れる。 ●目覚めているときは欲求を充実させ、安定して過ごす。	●適切なミルク量と離乳食を食べる。 ●安心できる保育者と関わりながら、体を動かして遊ぶことを楽しむ。
内容	●哺乳瓶に慣れる。健 ●保育者のあやしを喜んだり、あお向けや腹ばいになって遊ぶことを楽しんだりする。人	●落ち着いた雰囲気の中で、離乳食を食べ、いろいろな食材の味や舌触りに慣れる。健
保育者の援助	●他児の姿が気にならない、静かな場所で授乳する。 ●つかみやすい玩具、音の出る玩具を目の前に置き、手を伸ばして取ろうとする動きを促す。 ●特定の保育者が授乳し、飲み方の癖や特徴、飲みやすい姿勢などを把握する。	●「おいしいね」など優しく声をかけながら、安心して食べられるようにする。 ●保育者がそばで優しく見守りながら、安心して体を動かせるようにする。 ●つかまり立ちを好むが、無理をさせず、いろいろな姿勢を経験させる。
評価・反省	●哺乳瓶での授乳は完全ではないが、少しずつできるようになった。 ●起きている間は積極的に触れ合い、本児が安心して寝返り、腹ばいで遊ぶことができるスペースを準備することができた。	●好き嫌いなく食欲旺盛で、2回食へ移行したが問題なく進んでいる。しかし、よくかまずに飲み込む姿も見られるので、そしゃくを促す言葉をかけていきたい。

保育のヒント
哺乳瓶の飲み口はいろいろなタイプを用意して、試してみるとよいでしょう。くすぐり遊びをたくさんして、のどが渇いたタイミングに飲ませてみましょう。

記入のコツ!!
ただ食べればよいのではなく、その食べ方もよく見て、かまずに飲み込む心配をしています。大切なことなので、しっかり書き留め、次の指導計画に生かしていきます。

健:健やかに伸び伸びと育つ　人:身近な人と気持ちが通じ合う　も:身近なものと関わり感性が育つ　を表しています。

立案のポイント
はいはいが楽しい時期です。思いきりはいはいができる環境をつくり、玩具で促しましょう。

立案のポイント
体調に気を配り、園は楽しいところだと感じられるよう、生活を組み立てましょう。

	Cちゃん 9か月（女児）	Dちゃん 11か月（男児）
	●行動範囲が広がり、自分の好きな玩具（ミニカーやボール）を見付けて遊ぶようになった。 ●本児の背の高さに合った物で、つかまり立ちをすることが多くなった。	●体調を崩し4月中旬から連休明けまで欠席する。気管支が弱いため、運動遊びや外気浴は無理をしない。 ●自分の興味のある物を指差し「あーあー」と喃語を話したり、「まんま」などの意味のある言葉を話したりする。
	●安心できる保育者に見守られながら、探索活動や体を動かすことを楽しむ。	●保育者と一緒に好きな遊びを楽しむ。 ●喃語や指差しに十分にこたえてもらい、発語を楽しむ。
	●十分はいはいのできる広いスペースで、体を動かして遊ぶことを楽しむ。	●好きな玩具を見付け、保育者と一緒に遊ぶことを楽しむ。 ●喃語を発し、応答してもらうことを喜ぶ。
	●十分はいはいのできるスペースを整え、転倒などけがのないよう注意する。 ●後追いが始まったので、本児の気持ちを受け止めながら、一人遊びを楽しんでいるときは優しく見守り、関わりを求めたときはしっかりと応じる。	●不安なときは一対一で関わったり、本児の好きな玩具を準備したりする。 ●喃語を優しく受け止め、「自分の要求に応じてくれる」という安心感をもつことで、自己表現する意欲を育む。
	●つかまり立ちをする姿が多く見られた。転倒によるけがを防ぐため、職員間で連携を取ることができてよかった。	●体調を崩し長期欠席した本児。医師から、気管支が弱く風邪をひきやすいとの診断があったので、体調には一層注意していきたい。 ●盛んに喃語を話すようになったので、言語理解の力を高めていきたい。

記入のコツ!!
長期欠席の場合、このようにいつからいつまでなのか、明記するとよいでしょう。気を付けなければならないことがあれば、それも書き添えます。

保育のヒント
フローリングの床やめくれないカーペットの上が好ましいでしょう。机の角などには、安全キャップをかぶせるなど、けがをしないように環境を整えます。

5月 個人案

6月 個人案

> **立案のポイント**
> 園での暮らしが安定してきたことがうかがえます。寝返りができることで世界が広がります。

> **立案のポイント**
> 前月の評価、反省から出た「すぐ飲み込む」ことについて、対策を講じて記しています。

●6月個人案　つくし組

	Aちゃん　6か月（女児）	Bちゃん　8か月（男児）
前月末の子どもの姿	●授乳間隔が一定になり、少しずつ哺乳瓶でミルクを飲めるようになった。 ●目の前にある玩具に手を伸ばしたり、握ったり、口の中に入れたりして一人遊びを楽しむ。	●保育者がそばから離れると、抱っこを求めて泣き出す。 ●離乳食を喜んで食べる。食欲旺盛で、すぐに飲み込んでしまうこともある。
ねらい	●生活リズムを整え、哺乳瓶でミルクを飲む。 ●安心できる環境の下、様々な物に触れる。	●信頼できる保育者との関わりを楽しみ、安心して過ごす。 ●楽しい雰囲気の中でおいしく離乳食を食べる。
内容	●安心できる保育者に抱っこされ、哺乳瓶でミルクを飲む。健人 ●ほしい玩具に手を伸ばしたり、握ったりして遊ぶことを楽しむ。も	●優しい言葉かけでスキンシップを図りながら、触れ合うことを喜ぶ。人 ●もぐもぐしてから飲み込むことに慣れる。健
保育者の援助	●授乳の際は目を合わせながら「おいしいね」と優しく言葉をかけ、安心してミルクが飲めるような環境をつくる。 ●寝返りが一定方向なので、あお向けになった際、両足を反対方向にひねるなどし、逆方向の寝返りの動作を促す。	●慣れ親しんだ保育者が優しく声かけしたり、本児の遊びをそばで見守ったりする。 ●「もぐもぐしようね」と言葉をかけ、保育者の口元の動きを見せてそしゃくを促す。
評価・反省	●哺乳瓶でミルクを200cc飲むことができるようになった。 ●腹ばいになり安心して遊べるようなスペースを確保しつつ、他児の姿を見たり触れ合ったりすることで、人への関心を広げていきたい。	●風邪による欠席が続いたため、保育者がそばから離れると泣き出したり、抱っこを求めたりする姿が多く見られた。 ●2回食も順調に進んでいる。指先の機能が発達してきたので、手づかみ食べの経験も進めたい。

> **保育のヒント**
> 口で物を知ろうとする時期です。なめて遊べる玩具（ゴム、木、プラスチック）などを準備し、使用前後には十分に洗浄しましょう。

> **記入のコツ!!**
> よくかんでから飲み込むよう指導する際、子どもが分かる言葉で「もぐもぐしようね」と話しかけ、自分の口元を見せるという具体的な関わり方が書いてあります。

健：健やかに伸び伸びと育つ　人：身近な人と気持ちが通じ合う　も：身近なものと関わり感性が育つ　を表しています。

立案のポイント
手づかみ食べが始まりました。自分で食べる意欲を大切にサポートしていきましょう。

立案のポイント
歩けることが嬉しいときです。けれども転ぶ危険も多いので、安全面に気を付けましょう。

Cちゃん 10か月（女児）	Dちゃん 12か月（男児）
●揺れる物や音の出る物を指差し、「あーあー」と言って保育者に伝える。 ●食欲が旺盛となり、手づかみ食べが徐々に始まる。カボチャやイモ類など、嫌いな物は舌で押し戻す。汁物に入れると食べられた。	●立ち上がり、2～3歩ほど歩く。 ●食べることを喜び、手づかみやフォークを使って自分で食べようとする。しかし口にうまく運べず、手でつかんだおかずを握りつぶすなど、遊び食べが見られる。
●身の回りの物や人に興味をもち、自ら関わろうとする。 ●自分で食べる喜びを感じる。	●安心できる環境の下、つかまり立ちやつたい歩きをし、歩行に向けての活動を楽しむ。 ●自分で食事することを喜ぶ。
●保育者と関わりながら、好きな玩具で遊ぶことを楽しむ。人 も ●自分で食べることを喜び、おいしく食事をする。健	●つかまり立ち、つたい歩きなど、体を動かすことを楽しむ。健 ●楽しい雰囲気の中、手づかみやフォークを使って自分で食事をする。健
●本児が興味をもてる玩具を用意する。 ●自分で食べたいという気持ちを尊重して手づかみ食べを認め、「もぐもぐ」などと声をかけ、保育者も一緒に食事をすることで、楽しい雰囲気で食事ができるようにする。	●手押し車を使う際には、十分に押して歩くことができる広いスペースを準備する。 ●こぼれてもよい環境をつくり、本児が自分で食べようとする意欲を大切にする。保育者もおいしそうに食事する姿を見せる。
●様々な物への関心が高まったことで、指差しが増えた。 ●離乳食の量が増え、食欲が旺盛となってきたので、家庭と連携を図りながら離乳食を進めていきたい。	●「おいでおいで」と声をかけると笑顔で歩いてくるなど、歩行に対しても意欲的である。 ●指先が不器用で、細かい物をつかみにくそうにしている。感触遊びなどで指先の発達を促していきたい。

保育のヒント
遊び食べが見られるようになったら、もうおなかいっぱいというサインです。ごちそうさまができるように導きましょう。

記入のコツ!!
Cちゃんはどんな食べ物が苦手なのか、2～3例を挙げて書いておきます。食べられたきっかけなども記入しておくとよいでしょう。

6月 個人案

7月 個人案

> **立案のポイント**
> 食に関する経験が増えていきます。楽しく食事時間を過ごすことが大切です。

> **立案のポイント**
> 夜型生活の保護者に付き合わされ、生活リズムが乱れています。保護者と連携を図りましょう。

●7月個人案　つくし組

	Aちゃん 7か月（女児）	Bちゃん 9か月（男児）
前月末の子どもの姿	●大人のあやしや微笑みに対して、声を出して笑う。 ●少しの間なら、支えなしでお座りができる。 ●1回食から2回食に進み、様々な食材を食べる。	●昼夜逆転の傾向があり、日中機嫌が悪く遊びに集中できない。 ●手を伸ばし食べ物を取ろうとする。 ●はいはい、つかまり立ちでの移動が盛んである。
ねらい	●温かい保育者の関わりの中で、人や物へ興味をもつ。 ●楽しい雰囲気の中で食事をする。	●生活リズムを安定させ、安心して生活できるようにする。 ●様々な食材に慣れ、離乳食を喜んで食べる。
内容	●保育者との触れ合い遊びを楽しんだり、好きな玩具で遊んだりする。人もの ●保育園での食事に慣れ、楽しい雰囲気の中で食事をする。健	●心地よい睡眠を取る。健 ●保育者と遊ぶことを楽しむ。人 ●食べ物の感触を手で知る。健 ●十分はいはいすることを喜ぶ。健
保育者の援助	●音の鳴る持ちやすい玩具を準備する。 ●保育者や他児が食べる姿を示しながら、「もぐもぐ」の模倣ができるようにする。また、上唇を動かしてスプーン上の食べ物を食べようとするのを待つようにする。	●家庭での睡眠状況を把握し、適切な睡眠を取れるようにする。また家庭との連携で、生活リズムの安定を図る。 ●手づかみで食べる意欲を大切にし、形状によっては保育者が食べさせる。
評価・反省	●腹ばいで遊ぶ時間が長くなった。 ●食事では、口に入れた物が押し戻されるときがあるので、調理の形態や食べさせ方について、保護者と連絡を取っていきたい。	●家庭での様子を見ながら午睡時間を短くし、家庭の協力を得て、就寝時間を早めてもらった。今後も快適な生活リズムで、情緒の安定を図り、遊びを楽しめるような関わりを大切にしたい。

保育のヒント

口に入れた物を押し出すのは、嫌いということでなく、経験したことがない物だからです。他の物と混ぜて入れるなど、慣れていくように働きかけましょう。

記入のコツ!!

保護者に現状を伝えたことで、保護者も子どものために努力してくれるようになりました。そのことが分かるように連携した内容も記しておきましょう。

健：健やかに伸び伸びと育つ　人：身近な人と気持ちが通じ合う　もの：身近なものと関わり感性が育つ　を表しています。

立案のポイント つかまり立ちが楽しい時期です。安全に気を付け、十分に運動できるようにします。	**立案のポイント** 水との関わりが楽しく心地よい体験となるように、環境を整えましょう。
Cちゃん 11か月（女児）	**Dちゃん 1歳1か月（男児）**
●いろいろな場所でつかまり立ちやつたい歩きをし、笑顔で楽しむ姿が多くなった。 ●目が合うとにっこり微笑むなど、表情が豊かになる。	●水が体にかかることに抵抗はなく、じょうろから流れる水を不思議そうに眺め、手を伸ばして水をつかもうとする。 ●はいはいやよちよち歩きで好きな場所に移動し、探索を楽しむ。
●つたい歩きで移動することを楽しむ。 ●様々な食品の味に慣れ、食事を楽しむ。	●水に触れ、心地よさやおもしろさを感じる。 ●指先を使いながら、感触遊びを楽しむ。
●つかまり立ちやつたい歩きをして、歩行することを楽しむ。健 ●様々な形態の食事や味に慣れ、保育者と一緒に食事することを楽しむ。健	●水に触れる。 ●小麦粉粘土や寒天つぶしなど、感触遊びを楽しむ。
●つかまり立ちやつたい歩きができたときは一緒に喜び、気持ちを共有することで楽しめるようにする。 ●「もぐもぐ」や「おいしいね」など声をかけ、楽しい雰囲気で食事ができるように配慮する。	●本児にとって初めての水遊びとなるので、本児に応じた方法で無理なく進める。 ●口の中に入れても危険のない素材を準備し、保育者も一緒に遊ぶ姿を見せながら感触遊びを楽しめるようにする。
●歩行への意識が高くなり、転倒によるけがが増えた。本児のペースに合わせて援助していきたい。 ●家庭と調理師との連携を図り、家庭と同じような食事形態に配慮することができた。	●中耳炎になっているので、水遊びの際には耳に水が入らないように十分に配慮する。 ●食べ物をつまんで口に運ぶことも徐々にできるようになった。

保育のヒント
転びながら上手になっていくものです。後ろから手を添え、バランスを崩してもけがをしないよう十分気を付けましょう。

保育のヒント
様々な物の感触を味わうのによい素材です。食紅を入れて見た目にもカラフルにすると、より興味をひくでしょう。黄色や緑色の食紅もあります。

8月 個人案

個人案 → P138-P139 8月の個人案

立案のポイント
涼しく過ごせるよう、安全面に気を付けながら、水遊びに積極的に誘いましょう。

立案のポイント
甘えたい気持ちが見えるので、十分に愛されているということが伝わるように接します。

●8月個人案　つくし組

	Aちゃん 8か月（女児）	Bちゃん 10か月（男児）
前月末の子どもの姿	●暑さのために熟睡できず、機嫌が悪いことが多い。 ●たらいに入った水に手を伸ばすなど、積極的に水に触れようとする。 ●つかみやすい物であれば、自分で持って食べる。	●はいはいで自由に移動し、どこでもつかまり立ちをする。 ●保育者が他児を抱っこしていると自分もひざにのろうとする。 ●つかみやすい副食を指でつまんで食べる。皿で遊び出す。
ねらい	●シャワーや水遊びをし、心地よく過ごせるようにする。 ●様々な食材や、舌触りのよい食べ物に慣れていけるようにする。	●探索活動を十分に楽しむ。 ●水遊びを楽しむ。 ●楽しい雰囲気の中、喜んで離乳食を食べる。
内容	●安全な環境の中で、水遊びを楽しむ。もの ●様々な食材や形状の食べ物に慣れる。健	●好きな場所へ自由に移動し、はいはいやつかまり立ちを楽しむ。健 ●水の感触を楽しむ。もの ●楽しく手づかみで食べる。健
保育者の援助	●水遊びでは本児の後ろに支えとなるように保育者が座り、転倒を防ぐ。 ●何にでも手を伸ばし口に入れるので、飲み込みやすい物は片付ける。 ●食事では、本児の状態に応じた、つかみやすい物を準備してもらう。	●つかまり立ちの際、転倒してけがのないように見守る。 ●体調や気温、水温に配慮する。そばに付き添い危険のないようにする。 ●食べ物で遊び出したら、「おなかいっぱいかな。ごちそうさまをしようね」と優しく言葉をかけながら片付ける。
評価・反省	●行動範囲も広がってきたので、安全な環境を整えていきたい。 ●食事では、保護者と密に連絡を取ることで、食べ方や食事の形態について分かり、食べ物が押し戻されることがなくなって、よかった。	●水に触れることを喜び、水遊び後のシャワーによって、心地よい睡眠も取れた。 ●食事は家庭と連携を図ったことで、手づかみ食べも上手になった。

保育のヒント

ペットボトルに半分くらい水を入れ、発泡スチロールに絵をかいたものやビーズを入れると、浮き沈みの分かる玩具になります。何種類かつくってあげるとよいでしょう。

記入のコツ!!

食べ物で遊び出すのは、おなかいっぱいになったサインです。優しく片付けに向かうのは大切な援助です。具体的に書いておくと他の保育者にも役立ちます。

健：健やかに伸び伸びと育つ　人：身近な人と気持ちが通じ合う　もの：身近なものと関わり感性が育つ　を表しています。

立案のポイント
いろいろな物の感触を味わうことを楽しめるように、働きかけましょう。

立案のポイント
不安定になった際にはどうするか、手立てをあらかじめ考えておく必要があります。

Cちゃん 12か月（女児）	Dちゃん 1歳2か月（男児）
●砂や土に触れることを嫌がる。手が汚れると片言で知らせる。 ●友達の存在に興味をもち、遊んでいる玩具を触りに行く。 ●自分の遊んでいる玩具を取られると泣く。	●水遊びが大好きで、積極的に遊ぶ。 ●新入園児が増え、他児の泣き声につられて泣いたり、目の前にいる保育者が他児を抱くと怒って泣いたりするなど、情緒が不安定な姿が見られる。
●様々な感触遊びを楽しむ。 ●保育者や友達に関心をもち、一緒に遊ぶことを楽しむ。	●保育者や友達と一緒に水遊びを楽しむ。 ●愛着行動の受容により、安定して過ごす。
●水、砂、泥遊びを楽しむ。もの ●保育者の仲立ちの下、友達と一緒に好きな遊びを楽しむ。人	●水をすくったり、用具を使って保育者や友達と水遊びを楽しんだりする。もの ●保育者に甘えや欲求を受け止めてもらい、自分の好きな遊びを楽しむ。人
●初めての経験なので、子どもの興味に応じて無理なく遊べるようにする。 ●「○○ちゃんと同じだね」などと言葉をかけ、友達との関わりを楽しめるようにする。	●水遊びでは、手づくりの玩具を準備し、「気持ちいいね」と声をかけながら楽しめるようにする。 ●甘えたい気持ち、不安な気持ちを十分に受容し、一対一で遊ぶ時間をつくるなどして、安定して過ごせるようにする。
●感触遊びでは、本児の興味に応じて少しずつ関わることで、自分から水や砂に触れて喜ぶ姿が見られるようになった。今後も保育者が楽しんでいる姿を見せることで、少しずつ楽しめるようにしたい。	●様々な感情をよく表現するようになる。その時々の気持ちに共感し、物事への興味・関心を深め、保育者との信頼関係を深めることができた。

保育のヒント
水には触れるようなので、きれいな色水に触れさせてみましょう。砂を少し入れた水なども経験できるようにします。まず、保育者が汚れたと受け止めないことが大切です。

記入のコツ!!
やきもちをやく気持ちの芽生えも成長の一面です。丁寧に受け止めて満足させていくことが分かる記述になっています。

8月 個人案

9月 個人案

立案のポイント
自由にはいはいができることは喜びです。十分に運動できるような環境を整えます。

立案のポイント
友達に興味があるため目や口を触ろうとしますが、目に触れると危険だと知らせていきます。

●9月個人案　つくし組

	Aちゃん　9か月（女児）	Bちゃん　11か月（男児）
前月末の子どもの姿	●はいはいからお座りをしたり、お座りからはいはいをしたりする。 ●玩具を持ち、たたき合わせたり、投げたりして遊ぶ。 ●何にでも興味を示し、指差ししたり手に取って口に入れたりする。	●はいはいで移動し、つたい歩きを喜んでする。 ●友達に興味があり、目や口など相手の顔を触る。 ●手づかみで、好き嫌いなく上手に食べる。
ねらい	●腹ばいや、はいはいなどの移動運動を楽しむ。 ●はいはいで探索活動を楽しむ。	●安心できる保育者と共に、友達との関わりを楽しむ。 ●離乳食を喜んで食べ、満足感を味わう。
内容	●自分で好きな場所に移動することを楽しむ。健 ●様々な物に興味を示し、探索活動を十分に楽しむ。もの	●体を動かす遊びを楽しむ。健 ●友達との関わりを楽しむ。人 ●手づかみで十分に食べ、自分でコップを持って飲む。健
保育者の援助	●移動運動が盛んになってきたので、思いきりはいはいや腹ばいができるような空間を準備する。 ●好奇心を刺激するような玩具を置いたり、「おいでおいで」と声をかけたりして、遊びに誘う。	●トンネルくぐり、斜面登り、階段上がりなど、楽しく体を動かせる環境を整える。 ●友達との関わりを、優しく言葉を添えながら見守る。 ●手づかみで食べることを大切にし、コップには手を添えて飲めるようにする。
評価・反省	●はいはいはまだぎこちないが、様々な遊びを通して少しずつスムーズに進めるようになった。動きが活発になったので、目を離さず本児の行動を見守っていきたい。 ●表情がはっきりとし、盛んに喃語も聞かれるようになった。	●様々な環境を設定したので、十分に楽しく身体活動ができた。 ●他児の目を触る行動がまだ見られるので、そのつど注意しながら言葉を添えて関わりたい。 ●コップを一人で持ち、自分で飲むことができるようになった。

保育のヒント
ひもの付いたアヒルなど、子どもの好きな玩具を目の前に置き、少しずつ動かしながら、つかまえられたことを一緒に喜ぶと、楽しい遊びになります。

保育のヒント
指の動きをコントロールできるようになっています。ビニールテープに折り返しをつくって床にはると、はがす遊びができます。3〜4枚を並べてはってみましょう。

健：健やかに伸び伸びと育つ　人：身近な人と気持ちが通じ合う　もの：身近なものと関わり感性が育つ　を表しています。

立案のポイント
楽しく遊びながら、歩くことに慣れ、筋力も付くようにしましょう。

立案のポイント
スプーンやフォークは便利な物だと経験できるように、さり気なく援助しながら関わります。

Cちゃん 1歳1か月（女児）	Dちゃん 1歳3か月（男児）
●一人で歩き始めるが、何もないところで転んだり、ささいなことで倒れたりする。 ●歩き疲れると、「抱っこ」と言って保育者を呼ぶ。 ●自分の名前を呼ばれると返事をする。	●歩行することを喜び、身近な人や物に自ら近づき、探索を楽しんでいる。 ●食事の際は、フォークやスプーンを使いたがり、食べ物を刺したり、すくったりして食べようとするが、思い通りに使いこなせず手づかみになる。
●つたい歩きから、少しずつ歩くことを楽しむ。 ●保育者と身振りやまねっこなどのやり取りを楽しむ。	●周囲の人や物に興味を示し、探索活動を楽しむ。 ●スプーンやフォークを使って、楽しく食事をする。
●自分で歩くことを楽しむ。㋮ ●遊びの中で簡単な言葉のやり取りや、保育者のやることに興味をもち、まねることを楽しむ。㋩	●様々な物に興味を示し、歩いて探索活動を楽しむ。㋺ ●自分で食事する喜びを味わいながら、楽しい環境の中で食事をする。㋮
●「自分で歩けた」という本児の喜びに共感することで満足感を味わわせ、歩くことへの意欲が高まるようにする。 ●「ちょうだい」「どうぞ」「ありがとう」などの簡単な言葉のやり取りをする中で、発語を楽しめるようにする。	●本児との信頼関係を大切にし、安全な保育室の中に本児の好きな玩具を用意するなどして、安心して探索活動を楽しめるようにする。 ●フォークやスプーンを使う際は、「ちっくんしようね」などと声をかけながら、手を添えて使い方を知らせる。
●戸外や保育室の中で十分に歩行が楽しめるように、場の確保や安全面に配慮した。 ●友達のまねを好む姿が多くなった。保育者が仲介することで友達と一緒に遊ぶ楽しさが味わえるようにしたい。	●友達にも興味を示すようになった。友達との関わりを楽しめるように仲立ちしていきたい。 ●食事では、毎日のくり返しの中でフォークやスプーンの使い方が身に付いていくように、丁寧に関わりたい。

 保育のヒント
一人で歩くのも楽しいですが、好きな保育者と手をつないで歩くなど、支え合って歩く経験もプラスしてみましょう。

 記入のコツ!!
フォークを使う際の具体的な言葉が「ちっくんしようね」と記されていることが大事です。複数の保育者がいても、同じ言葉でその子に働きかけられるからです。

9月 個人案

10月 個人案

個人案 → P142-P143 10月の個人案

立案のポイント
喃語(なん)が出てきたので、自分が声を出すと、周りが嬉しく反応してくれることが分かるようにします。

立案のポイント
言葉の意味が分かり始めています。ゆっくりはっきりとした発音で言葉を知らせます。

●10月個人案　つくし組

	Aちゃん 10か月（女児）	Bちゃん 12か月（男児）
前月末の子どもの姿	●はいはいで移動し、探索することを楽しんでいる。 ●人見知りや後追いが始まり、母親と離れる際は母親を追って泣いたり、見慣れない人が保育室に入ると泣いたりする。	●しゃがんだり、立ち上がったりして歩こうとする。 ●指差ししながら喃語を発する。 ●「ばいばい」「いただきます」に合わせて身振りをする。
ねらい	●保育者との触れ合い遊びを楽しみ、信頼関係を深める。 ●喃語を話し、応答してもらうことを喜ぶ。	●戸外で保育者と一緒に遊ぶことを楽しむ。 ●保育者との関わりにより、喃語を楽しむ。
内容	●安心できる保育者との触れ合いを楽しむ。人 ●喃語を楽しむ。人	●裸足で土の感触を味わいながら歩いたり、靴をはいて歩いたりすることを楽しむ。もの ●保育者と喃語のやり取りを楽しむ。人
保育者の援助	●母親の後追いが始まったので、本児の甘えたい気持ち、悲しい気持ちを十分に受容し、情緒の安定を図り、情緒的な絆(きずな)を深められるようにしていく。 ●喃語に対して丁寧に言葉を返し、言葉を発する楽しさ、応答してもらえる嬉しさを感じられるようにする。	●裸足で土の上を歩くのを嫌がるときは無理をさせず、芝生などに場所を変えたり、靴をはかせたりして、楽しく戸外を歩けるようにする。 ●喃語の発声を優しく受け止め、丁寧に言葉やしぐさで応答する。また、物の名前や動作が一致するように働きかける。
評価・反省	●特定の保育者を追ったり、母親と離れる際に泣いたりする姿が見られるようになった。悲しい気持ちや甘えたい気持ちを丁寧に受容し、情緒が安定するように関わることで、機嫌のよいときには「ぶーぶー」などの喃語が増えた。	●保育者と手をつないだり、場所を変えたりすることで、裸足で歩くことに徐々に慣れ、楽しんで歩く姿が見られた。 ●指差ししながら喃語を発する姿が見られた。指差した物の名前を言うことで、言語の発達を促していきたい。

保育のヒント
「そうだね、○○だね」と、はっきりした発音で言葉を聞かせましょう。リズミカルに2回くり返して言うのも効果的です。楽しく伝えていきましょう。

記入のコツ!!
具体的にどのような喃語を発するのかを記すことで、次にどのような喃語が増えたのか、理解することができるでしょう。

健：健やかに伸び伸びと育つ　人：身近な人と気持ちが通じ合う　もの：身近なものと関わり感性が育つ　を表しています。

立案のポイント

音楽に合わせて踊るのが好きなCちゃん。様々な動きを取り入れて提供しましょう。

立案のポイント

友達との関わりを少し楽しめるようになったので、友達はよいものだと体験できるようにしましょう。

10月 個人案

Cちゃん 1歳2か月（女児）	Dちゃん 1歳4か月（男児）
●自分で様々な場所に行き、探索活動を楽しむ。 ●園庭でアリを見付けると、「あー」と言って保育者に知らせる。 ●好きな音楽が流れると、体を揺らして喜ぶ。	●ズックをはいて歩くことにも慣れ、保育者が他児と一緒に「待て待て」と追いかけると、喜んで逃げる。 ●様々な自然物を指差し、虫を見て不思議そうにのぞき込んでいる。
●秋の自然に触れながら、様々なところを歩くことを楽しむ。 ●身近な音楽に親しみ、体を動かして踊ることを楽しむ。	●友達や保育者と一緒に、戸外遊びを楽しむ。 ●散歩を通して秋の自然に触れる。
●体のバランスを取りながら、斜面の上り下りを楽しむ。もの ●保育者と手遊びをしたり、音楽に合わせて体を動かしたりして遊ぶ。もの	●戸外に出て、保育者や友達と一緒に追いかけっこや探索を楽しむ。人 もの ●様々な自然を見たり触れたりする。もの
●保育者と一緒に様々な道を歩くことで、バランス感覚を育む。 ●本児の好きな手遊びを一緒にしたり、音楽に合わせて自由に踊る姿を認めたりすることで、表現する喜びが感じられるようにする。	●大勢の子どもがいない落ち着いた時間を見計らって園庭に出るようにし、本児が安心して遊べるようにする。 ●一緒に遊びながら、友達と触れ合う楽しさを感じられるようにする。 ●本児の伝えたい気持ちに優しくこたえ、様々な物への興味・関心が広がるようにする。
●保育者と一緒に手をつなぎ散歩に出かけるが、途中からは手を離して友達の後を追いかける姿が見られた。歩行も安定してきた。 ●保育者や友達のまねをして、体を動かす姿が見られた。	●友達への関心が出ているので、友達と一緒に遊べるような追いかけっこなどをし、関わり方を知らせることができた。 ●歩行が安定してきたので、安全な散歩コースを見付け、歩いて散歩を楽しめるようにしていきたい。

記入のコツ!!

まだ不安定な様子も見られるDちゃんに対し、安心できる場を確保して提供するのは大切なことです。騒々しさが苦手な子どもへの配慮を記しておきます。

保育のヒント

Cちゃんの動きは、他の子どもたちにとってもよい刺激になるはずです。「Cちゃん、上手だね」と注目させながら、他の子の動きも促しましょう。

11月 個人案

個人案 → P144-P145 11月の個人案

立案のポイント
保育者のまねをしながら、生活に必要なことを身に付けています。よいモデルとなるでしょう。

立案のポイント
身近な環境をよく観察しています。急がず一つ一つの発見に共感していきましょう。

●11月個人案　つくし組

	Aちゃん 11か月（女児）	Bちゃん 1歳1か月（男児）
前月末の子どもの姿	●つかまり立ちが見られる。 ●保育者が積み木を積み重ねると、それを崩すことを楽しみ、まねして積み重ねようとする。 ●「いただきます」などと言い、頭を下げたり手を合わせたりする。	●よちよちと歩くことができる。 ●「散歩へ行くよ」の声かけで、保育者の持っている散歩用の帽子のところまで、よちよちと歩いてくる。 ●散歩中に見かけた物を指差しながら、保育者に伝えようとする。
ねらい	●信頼できる保育者との関わりの中で、安心して自分の遊びを楽しむ。	●秋の自然に触れながら、戸外遊びを楽しむ。 ●歩行での散歩を楽しむ。
内容	●自分の好きな遊びを見付け、保育者や友達と遊ぶ。（人）（もの） ●保育者を模倣して遊ぶ。（人）（もの）	●保育者に見守られながら探索活動を楽しみ、自然物に触れる。（もの） ●保育者と一緒にコンクリート、砂利道、坂道などを歩くことを楽しむ。（もの）
保育者の援助	●つかまり立ちをするが、まだ不安定なので、転倒しないよう目を離さず見守る。玩具などが散乱しないよう、保育室の環境を整える。 ●保育者と一緒に様々な玩具を使って遊び、興味を広げられるようにする。また、指先の発達を促すような遊びや、手づくり玩具を準備する。	●興味のある物を見付けたときにはその場で立ち止まり、自然に触れる喜びを優しく言葉を添えながら共感する。 ●手をつないだりそばで見守ったりしながら、転倒によるけがに注意する。 ●気温や体調に合わせて衣服を調節する。
評価・反省	●甘えや、保育者を一人占めしたいという独占欲も出てきているので、その気持ちを受容し、一対一で遊ぶことを大切にした。また、保育者を模倣する姿が見られるので、言動には気を付けていきたい。	●戸外での散歩によって、歩行機能の発達を促すことができた。 ●アリの行列や落ち葉を見付けては、保育者の手を引き寄せ、一緒に見ようと誘う姿が見られた。楽しく経験を積みながら、言葉や知識の獲得を促していきたい。

保育のヒント
崩すことが遊びになっています。積み木だけでなく、空き缶などでもやってみると大きな音が出て楽しいです。ブロックを組み立てて、壊れにくいことを実感するのもよいでしょう。

記入のコツ!!
歩くことだけでなく、コンクリートの道や砂利道、坂道など、どこを歩くかということも大きな経験の違いです。バリエーションを記しておくことも大変重要です。

（健）：健やかに伸び伸びと育つ　（人）：身近な人と気持ちが通じ合う　（もの）：身近なものと関わり感性が育つ　を表しています。

立案のポイント
絵本に興味をもち、積極的に読んでもらうことを求めています。満足するまで十分に関わります。

立案のポイント
積極的に環境に関わり、楽しんでいます。一つ一つが自信につながるよう援助します。

Cちゃん 1歳3か月（女児）	Dちゃん 1歳5か月（男児）
●食欲や食事の好みに偏りが現れる。 ●手づかみで自分で食事しようとする。 ●保育者に自分の読んでほしい絵本を持ってくる。	●聞き慣れた音楽が流れると、満面の笑みを浮かべて手をたたいたり、体を揺らしたりして踊る。 ●マットでつくった傾斜を登る際は、保育者が手をつながなくても歩いて登り、転がって下りることを楽しんだ。
●楽しい雰囲気の中、様々な物を食べることを楽しむ。 ●好きな絵本を、くり返し楽しむ。	●音楽に合わせて体を動かして遊ぶことを楽しむ。 ●様々な道を歩くことを楽しむ。
●保育者や友達と一緒に、食具を使って食事しようとする。健 ●保育者と絵本を見ながら、簡単な言葉のくり返しや模倣をして遊ぶ。人 もの	●保育者と一緒に歌ったり、手遊びや体を動かして遊んだりする。人 もの ●坂道、砂利道など、様々な道を歩いて散歩する。もの
●食具を使って食事する姿を認めることで満足感を味わい、自分で食べようとする意欲を育む。 ●絵本の内容を動作や言葉で表したり、登場する動物の鳴き声をまねたりするなど、模倣活動を楽しめるようにする。	●保育者は表情豊かに子どもの前に立ち、大きな動作で分かりやすく手遊びをしたり踊ったりして、子どもがやってみたいな、楽しそうだなと思えるような雰囲気づくりをする。 ●車通りの少ない安全なコースを調べ、歩くだけでなく、自然に目を向けてゆったりと散歩を楽しめるようにする。
●自分で食具を使って食事することを喜んでいる。今後は発達に応じて、正しい持ち方ができるように促したい。 ●「大きなカブ」の話を気に入り、くり返し楽しんだ。「うんとこしょ、どっこいしょ」と言ってカブを抜く場面では、保育者のまねをする姿が見られた。	●散歩では歩行することで、自然物を手に取って五感で感じることができた。また、様々な道を歩くことで足腰も強くなった。室内でもマットで傾斜をつくり、様々な方法で上り下りを楽しむことができてよかった。

記入のコツ!!
今は正しい持ち方でなくても、まず食具に興味をもって使おうとすることを大事にしている保育者の姿勢が伝わります。正しい持ち方は、その次でよいことが分かります。

保育のヒント
マットで傾斜をつくる「山登り」は、子どもたちに適度なスリルを味わわせることができる楽しい遊びです。いろいろな斜面をつくってみましょう。

11月 個人案

12月 個人案

個人案 → P146-P147 12月の個人案

立案のポイント
やきもちの感情も芽生えてきました。子どもの負の気持ちも温かく受け止め、満足させます。

立案のポイント
何でも触ってみたいBちゃん。触ってよい物だけを置き、禁止することがないようにします。

●12月個人案　つくし組

	Aちゃん 12か月（女児）	Bちゃん 1歳2か月（男児）
前月末の子どもの姿	●特定の保育者がそばから離れたり、他児を抱いたりすると怒り、泣いて後を追う。 ●楽しいときは声を出して笑い、思い通りにいかないときや何かを伝えたいときは、大声で泣く。	●スプーンを持ちながら、手づかみでも食べる。 ●好奇心旺盛で、目に付いた物すべてを手に取ろうとする。 ●興味のある物を見付けては、部屋中をあちらこちらと歩く。
ねらい	●信頼できる保育者との関係の中で、自分の欲求を安心して表現する。 ●満足するまで、一人遊びを楽しむ。	●楽しい雰囲気の中、自分で食べる喜びを味わう。 ●安心できる環境の中、歩行機能を十分に使い探索活動を楽しむ。
内容	●泣いたり笑ったり、大声を発したりすることで自分の欲求を伝える。人 ●安心できる保育者に見守られ、一人遊びを十分に楽しむ。健 人	●保育者の援助により、フォークなどを使って自分で食事をする。健 も ●安全な環境の中、歩行による探索活動を楽しむ。も
保育者の援助	●本児の気持ちが落ち着くように、一対一の関わりを大切にする。また、本児の好きな玩具を準備する。 ●本児の興味・関心を大切にし、夢中で遊んでいるときは、その遊びを見守る。	●スプーンは上手持ちで握れるよう、手を添えて知らせる。大人の援助用スプーンも用意する。 ●楽しく食べられるような環境を設定する。 ●危険を予測しながら、安全で楽しい環境を構成し、歩行での活動が十分行えるようにする。
評価・反省	●本児の気持ちを受容することで、様々な感情が表出されるようになった。その中で、甘えを見せたときは思いきり受け止めた。一対一での関わりを大切にすることで、情緒が安定し、絆を深めることができた。	●食べにくい物は保育者が手を添えることで、こぼしながらもスプーンを使って食べることができた。 ●室内での活動が多かった。滑り台やマットを準備し、園内探検では階段の上り下りに意欲的で、段差での歩行も安定してきた。

保育のヒント
我慢しないで感情を出すことができるのは、大事な経験です。よい子を演じなくてよいよう、ありのままの姿を表せるような環境づくりが求められています。

記入のコツ!!
探索活動ではBちゃんは何が気に入り、その結果どのような行動が多くなったのかなど、具体的に記述しておきます。

健：健やかに伸び伸びと育つ　人：身近な人と気持ちが通じ合う　も：身近なものと関わり感性が育つ　を表しています。

立案のポイント	立案のポイント
環境に積極的に関わりながら様々な全身運動を経験しています。これを継続していきましょう。	嫌なことがあると、行動で表します。相手がけがをしないよう、十分に気を付けましょう。

Cちゃん 1歳4か月（女児）	Dちゃん 1歳6か月（男児）
●歩行が安定する。 ●机の上に登ろうとし、段差のあるところはジャンプしようとする。 ●自分の欲求を行動や言葉で伝える。	●保育者の仲介により追いかけっこを楽しむなど、友達の存在を意識し始めている。ただ、玩具を取られそうになると、かみつきやひっかく姿が見られる。 ●オムツが濡れると、オムツをぽんぽんとたたいて保育者に知らせる。
●保育者と一緒に体を動かして遊ぶことを楽しむ。 ●保育者に発語を促されることで、言葉を使うことを楽しむ。	●保育者の仲立ちにより、友達と一緒に遊ぶことを楽しむ。 ●少しずつ、トイレで排泄をする。
●登る、降りる、跳ぶなどの運動を楽しむ。 健 も ●保育者の語りかけを喜び、簡単な言葉のやり取りを楽しむ。 人	●保育者の仲介の下、友達と一緒に玩具を使って遊んだり、絵本を見たりして遊ぶ。 人 も ●便器に座ることに慣れる。 健
●「○○ちゃん、待て待て」と言って、ゆったりとした雰囲気の中で走ることを楽しめるようにする。 ●本児の発達の状態を把握し、保育者がやって見せたり、やり方を知らせたりしながら見守り、場に応じた援助をする。	●友達との関わりを楽しむことができる遊びを準備する。また、「○○ちゃんと一緒だね」「嬉しいね」と、友達の存在を意識できるような言葉をかける。 ●オムツが濡れていないときを見計らってトイレに誘い、まずは便器に座ることに慣れるようにする。
●巧技台などの用具を使って、子どもが登ってみたくなるような環境づくりを工夫し、楽しむことができた。 ●子どもの気持ちをゆったりと受け止め、うまく言葉にならないときには、正しい言葉を添えることでやり取りを楽しむことができた。	●友達との関わりが増えた分、手もよく出るようになった。 ●少しずつ便器に座ることに慣れてきた。来月は、トレーニングパンツを準備してもらい、本児の様子に合わせてパンツで過ごす時間もつくっていきたい。

保育のヒント

かみつきやひっかく姿が見られた際は、すぐに止め、「嫌な気持ちだったね」とその気持ちに寄り添いましょう。抱っこして気分を変えてやるなどして対処します。

記入のコツ!!

一文の「内容」の中にも、いくつもの視点が含まれている場合があります。要素を感じながら、一つの視点にこだわらずに書きましょう。

12月 個人案

1月 個人案

立案のポイント
友達に興味はありますが、まだ関わり方が分かりません。相手が嫌がらないやり方を伝えます。

立案のポイント
片言で話すことが楽しい時期。聞いて言葉をため込むので、はっきり丁寧に語りかけます。

●1月個人案　つくし組

	Aちゃん　1歳1か月（女児）	Bちゃん　1歳3か月（男児）
前月末の子どもの姿	●つたい歩きでは、手を離して歩こうとする。手押し車を使って歩きたがり、足が交互に1歩ずつ出る。 ●自分の遊んでいるところへ、友達が来ると怒る一方で、友達の遊びが気になり近づく。	●野菜や汁物などの好きな物だけ食べ、ごはんを残すようになった。 ●「ママ」「ワンワン」「せんせい」などの言葉が出て、自発的に保育者と関わろうとする。
ねらい	●つかまり立ち、つたい歩きなど、活発に体を動かして遊ぶことを楽しむ。 ●保育者の仲立ちにより、友達との触れ合いを楽しむ。	●落ち着いた雰囲気の中で、保育者と一緒に食事することを喜ぶ。 ●発語しようとする。
内容	●自分の能力に応じて、体を動かして遊ぶことを楽しむ。健 ●友達に興味をもち、触れたり、顔を近づけたり、一緒の遊びを楽しむ。人	●楽しい雰囲気の中、様々な食材を食べる。健 ●喃語や片言を優しく受け止めてもらい、保育者とのやり取りを楽しむ。人
保育者の援助	●活動が活発になる一方、戸外で遊ぶ機会も減るので積極的に遊戯室に行き、寒い中でも体を動かして遊ぶことを楽しめるようにする。 ●相手への関心から、友達に手が出てしまうこともあるので、目を離さず見守る。	●楽しい雰囲気づくりを大切にし、保育者が「おいしいね」と言葉をかけて一緒に食べてみせる。 ●喃語や片言には丁寧に応答しながら、はっきりとした言葉で返す。
評価・反省	●動きが活発になったので、十分に移動運動を楽しめるような安全な環境を整えたい。 ●友達を指差して「あーあー」と話すが、他児の口に指を入れたり、目を指差したりするので、注意深く見守りたい。	●苦手なトマトを食べられたときには大いにほめ、食べたくなる雰囲気づくりを心がけた。つぶしてスパゲティのソースにすると食べられた。 ●発語がますます盛んになってきたので、表情豊かに優しく応答し、発語の意欲を育んでいきたい。

保育のヒント
寒い時期ですが、全身運動ができるように環境を工夫しましょう。段ボールのトンネルやマットなど、保育者がやってみせてまねさせると、動きも伝わります。

記入のコツ!!
何が苦手なのか、味の好みが分かるように記入しておくとよいでしょう。形状や調理法を変えることで反応も変わるかもしれません。

健：健やかに伸び伸びと育つ　人：身近な人と気持ちが通じ合う　身：身近なものと関わり感性が育つ　を表しています。

立案のポイント
指先を使う経験が少ないCちゃんに、楽しくつまんだり引っ張ったりできる環境をつくります。

立案のポイント
トイレで排尿することにチャレンジ中のDちゃんが、楽しく取り組めることが大切です。

Cちゃん 1歳5か月（女児）	Dちゃん 1歳7か月（男児）
●人形遊びや滑り台といった好きな玩具や遊具、雪や氷などの自然物に自分から関わって遊ぶ。 ●引き出しを開けたり、閉めたり、中に入っている物を出したりする。	●二語文を話すが、友達に何か伝えたいことがあると、「きーきー」と高い声を出して怒り、かみつこうとする。 ●オムツを脱ぐと自らトイレに向かい、便座に座る。
●冬の自然に親しみ、戸外での遊びを楽しむ。 ●指先を使った遊びを楽しむ。	●自分の気持ちが相手に伝わる喜びを味わう。 ●日中はパンツで過ごし、トイレに行って排泄しようとする。
●雪遊びを楽しむ。もの ●つまむ、積む、引っ張るなど、指先を使って遊ぶ。もの	●自分の気持ちを保育者に優しく受け止められ、安心して生活する。人 ●日中はパンツで過ごし、タイミングよくトイレに行く。健
●雪、氷、霜柱に触れ、「きれいだね」など感じたことを言葉で表し、発見や驚きを見逃さずに受け止め、好奇心や興味を満たすようにする。 ●苦手とするシールはがしは半分はがしておき、成功しやすい環境をつくることで、できた喜びを味わえるようにする。	●自己主張により泣いているときは、抱きしめながら本児の気持ちに「○○だったね」と共感し、受け止める。そして「△△だから○○しようね」と肯定的に伝える。 ●排尿の間隔を把握し、少しずつパンツをはいての生活に慣れるようにする。
●新雪の上にあお向けで倒れたり、氷割りをしたり、冬の遊びを楽しむことができた。 ●指先を使った遊びに集中して楽しむ環境を心がけた。指先が器用になり、自分でシールをはがせるようになった。	●自己主張が見られるようになった。友達への気持ちを保育者が代弁して伝え、かみつきなどを未然に防いでいきたい。 ●タイミングが合えば、トイレで排泄が成功するときもあった。大いにほめると本児も嬉しそうだった。

記入のコツ!!
自然物にもいろいろあるので、木の葉、雪、氷など、例を挙げて書いておくと分かりやすいです。記入時は第三者に伝えるという視点をもちましょう。

1月 個人案

保育のヒント
ああしたい、こうしたいという思いが表現できるようになりました。肯定的に受け止めつつ、気持ちが切り替えられるように楽しいことに目を向けさせましょう。

2月 個人案

立案のポイント	立案のポイント
家庭では食べさせてもらっている様子なので、自分で食べることを促していきましょう。	身の回りのことに自分から興味をもち始めています。認めながら促していきましょう。

●2月個人案　つくし組

	Aちゃん　1歳2か月（女児）	Bちゃん　1歳4か月（男児）
前月末の子どもの姿	●興味のある物を指差し「あーあー」と言ったり、「まんま」「ねんね」「パパ」などの一語文を話したりする。 ●食事面では、好きな物は手づかみで食べるが、口を開けて保育者が口に運ぶのを待つことが多い。	●「お片付けしようね」と誘うと、玩具の片付けができる。 ●うんちが出ると、保育者のそばへ来て知らせようとする。 ●オムツ交換後、ズボンをはかせようとすると自分から足を通す。
ねらい	●指差しや、言葉に応答してもらうことで、言語を発することを楽しむ。 ●楽しい雰囲気の中、自分で食事しようとする。	●安心できる保育者の下、自分でしようとする。 ●自分の意思や思いを言葉や態度で伝えようとする。
内容	●応答してもらうことを喜び、一語文を話す。人 ●保育者や友達と一緒に、楽しい雰囲気の中で食事をする。健	●保育者の援助により、衣服の着脱に興味をもつ。健 ●自分の気持ちを安心して表す。人
保育者の援助	●言葉が盛んに出てくる時期なので、本児の言葉にゆったりと耳を傾け、その場に応じた正しい言葉で応答し、本児の思いを言葉にすることで発語を促す。 ●本児用にスプーンを準備し、自分で食べようという気持ちが育まれる環境を設定する。	●自分でしようとする気持ちを育むよう援助し、心地よさを味わえるようにする。 ●自分の意思や思いを安心して保育者に伝えることができるよう、和やかな雰囲気をつくる。
評価・反省	●意味を含んだ指差しや喃語を発するようになった。本児の気持ちを読み取り、自分の気持ちが人に伝わる嬉しさを感じられるようにした。 ●食事面においては、自分で食べようという気持ちをもてるような援助や環境を見直したい。	●自分の気持ちを保育者に伝えようとする姿が見られる。本児の言葉やしぐさを受け止め、丁寧な受け答えを心がけ、喜びや安心感を得られるように関わることができた。言葉の獲得や、人との関わりを深めるようにしていきたい。

保育のヒント

うなずいて聞いたり、Aちゃんの言った言葉をくり返したりすることで、会話する喜びが感じられます。「Aちゃん、お話し上手ね」と時々認めましょう。

記入のコツ!!

「評価・反省」というと、まだできていないことに焦点を当てがちですが、うまくいったこと、できたこともたくさん書いて、保育の充実感を味わいましょう。

健：健やかに伸び伸びと育つ　人：身近な人と気持ちが通じ合う　物：身近なものと関わり感性が育つ　を表しています。

立案のポイント
排尿を自覚し、伝えられます。活動の節目にトイレに誘い、慣れるようにします。

立案のポイント
思いが通らずくやしい思いをしています。できる限り受け止め、満足させてやりたいものです。

2月 個人案

Cちゃん 1歳6か月（女児）	Dちゃん 1歳8か月（男児）
●全身のバランス感覚が育まれ、運動機能が増す。 ●オムツが濡れていることを保育者に伝えるようになる。	●盛んに保育者や友達に話しかける。 ●独占欲から、保育者や玩具を一人占めしたいという気持ちがあり、思い通りにならず、むしゃくしゃする。 ●「これ、○○ね」と食べ物の名前を言う。
●全身を使って遊ぶことを楽しむ。 ●トイレで排泄しようとする。	●自分から片言で話すことを楽しみ、自分の気持ちを伝えようとする。 ●落ち着いた雰囲気の中で、食事を楽しむ。
●登る、下りる、くぐる、跳ぶ、投げるなど、体を十分に使って遊ぶ。（も） ●保育者の誘いで便座に座り、トイレでの排尿に慣れる。（健）	●保育者の代弁によって、自分の気持ちを相手に伝える。（人） ●保育者や友達と食事することを喜び、味覚を味わう。（健）
●保育室の中に広い空間をつくり、様々な体の動きが楽しめるように遊具を組み合わせる。 ●「○○ちゃん、〜できたね」と子どものできた喜びに共感する。 ●トイレには無理のないように誘い、排泄できたときは「おしっこ出たね」と認め、満足感を味わえるようにする。	●友達とのやり取りにもつながるよう「○○ちゃん、〜だって」「△△ちゃんも、〜ね」など互いの言葉を代弁して伝える。 ●食事の際は、「○○だね、赤いね、酸っぱいね」と食材に興味がもてるように伝える。
●本児のできた喜びに共感することで自信が付き、様々な運動に興味が広がった。 ●排尿の間隔をつかむことで、タイミングが合えばトイレで排尿できるようになった。家庭と連携を図りながら、トレーニングを始めたい。	●自己主張に対しては、自我が芽生える大切な時期であることを保護者と共有し、じっくりと関わるようにした。 ●食べ物の名前や味を伝えると、興味をもって食べるようになった。好き嫌いが出始めたので、食べたくなる環境を設定したい。

保育のヒント
寒い時期ですが、友達と一緒に便座に座ることが楽しめるようにしましょう。好きなキャラクターの絵をはるのも一案です。成功体験が重ねられるよう、配慮します。

保育のヒント
わがままととらえられ厳しくしつけようとすると、子どもの心はつぶれてしまいます。保護者にもしっかり伝え、愛されることで満たされ、落ち着いていくことを示しましょう。

3月 個人案

立案のポイント
食べることに意欲的です。まだかわりばんこに食べることはできないので、援助が必要です。

立案のポイント
自分でしたいことが主張できます。それを尊重しつつ、さり気ない援助で達成感をもたせます。

●3月個人案　つくし組

	Aちゃん 1歳3か月（女児）	Bちゃん 1歳5か月（男）
前月末の子どもの姿	●一人で歩くことができるようになり、移動運動を楽しむ。 ●フォークに食べ物を刺したり、スプーンにごはんを盛ったりすると、口に運んで食べる。好きな食べ物のみを食べる。遊び食べが見られる。	●友達がトイレでおしっこをする姿に関心があり、自分もトイレへ行こうとする。 ●ズボンをはかせようとすると嫌がり、「自分で！」と言い、自分でしようとする。
ねらい	●自分で食事することを喜ぶ。 ●顔や手が汚れたらふいてもらったり、着脱を行ったりし、きれいになった心地よさを感じる。	●安心できる保育者の下、簡単な身の回りのことを自分でする喜びを味わう。
内容	●食具を使って食べようとする。健 ●顔や手をふいたり、衣服を着脱したりして、きれいになった心地よさを感じる。健	●安心できる保育者に尿意を伝え、保育者の見守りの中でトイレで排泄しようとする。健 ●自分でできた満足感を味わう。人
保育者の援助	●遊び食べには一対一で丁寧に関わる。フォークに食べ物を刺す感覚を手を添えて知らせ、自分で食べる喜びを味わえるようにする。 ●汚れた際は「気持ち悪かったね」と言葉にして不快感を知らせ、「気持ちいいね」ときれいになった心地よさを感じられるようにする。	●排尿の間隔を把握し、オムツが濡れていないときにはトイレに誘い、便器で排泄することを知らせる。 ●友達のまねをしたがるので、「○○ちゃんと一緒だね」と声をかけ、便器でおしっこが出たときには大いにほめ、その場で喜びを共感する。
評価・反省	●食事では遊び食べが見られたが、一対一で個別に関わることで、一人でフォークなどを使って食べようとし、また、様々な食材を嫌がらずに食べようとすることが多くなった。今後も無理なく進めていきたい。	●排尿の間隔が長くなり、午睡後に尿が出ていないことが増えたので、トイレへ誘うと成功することが多かった。また、友達をまねてスムーズに便座に座ることもできた。できたときには十分にほめ、自分でできる喜びを味わわせたい。

記入のコツ!!
「気持ちよい」と「気持ち悪い」を実感が伴っているときに、はっきりと伝えるのは大切な援助です。それを明記しておくことで、どの保育者も意識することができます。

保育のヒント
友達と同じを意識させながら、楽しくトイレに向かわせるのは効果的です。友達の名前もたくさん聞かせ、友達の名前を呼べるようになると更に関わりが増すでしょう。

健：健やかに伸び伸びと育つ　人：身近な人と気持ちが通じ合う　environment：身近なものと関わり感性が育つ　を表しています。

立案のポイント
身の回りのことを自分でという取り組みを、無理なく進めていくことが大切です。

立案のポイント
苦手な食べ物にも少しずつ慣れていけるように、気長に関わります。

Cちゃん 1歳7か月（女児）	Dちゃん 1歳9か月（男児）
●友達のまねをして、何でも「自分で」と言ってやってみようとする。 ●排尿の間隔が長くなり、1回の量が多くなる。	●「自分で」と、様々なことを自分でしたがるが、うまくいかず怒る。 ●苦手な食べ物があると、吐き出すなどして食べない。
●安心できる保育者との関わりの下、身の回りのことを自分でやってみようとする。	●身の回りのことを保育者と一緒にしようとする。 ●嫌いな食べ物も、少しずつ食べようとする。
●保育者の優しい言葉かけや援助で、身の回りのことを自分でしようとする。健	●保育者の援助を受けながら、衣服の着脱や食事を自分でしようとする。健 ●嫌いな物でも、保育者の励ましにより食べてみようとする。健
●自分でやろうとする姿を認め、うまくできないときにはさり気なく援助することで満足感を味わい、次回への意欲が高まるようにする。 ●保育者や友達と玩具の片付けをしたときは、「みんなで片付けたから、きれいになったね」と、きれいになった心地よさを感じられるようにする。	●自分でやってみようとする気持ちを大切にし、保育者は見守るようにする。また、自分でできたと思えるような援助を行い、自分でできた喜びを味わうことで次への意欲を育む。 ●少しでも苦手な物を食べられたときは大いにほめて認め、嬉しい気持ちを味わうことで次につながるようにする。
●思ったようにできないと、大きな声で泣き、怒っていた本児。うまくできないときには温かく受容し、さり気なく援助することで自信が付いた。次年度の担任に引き継ぐことで、継続的に取り組みたい。	●保育者の励ましで苦手な物も少しずつ口にできた。保育者がほめると他児も拍手し、食べようという気持ちを高められた。

保育のヒント
よいことがあると、周りの子どもたちが拍手してくれるというのは温かいクラスです。友達を認めたり励ましたりできる子どもに育てることが肝要です。

3月 個人案

記入のコツ!!
3月なので、次年度にはどのような取り組みが望まれるか、詳しく書いておくことが大切です。担当保育者が替わることを想定し、伝えるべきことを記しましょう。

4月 個人案

月齢・行動の違いによる子どもの文例

吐乳しがち 男児（6か月）

今月初めの子どもの姿
- 食事は1回食であるが、ミルクの吐乳がよく起こるので、ゆっくりと離乳食を進めている。
- 家では、母乳も飲んでいる。
- ミルクを飲むスピードが速く、ミルクを飲ませてもらう際は哺乳瓶に手を添えている。

ねらい
- 一定量のミルクを安心して飲む。
- 母乳やミルク以外の味に慣れる。

内容
- 保育者に抱っこされ、安心してミルクを飲む。健人

保育者の援助
- ミルクを飲んだ後は、うつ伏せの姿勢になって遊ばないように注意する。
- その日の家庭での様子や、体調、授乳量を必ず確認し、授乳時間や量を調節する。

評価・反省
- 吐乳した際は、その日の体調、時間などを詳しくメモし、吐乳する原因を探った。だが、あまりにも続くので、母親に相談し受診してもらった。その結果、胃の形がまだ整っていないこと、風邪をひいたときになりやすいと分かった。本児の体調により一層注意し、離乳食も少しずつ進めることを、家族と職員間で話し合った。
- 信頼関係ができている保育者が、優しく言葉をかけながら離乳食を食べさせることで安定するので、あせらずゆっくりと進めていきたい。

立案のポイント
ミルクを吐かないよう、飲んだ後にゲップを丁寧にさせ、うつ伏せにならないように注意する必要があります。

風邪をひきやすい 女児（10か月）

今月初めの子どもの姿
- 生まれつき気管支が弱く、風邪をひきやすい。衣服を着込み、定期的に薬を服用している。
- 眠りが浅い。
- 家では母乳が中心なので食べる量が少ない。

ねらい
- 健康管理に留意され、生活のリズムを整える。
- 様々な食材を食べることで栄養をとる。

内容
- 快適な環境の中で、安心して眠ったり食べたりする。健
- 外気に触れ、薄着で過ごす。健

保育者の援助
- 朝や夕方はまだ寒い日が続くが、日中は薄着で過ごすことで体を強くできるようにする。また、積極的に外気や風に触れる機会を設ける。
- 眠る際は静かな部屋に移動したり、よく食べる友達のそばで食事をすることで食べたくなるような食事の雰囲気をつくったりするなど、本児に応じた過ごしやすい環境を整え、健康的な生活リズムを整えることができるようにする。

評価・反省
- 保育園での生活リズムが整い、よく食べるようになった。健康的な生活リズムが整うことで、風邪をひいて欠席することも少なくなった。鼻水や咳などの症状が見られるので、本児の体調に応じた活動を設定していきたい。
- 保護者との連携を図り、本児の入眠の癖や、食事の方法を把握し、安定した生活を送るようにする。

立案のポイント
食べることが楽しくなるようにし、栄養をとることを大切にします。生活リズムが身に付くように心がけましょう。

健：健やかに伸び伸びと育つ 　人：身近な人と気持ちが通じ合う 　も：身近なものと関わり感性が育つ 　を表しています。

新入園児 男児（11か月）

今月初めの子どもの姿
- 母親と離れる際に泣くが、保育者が抱っこすると泣きやみ、保育者のひざに座って玩具で遊ぶ。
- 食べることが大好きで、泣きながらも間食や食事をとる。

ねらい
- 新しい環境に慣れ、安心して生活する。
- 安心できる保育者と一緒に遊ぶことを楽しむ。

内容
- 安心して、食べたり眠ったりする。健
- 保育者と一緒に好きな玩具で遊ぶ。人もの

保育者の援助
- 初めての保育園なので、母親と離れることへの不安に寄り添い、優しい声かけや笑顔で受け止めることで安心して保育園生活が送れるようにする。

評価・反省
- 最初は泣く姿が見られたが、好奇心旺盛で、様々な玩具を準備すると保育者から離れて遊び出すようになった。生活のリズムも徐々に整うが、離乳の進みが遅いので、保護者や調理師と連絡を取り進めていきたい。
- 園生活に慣れるまで、本児のリズムを大切にし、個別に食事をすることで、機嫌よく過ごせるようにした。また、「もぐもぐ、おいしいね」と言葉をかけながら、楽しい雰囲気の中で意欲的に食べられるようにする。
- 母親に不安感が残らないよう、「一日の生活の中でボールを使って遊びましたよ」と具体的に知らせて安心してもらうことで、少しずつ信頼関係ができたので、次月も大切にしていきたい。

立案のポイント
園の雰囲気に慣れるよう、特定の保育者が受け入れて、一対一の関わりを大切にします。

腹ばいで移動する 女児（12か月）

今月初めの子どもの姿
- 腹ばいでの移動が速くなり、跳ぶように進む。
- 目の上にある玩具に興味を示し、座位のまま手を伸ばして取ろうとする。
- 様々な玩具に興味を示し、腕や手先を活発に動かし、つまんだり、引っ張ったり、たたいたりして遊ぶ。

ねらい
- 安心できる環境の下、足腰を使いながら体を動かして遊ぶことを楽しむ。

内容
- 腹ばいやはいはいの姿勢を経験し、足腰を使った遊びをする。健もの

保育者の援助
- 腹ばいの姿勢を極度に嫌がったり、地面に足の裏がつくことを嫌がったりする姿が見られたら、遊びながらうつ伏せや腹ばいの姿勢を経験させ、はいはいの動きや立位の姿勢を促す。
- 興味のある玩具を立位の目線の高さに設置し、引っ張ることができるようにするなど、遊びを工夫する。
- バランスボールに保育者に支えられながらのるなど、楽しく遊びながら体のバランスを保つことができるような遊びを準備する。

評価・反省
- うつ伏せや腹ばいの姿勢は嫌がるが、保育者が体を起こして柵につかまらせると立つようになった。しかし、下半身の力が弱く、つかまり立ちをしても不安定である。1歳の誕生日を迎えたことをきっかけに、母親に医師の受診を勧めたい。

立案のポイント
腹ばいで動けるので、はいはいをする必要性を感じていないのかもしれません。全身運動を促しましょう。

4月 個人案文例

5月 個人案

月齢・行動の違いによる子どもの文例

アトピーの子　男児（3か月）

前月末の子どもの姿
- 眠いとき、オムツが汚れたとき、おなかがすいたときなど、生理的欲求が満たされないときに泣く。
- 眠くなると顔をこすったり、体をかいたりする。
- 授乳間隔は3～4時間だが、その時々によって飲む量が違う。

ねらい
- 皮膚を清潔に保たれ、皮膚疾患を防ぐ。
- 生理的欲求を満たしてもらい、快適に生活する。

内容
- こまめに着替えをさせてもらい、皮膚を清潔に保つ。健
- 安心してミルクを飲んだり眠ったりする。健

保育者の援助
- 「きれいにしようね」と優しく声をかけながら体をふき、衣服の着脱を行う。また、肌着と衣服を重ねておくことで、すばやく着脱ができるようにする。
- 泣いているときは、何の欲求なのかをすばやく判断し、満たすことができるようにする。まだ首がすわっていないので、抱くときは頭に手を添える。

評価・反省
- 本児のアトピーに対して、看護師とも連携を図り、体をふくことでかゆみは治まった。
- ミルクの量が一定ではなく、その時々によって飲む量が違う。睡眠時間もばらばらなので、何を求めているのか分からないこともあった。生活のリズムを整えることで、なぜ泣いているのかをすばやく判断して欲求を満たしたい。

立案のポイント　かゆくなることで不機嫌になりがちです。汗を丁寧にふき取り、皮膚を清潔に保ちましょう。

途中入園　女児（9か月）

前月末の子どもの姿
- 新しい環境になじめず、保育者に抱っこされるが泣き続けている。間食や食事は一切とろうとしない。保育者のおんぶで眠そうにするが、布団に移すとすぐに目覚めて泣き出す。

ねらい
- 安心して眠ったり、食事をとったりする。
- 保育者との信頼関係を深める。

内容
- 新しい環境や担任に慣れ、安心して遊ぶ。人
- 安心できる環境の中で食事をしたり、眠ったりする。健

保育者の援助
- 本児の様子に応じて、慣らし保育時間を設定し、無理のないように進める。
- 本児の癖や、好きな食べ物、食べさせ方などを把握して対応する。
- 特定の保育者が受け入れをしたり、関わるようにしたりして、しっかりとした信頼関係をつくることで、園での生活に慣れていけるようにする。

評価・反省
- 特定の保育者が関わることで、次第に泣かずに過ごせるようになった。一定時間眠ることはできないが、ラックで眠り、少しずつ食べられるようになった。引き続き、特定の保育者が対応して信頼関係を築くと共に、保育園での生活に慣れさせたい。
- 体調や天候のよいときには戸外へ出て、ベビーカーに乗ったり抱っこされたりして散歩を楽しむことが気分転換になるので、来月も引き続き散歩を楽しみたい。

立案のポイント　新しい環境に慣れるのには時間がかかりますが、特定の保育者と絆をつくり、安心できるように関わります。

離乳が進まない
男児（11か月）

前月末の子どもの姿
- 経験不足で食べられる食材は少ないが、食べることは大好きで、給食になると「まんま」と言い、喜んで食べている。
- そしゃく力が弱く、ほとんどかまずに飲み込んでいる。

ねらい
- 様々な食材や形状に慣れる。
- そしゃく力を高める。

内容
- 楽しい雰囲気の中で食事することを喜び、様々な食材を食べる。健
- よくかんで食べる。健

保育者の援助
- 保護者から離乳の進め方が分からないという相談を受けているので、月齢に応じた食材の紹介や、調理例を渡して、様々な食材を経験できるようにする。
- 食材を大きめに切ってもらい、保育者も「もぐもぐ」と口を動かして食べる姿を見せ、そしゃくを促す。

評価・反省
- 食べられる食材も増え、保育園での副食の種類も増えたことで、更に喜んで給食を食べるようになり、よかった。
- 少しずつではあるがそしゃく力も付いており、口をもぐもぐと動かしてかむようになった。軟らかい物は飲み込んでいるので、引き続き一対一でじっくりと関わり、そしゃくを促していきたい。

立案のポイント
かむことが難しいので、「もぐもぐ」を見せながら声をかけ、促すことが大切です。できたら、大いに認めましょう。

環境の変化が苦手
女児（12か月）

前月末の子どもの姿
- 昨年度からの継続児であるが、担任や保育室の雰囲気が変わったことで、泣いて登園したり、午睡後に泣いて起きたりする。
- 保育者のひざに座り、指を吸うことで情緒を安定させている。

ねらい
- 保育者との信頼関係を深める。
- 好きな玩具を見付け、保育者と一緒に遊ぶことを楽しむ。

内容
- 安心できる保育者の存在を見付ける。人
- 新しい環境に慣れる。健 も

保育者の援助
- 前年度の担任が受け入れをしたり、優しい声かけや笑顔で受け止めたりして、保育者との信頼関係を深め、新しい環境に慣れるようにする。

評価・反省
- 本児と一対一で過ごす時間を大切にして、関わることができた。少しずつではあるが、笑顔が見られるようになり、保育者に自分から関わりをもとうとするようになった。
- 昨年度の担任から本児の好きな遊びを聞き、本児が興味のもてるような玩具を多く準備することで、少しずつ笑顔が見られたので、来月も環境を工夫していく。
- つい立てなどを利用し、狭い空間をつくり、その中で保育者と一緒に好きな遊びをじっくりと楽しめるようにする。

立案のポイント
年度が変わった新しい環境に、まだなじめないでいます。前年度の担任が受け入れながら、徐々に慣れるようにします。

5月 個人案文例

6月 個人案

月齢・行動の違いによる子どもの文例

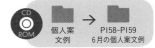
個人案文例 → P158-P159 6月の個人案文例

午睡の習慣がない 男児（10か月）

前月末の子どもの姿
- 午睡の習慣がないため、毎日不定時に眠たがる。また、十分な睡眠が取れていないため、情緒が不安定で泣くことが多い。
- 保育者のおんぶか、ラックで揺らすと眠りやすいが、30分で目覚める。

ねらい
- 安心して眠る。
- 生活のリズムを整える。

内容
- 安心できる環境の中で、一定時間眠る。健
- 睡眠のリズムを整える。健

保育者の援助
- 午睡の際に十分に眠ることができるよう、午前睡の時間を調節して早めに昼食の準備をし、午後からたっぷりと眠ることができるようにする。
- おんぶから布団に移す、眠りが浅くなるとラックで揺らすなど、本児が安心して眠れるような入眠の方法をつかんで対応する。

評価・反省
- 30分で眠りが浅くなり、目覚めやすくなることが分かった。また、揺れると寝やすいことが分かったので、ラックを使用すると1時間半～2時間は眠るようになった。睡眠が安定すると、情緒の安定も見られる。
- 機嫌のよい時間が増えたので、次月は本児の興味・関心に応じて遊びを準備し、様々な経験ができるようにしていきたい。

立案のポイント　午睡の習慣を付け、生活リズムを整える必要があります。午前中にはたっぷり全身運動ができるようにします。

卵アレルギーの子 女児（11か月）

前月末の子どもの姿
- 卵白を食べると、体中に発疹ができた。病院で受診した結果、卵アレルギーと診断される。
- 調理員と連携を図り、卵除去食を食べる。
- 友達とおやつが違うことに気付き、同じ物を食べたがる。

ねらい
- 卵除去食をおいしく食べる。
- 孤立することなく楽しく食べる。

内容
- 食事をすることを喜び、おいしく卵除去食を食べる。健
- 自分で食べようとする。健

保育者の援助
- アレルギーが出る食材を把握し、その他の食材をおいしく食べられるようにする。
- 誤って卵入りのものを食べないようにトレーに名札を付け、机付きの一人用の椅子を準備する。また、孤立せず他児の食べる姿が見えるように机を配置する。
- 同じおやつばかりにならないように、保護者と連絡を取り、卵抜きのおやつを豊富に準備する。

評価・反省
- 職員全員が本児の状態を把握し、共通理解を図ることで、誤飲誤食はなかった。本児も喜んで食事をしている。調理師、看護師とも連携を図り、おやつはお子様せんべいだけでなく様々な物を準備でき、栄養面についても考慮することができた。
- 引き続き、誤飲誤食がないよう細心の注意を払いながら、楽しく食事を進めていけるようにしたい。

立案のポイント　アレルギー源を完全除去し、誤って食べることがないよう注意を払います。だからといって孤立することのないよう配慮しましょう。

健：健やかに伸び伸びと育つ　人：身近な人と気持ちが通じ合う　物：身近なものと関わり感性が育つ　を表しています。

友達をかむ子
男児（1歳1か月）

前月末の子どもの姿
- 友達と目を合わせて笑い合い、同じ遊びを共有しようとするが、自分のほしい玩具が使えなかったり思い通りにならなかったりすると腹を立て、相手や近くにいる人をかもうとする。

ねらい
- 友達との関わり方を知る。
- 自分の気持ちを相手に伝える経験をする。

内容
- 友達との関わりを喜び、楽しんで遊ぶ。人
- 保育者の仲立ちにより、自分の不快な気持ちを相手に伝える。人

保育者の援助
- 手づくり玩具は複数準備し、取り合いにならないようにする。必ず保育者がその遊びを見守るようにすることで、かみつきを防ぐ。
- 「使いたかったんだよね」など、本児の気持ちを相手に伝えることで、むしゃくしゃした気持ちが落ち着くようにする。

評価・反省
- 本児のかみつくタイミングが分かるようになり、未然に防ぐことができた。本児もしてはいけないことを理解し始めているが、気持ちは抑えることができない。引き続き友達との関わり方を知らせていきたい。
- 「○○ちゃんと一緒だね」「△△ちゃんといるね」と、友達の姿に目を向けられるような言葉をかけ、友達との関わりに喜びを感じられるようにすることを今後も大切にしていく。

立案のポイント　友達にけがをさせないよう未然に防ぐと共に、かみつきたくなった気持ちを代弁し共感します。

途中入園で情緒が不安定
女児（1歳1か月）

前月末の子どもの姿
- 登園時は、保育者と関わりながら遊びを楽しむが、新入園児の泣き声を聞いたり、保育者が他の子を抱っこしているのを見たりすると、本児も泣いて抱っこを求める。

ねらい
- 情緒が安定する。
- 安心できる環境の下、好きな玩具を見付けて遊ぶことを楽しむ。

内容
- 保育者との一対一の関わりにより、情緒を安定させる。人
- 好きな玩具を見付けて、保育者と一緒に遊ぶ。人 もの

保育者の援助
- 職員間で連携を図り、本児と十分に関わる。涙が止まったらすぐに離れるのではなく、好きな遊びを見付けられるようにする。
- 保育者と一対一で楽しい時間を共有し、信頼関係を深めたり気持ちの安定を図ったりする。

評価・反省
- 保育者が少しでも離れると泣きだす。保育者との信頼関係は深まったが、不安な気持ちや依存的な欲求が強い。引き続き、一対一の関わりを大切にしていきたい。
- 「ここにいるよ」と安心できる言葉をかけたり、甘えたい気持ちを受け止めて抱っこしたりし、わらべうた遊びや手遊びなどを楽しめるようにしたい。

立案のポイント　安心して過ごせるよう、いつも温かな視線を向け続ける必要があります。一対一の関わりが重要です。

7月 個人案

月齢・行動の違いによる子どもの文例

オムツかぶれで泣く 男児（6か月）

前月末の子どもの姿
- オムツかぶれがひどく、おしりふきでふくと痛がって泣く。
- 敏感肌のため、オムツかぶれにより肌が荒れ、オムツ交換を嫌がる。

ねらい
- こまめにオムツの交換を行い、清潔を保つ。
- オムツかぶれが改善し、気持ちよい生活をする。

内容
- 保育者の優しい言葉かけにより、安心してオムツ交換をしてもらう。健

保育者の援助
- こまめにオムツ交換を行う。「きれいにしようね」「さっぱりしたね」と優しく語りかけ、きれいにする心地よさを感じられるようにする。
- 必要に応じて沐浴を行い、常に体が清潔に保たれるようにする。沐浴の際は、優しく足から流し、少しずつ体に温水がかかるようにする。
- 一対一での関わりを大切にしながら、交換後は子どもの両手首を支え、子どもには保育者の親指を握らせ、自分で起き上がろうという力を引き出すなど、身体的な発達を促しながら援助していく。

評価・反省
- 意識的にオムツの確認を行い、オムツが汚れた際はすぐにオムツ交換を行った。また、必要に応じて沐浴を行い体を清潔に保つことで、かぶれなくなった。保護者にも園での様子を伝え、体を清潔に保つ大切さを知ってもらうことができた。

立案のポイント
オムツかぶれは痛いので、泣いて当然です。清潔に保つように、そして痛みが少しでもなくなるよう、丁寧に対応します。

足元が不安定 女児（1歳1か月）

前月末の子どもの姿
- 足元が不安定で、何もないところで転倒する。
- 好奇心旺盛であり、園庭に出ると様々な遊具で遊びたがり、高いところにも自分で登っていく。

ねらい
- いろいろな道を歩く。
- 足腰を使った遊びを楽しむ。
- 体を動かして遊ぶことを楽しむ。

内容
- 傾斜のある道を歩く。健
- 保育者と追いかけっこを楽しむ。人
- 保育者や友達と一緒に体を動かして遊ぶ。健人

保育者の援助
- 園庭に出た際は、本児に保育者が一人付き、けがをしないように安全に十分気を付ける。
- 傾斜のある道など、いろいろな道を歩くことで足腰を鍛えられるようにする。
- 追いかけ遊びなどを通して歩いたり走ったりすることを楽しめるようにするが、その際、周囲の環境に十分配慮する。

評価・反省
- 足腰を鍛えて歩くことに慣れるよう、様々な活動を楽しく行ったが、まだ転倒が多い。けがを未然に防ぐため職員間で連携を図り、本児の安全を見守ることができた。バランス感覚の悪さも影響しているので、バランスを保てるような遊びも提供していきたい。
- ボールを使った遊びなどを取り入れ、安定感や筋肉の成長・発達を促していく。

立案のポイント
けがに注意しながらも、足腰が強くなるよう運動的な遊びに誘いましょう。坂道の上り下りも経験させましょう。

健：健やかに伸び伸びと育つ　人：身近な人と気持ちが通じ合う　も：身近なものと関わり感性が育つ　を表しています。

遊び食べをする 男児（1歳2か月）

前月末の子どもの姿
- 最初の2～3口は喜んで食べるが、おなかが膨れると口に入れた食べ物を吐き出したり、汁物の中に手を入れたりする。
- 「しないよ」とコップを取り上げると、反り返って怒る。

ねらい
- 楽しい雰囲気の中で、おいしく食事をとる。
- おいしく食事をした満足感を味わう。

内容
- おなかがすいた状態で食事をとる。健
- 食べ物で遊ばないことを知る。健

保育者の援助
- 日中の活動内容を見直し、体を動かして遊ぶことで空腹の状態をつくり、おいしく食事をとれるようにする。
- 遊び食べが見られたら、食事を下げる。

評価・反省
- 家庭でも遊び食べが見られるとのこと。「だめよ」と声をかけると怒るが、そのつどしてはいけないことを伝えると、次第に本児の遊び食べもおさまり、よく食べるようになった。
- 遊び食べは成長過程の一つと考え、ゆったりとした気持ちで食事に興味がもてるように、「あーん」「○○だよ」などと、言葉や保育者の食べる姿を示しながら伝えていく。手づかみしやすいような食材の大きさを考慮し、自分で食べたという満足感も味わえるようにしていく。

立案のポイント　食べ物で遊び始めたら、おなかがいっぱいになったサインです。「ごちそうさま」をして下げましょう。

自我が出てきている 女児（1歳2か月）

前月末の子どもの姿
- 保育者の促しに対し、「自分で」「いやいや」と反発し、怒って泣く。一度機嫌を損ねると、気持ちを立て直すのに時間がかかる。
- 思い通りにいかないと、反り返って怒り、友達に八つ当たりする。

ねらい
- 自分の気持ちを受け止めてもらう喜びを味わう。
- 身近な言葉を理解し、大人とのやり取りを楽しむ。

内容
- 自己主張を優しく受け止めてもらいながら、自分の思いを伝えようとする。健人
- 簡単な一語文を話す。人

保育者の援助
- 「～したかったのかな？」「～だったのかな？」と気持ちを代弁し、本児の気持ちにしっかりと向き合って落ち着けるようにする。
- 自分でやろうとする姿を見守り、できないところはさり気なく援助する。
- 一緒に遊びの中で「○○いたね」「楽しいね」「嬉しいね」と言葉にして伝えていく。

評価・反省
- 自己主張は見られたが、本児の気持ちにしっかりと向き合うことで、次第に自分でも気持ちを立て直そうとするようになった。
- してはいけないことを注意されると怒るが、はっきりと伝える方法を保護者とも話し合った。

立案のポイント　「いや」が出るのは、健全な発達の証拠です。「分かったよ」と受け止め、共感しながら関わりましょう。

8月 個人案
月齢・行動の違いによる子どもの文例

途中入園　男児（11か月）

前月末の子どもの姿
- 母親との別れは大泣きし、お迎えの時間まで泣き続けていることもある。
- 何をしても気が紛れず、泣き続ける。抱っこよりもおんぶを好み、おんぶのまま眠るが、すぐに目覚める。
- つかまり立ち、つたい歩きをする。

ねらい
- 新しい環境や保育者に慣れる。
- 情緒の安定を図り、泣かずに生活する。

内容
- 保育者の優しい受容により、保育園や保育者に慣れる。人
- 特定の安心できる保育者を見付け、安心して過ごす。人

保育者の援助
- 特定の保育者が受け入れをして関わるようにし、安心できる保育者の存在を見付けることで、徐々に遊んだり眠ったり食事をしたりという生活が送れるようにする。
- 本児の様子に応じて、保育時間を延ばしていく。
- つかまった目の先に玩具をつるしたり、手押し車などを準備したり、身の回りの環境を整えて、寄り添いながら一緒に楽しむ。

評価・反省
- 安心できる保育者の存在を見付けたことで、次第にどの保育者でも泣かずに抱かれるようになった。また、保護者にも協力してもらい、お迎えの時間を早めにすることで、無理なく保育園になじんでいくことができた。次月からは保育園での生活リズムを整えていきたい。

立案のポイント
慣れるまでには時間がかかります。特定の保育者が安心の基地となるよう、丁寧に関わりましょう。

自分で食べない　女児（1歳1か月）

前月末の子どもの姿
- そしゃく力はあり、食べることも大好きだが、口を開けて待ち、自分で食べようとしない。
- ストローマグは自分で持って飲むことができる。
- 離乳食の進みが遅い。

ねらい
- 楽しい雰囲気の中、自分で食事する喜びを味わう。
- 様々な味や調理方法に慣れ、喜んで食べる。

内容
- 手づかみやフォークを使って自分で食べようとする。健

保育者の援助
- 調理師と連携を図り、手に持ちやすい食材の切り方にし、スティック状のおやつを準備する。
- 本児の手に食べ物を持たせて「パックン」と声をかけ、それを保育者が手を添えて口に運び、自分で食べる喜びを感じられるようにする。
- 保護者とこまめに連絡を取り合い、家庭での様子を聞いたり、月齢に応じた食べ物を一覧表にして渡したりして、園だけではなく家庭とも常に連携を図りながら食事を進めていくことができるようにする。

評価・反省
- 本児の様子を家庭にも伝えたところ、「食べさせてあげていた」とのこと。保育園での様子を伝え、家庭でも汚れを気にせず食べられる環境を整え、手づかみで食べることから始めてもらった。おやつであれば手に持って食べるようになった。また、後期食の調理例を渡し、食材を増やすように話し合うこともできた。

立案のポイント
家ではいつも食べさせてもらっているのでしょう。手に持たせて「パックン」と声をかけ、できたらほめていきます。

水遊びを嫌がる 男児（1歳3か月）

前月末の子どもの姿
- 裸になりテラスに行くと、慣れない場所なので、泣いて保育者にしがみつく。
- 本児の目の前で「じゃー」と言いながら水をすくって流すと、抱っこされながらも水に手を伸ばすが、水が手にかかると再び泣きだす。

ねらい
- 保育者と一緒に水の感触を楽しむ。
- 水遊びの環境に慣れる。

内容
- 楽しい雰囲気の中、保育者と一緒に水に触れ、感触を楽しむ。人 もの

保育者の援助
- 本児の様子に応じて水遊びに誘い、嫌がるときは無理強いしないようにする。また、ぬるま湯をたらいに入れて刺激を少なくし、玩具を準備する。
- 他児と時間をずらし、少人数の中で落ち着いてゆったりと遊べる環境を工夫する。

評価・反省
- 少しずつ水の感触を楽しめるようになり、自分でたらいの中の玩具を手に取って遊ぶなど、積極的に遊ぶようになった。環境の変化や、その場の雰囲気が本児の情緒に大きく関係することが分かった。新しいことには時間をかけてゆっくりと慣れていく、本児のペースをこれからも大切にしたい。
- 保育室以外の場所にも遊びに行き、様々な人や物への興味・関心を広めていきたい。

立案のポイント　保育者と一緒ならば、少しずつ水と関わって遊べるでしょう。友達の様子を見せながら、少しずつ場になじめるようにします。

まだ歩かない 女児（1歳4か月）

前月末の子どもの姿
- 歩けないことに対して母親も気にしている。病院で受診したところ、異常はなかった。
- はいはいから、つかまり立ちはできるが、そこから足が前進しない。ひざを曲げて自分で座ることができないので、立つことに疲れると泣いて保育者に伝える。

ねらい
- 安心できる環境の下、歩行に向けた運動を楽しむ。
- 保育者の関わりの中で、泣いたり笑ったり自分の気持ちを表現しようとする。

内容
- 楽しい雰囲気の中で、足腰を使った遊びや運動をする。健 もの

保育者の援助
- 立った目線の位置に玩具をつるし、つかまり立ちがしやすいつかまり台、手押し車を準備する。また、跳び箱の踏み切り台などの傾斜に立つことで、足に力を入れて立てるようにする。
- 子どもの思いを優しく受け止め、言葉にすること、優しくなでてあげること、笑顔を返すことで、安心して自分の思いを表現できる環境づくりを工夫していく。

評価・反省
- 立つことで視界が広がり、喜びを感じ始めている。また、ひざを屈伸させてしゃがむ動作もできるようになった。歩くことにプレッシャーを感じさせないよう、これからも楽しい雰囲気の中で足腰を鍛え、歩行を促したい。

立案のポイント　ひざを曲げる筋肉が、まだ弱いことが分かります。立ったり座ったり、下肢を十分に動かす遊びに誘いましょう。

8月 個人案文例

9月 個人案

月齢・行動の違いによる子どもの文例

人見知りが始まった　男児（11か月）

前月末の子どもの姿
- 知らない人や、見慣れない保護者が保育室に入ってくると大泣きをする。
- 特定の保育者の後追いをし、自分から身近な人にはいはいで関わりをもとうと近づいていく。

ねらい
- 保育者との信頼関係を深め、情緒が安定する。
- 様々な人への関心を広める。

内容
- 保育者との触れ合いを喜び、安心して遊ぶ。人
- 保育者と一緒に、好きな玩具を使って遊ぶ。人 もの

保育者の援助
- 自ら保育者に関わろうとする気持ちを大切にし、受け入れることで情緒の安定を図る。人の出入りが多くなる時間帯は、本児のそばを離れないようにする。
- なるべく一定の保育者が関わるようにし、本児が好きな物、興味のある物を通して援助し、人との関係に安心感を抱くようにする。
- 人見知りは発達の一つとしてとらえ、笑顔で受け入れを行い、母親が預ける際に不安にならず、安心して預けられるようにする。

評価・反省
- 大切な時期であることを理解し、丁寧に本児と関わることができた。「大丈夫だよ」という優しい声かけと、保育者の抱っこにより安心できたようだ。人見知りがおさまるまでは丁寧に対応し、保育者との情緒的な絆も深まるようにしたい。

立案のポイント

人見知りは、健全な発達の証です。「○○ちゃんのパパだね」と、保育者が安心した様子でゆったり構えている姿を見せます。

水分補給のお茶が苦手　女児（12か月）

前月末の子どもの姿
- 汗をかきやすく、気温が高くなると多量の汗をかく。
- 汁物は好きなので、給食の汁などは飲むが、お茶の入ったコップを口に近づけると顔をそむけて嫌がる。
- 水分補給ができないので、気温が上がるにつれて体温も上昇する。

ねらい
- 適切な水分補給を行い、夏の疲れを癒す。
- お茶での水分補給ができるようになる。

内容
- 快適な室温の中で、体温調節を行いながら生活する。健
- 自分からお茶を飲む。健

保育者の援助
- 衣服の調節を行い、気温が高いときはエアコンを使用するなどして、体温調節に配慮する。
- マグカップを使用したり、お茶の温度を変えたりするなど、様々な方法を試し、お茶を飲むことができるようにする。また、家庭での様子を保護者に尋ねる。
- こまめな水分補給を心がけ、戸外から戻ってきた際や気温が高い日には、おやつや給食時以外にも、十分に水分補給ができるようにする。

評価・反省
- 保護者に聞いたところ、家庭ではよくお茶を飲む、とのこと。コップではなくマグカップを使用すると、自分で持ってストローで飲むことができた。水分補給をすることで、体温を一定に保てるようになった。少しずつコップに移行していきたい。

立案のポイント

家庭で飲んでいるお茶とは味が異なるのかもしれません。湯ざましでもよいので、水分がとれるよう工夫しましょう。

断乳で情緒が不安定
男児（1歳3か月）

前月末の子どもの姿
- 断乳の影響で情緒が不安定になり、ちょっとしたことで泣き、イライラが窺える。保育者への甘えも強くなり、他児を抱いていると怒るなど、独占欲も出ている。

ねらい
- 甘えたい気持ちを十分に受容し、情緒の安定を図る。
- 牛乳の味に慣れる。

内容
- 本児の気持ちに寄り添い、愛着行動や甘えを受け止めることで、落ち着いて生活する。人
- おいしく牛乳を飲むことができる。健

保育者の援助
- 家庭での様子を聞き、保育園での様子をこまかく伝える。
- イライラにより友達をたたくこともあるので、十分に目を向け、本児の気持ちに共感する。
- 甘えを見せたときは受容して優しく抱き、触れ合い遊びなどを通してスキンシップを楽しむことで、安心できるようにする。
- 午前・午後のおやつのうち、どちらかを牛乳に切り替えるなど、少しずつ牛乳への移行を進めていく。味や匂いになかなか慣れず、吐き出してしまうことなども予想されるので、無理強いせずに時間をかけて牛乳の味に慣れていけるようにする。

評価・反省
- 本児に丁寧に関わることで少しずつ落ち着いて過ごせるようになり、イライラもおさまってきた。食事も通常どおり食べられるので、牛乳への移行を進めたい。

立案のポイント
寂しさを感じているので、十分に愛情をかけて甘えを受け止める必要があります。家庭にもスキンシップをお願いしましょう。

生活リズムが乱れがち
女児（1歳5か月）

前月末の子どもの姿
- イライラし、遊びに熱中できず泣いてばかりいる。情緒が不安定で、日中によくあくびをして眠そうにする。少しだけ午前睡の時間を設けるが、目覚めも悪く泣き続ける。
- 家庭で夜に寝る時間が遅いことが連絡帳から分かる。
- 午睡では眠りが浅く、30分程で目覚める。

ねらい
- 保育園と家庭での生活が連続したものとなるように生活リズムを整える。
- 保育者との関わりの中で安心して過ごす。

内容
- 適切な睡眠時間を確保し、安心して過ごす。健
- 保育園で安心して眠る。健

保育者の援助
- 保護者と家庭での生活について話す機会を設け、睡眠時間は成長や情緒の安定に大きく関係することを伝え、早めに寝かせてもらうようにお願いする。
- 本児が安心して眠れる環境を整える。
- 午睡中に目覚めた際は、そばに寄り添い、添い寝をしたり、優しくトントンしたりして安心して入眠できるようにする。

評価・反省
- 母親に話すと理解され、早めに寝るよう努力してもらえた。たっぷりと眠った日は、保育園でも安定しており、一定の時間に午睡に入ることもできた。そのことを母親にも伝えた。保育園でも眠りやすい環境づくりをし、本児の生活のリズムを大切にしたい。

立案のポイント
大人に付き合わされ夜遅くまで起きているのでしょう。家庭に園での様子を伝え、一緒に生活リズムをつくることが大切です。

9月 個人案文例

10月 個人案

月齢・行動の違いによる子どもの文例

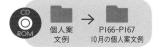

表情が少ない 男児（7か月）

前月末の子どもの姿
- 笑うことが少なく、保育者を求めることもない。
- 指を吸い、腹ばいになって友達の様子を見ている。

ねらい
- 安心できる保育者と、スキンシップを通して関わることを喜び、信頼関係を深める。
- 自分の気持ちを様々な方法で表現する。

内容
- 保育者と触れ合い遊びを楽しむ。
- 自分の欲求を様々な方法で保育者に知らせ、応答してもらうことを喜ぶ。

保育者の援助
- 起きている間はできるだけ言葉をかけ、手や肌のスキンシップを通して触れ合い遊びを楽しみ、人との関わりに喜びを抱けるようにする。
- 「寂しかったね」「楽しいね」「大好きよ」など、気持ちを言葉にして本児に伝える。
- 日常生活で子どもの興味のある場面や関わりを見付け、数多く話しかける。また、喃語に丁寧に関わることで、言葉を発することの喜びや楽しさを味わえるようにしていく。

評価・反省
- 触れ合い遊びをすると、声を出して笑うようになった。
- 自分の欲求を通すために、満たされるまで大声で泣き続けるなど、本児の自己表現も見られるようになった。今後も意識的に働きかけ、人への関心を広められるようにしたい。

立案のポイント　くすぐり遊びなど、笑顔の保育者とスキンシップを図りながら、楽しく遊べるようにします。

友達に興味がある 女児（12か月）

前月末の子どもの姿
- 友達に興味をもち、自分から近づいていく。友達の顔（特に目）を触りたがり、友達の顔に手を伸ばしたり、たたいたりする。
- 人形を指差し「めめ」と言って目を指差す。
- 興味のある物を「あっあっ」と言って指差し、保育者に知らせる。

ねらい
- 友達との関わり方を知る。
- 遊びを通して、目や鼻、口を知る。

内容
- 遊びの中で友達との関わり方を知る。
- 保育者と手遊びを楽しみながら、口や鼻、目などを知る。

保育者の援助
- 友達が気になるという本児の気持ちを受容し、「○○ちゃんだね」「めめだね。はなだね」など言葉をかけながら、けがのないように見守ったり間に入ったりする。
- 指差しに込められた気持ちをくみ取り、言葉を添えて共感し、思いが伝わる喜びが感じられるようにする。

評価・反省
- 本児が友達の顔に手を伸ばした際、他児に指をかまれるということも起こったので、今後も注意して様子を見ていく必要がある。自分の顔を指差し「めめ（目）」「はなー（鼻）」と言う姿も見られる。
- 顔以外にも身の回りの物に大きな関心を抱き始めているので、「○○だね」「○○ちゃんだね」と物や友達の名前を言葉にして伝えていきたい。

立案のポイント　相手がけがをしないように十分注意しながら、指を近づけても触らないように見守ります。

友達をたたいてしまう
男児（1歳4か月）

前月末の子どもの姿
- 自分の遊びの中に他児が近づいたり、入って来たりすると、すぐにたたいたりかんだりしようとする。一方で、友達の様子が気になり一緒に遊ぶ姿もある。

ねらい
- 遊びの中で、友達と一緒にいることを楽しむ。
- 保育者の仲立ちで、自分の気持ちを相手に伝える。

内容
- 保育者の仲立ちにより友達と遊びを楽しむ中で、友達との関わり方を知る。人
- 保育者の代弁により、自分の気持ちが相手に伝わる経験をする。人

保育者の援助
- 本児が熱中して遊んでいる場合は、その姿をそっと見守り、他児が行かないようにする。
- 本児の使っている玩具を他児が持っていった場合は、「今ね、○○ちゃんが使ってたんだよね」と本児の気持ちを言葉にして相手に伝える。
- 全身を使った活動、戸外活動、感触遊び、一人遊びといった活動で思いきり発散し、満足することで気持ちの安定につなげていく。
- 個々の遊びが重なり合わないよう、広いスペースを設け、仕切りを準備する。

評価・反省
- 保育者が仲立ちとなり、楽しく友達と遊ぶ姿もあるが、ちょっとしたことで相手をたたくことが増えた。してはいけないことをくり返し伝え、本児の気持ちを代弁し、友達との仲立ちをしていきたい。

立案のポイント
悪気があるわけではないので、「なでなでね」と優しく触れることを伝えます。嫌な気持ちを抱えている場合は共感して代弁しましょう。

机に上るのが好き
女児（1歳6か月）

前月末の子どもの姿
- 机の上や高い場所に上りたがる。「だめよ。おんりよ」と声をかけると、その言葉を理解して、すぐに下りる。
- 自分で階段の上り下りができる。

ねらい
- 様々な運動用具を使って遊ぶことを楽しむ。
- 友達や保育者と一緒に、体を動かして遊ぶことを楽しむ。

内容
- 上る、下りるなどの運動機能を使った遊びをする。健 も
- 室内や屋外で歩行をする。健 も

保育者の援助
- してはいけないことは、しっかりと注意するという対応を職員間で統一する。
- 上る、下りるといった運動機能を使って遊べるような環境を設定し、楽しく運動機能を伸ばしていく。
- 階段など段差のあるところでの、上り下りを楽しむことができる活動を設定する。その中で、転倒の危険性もあるので、子どもの横に付き、危険が起こった際にはすぐに手が出せるようにし、安全で楽しく活動していけるように配慮していく。

評価・反省
- 巧技台やマットを準備すると、喜んで上ることを楽しんでおり、保育者と手をつなぐとジャンプするようなしぐさを見せながら下りられるようになった。遊びの場にしてはいけない場所の区別ができるようくり返し伝え、体を動かして遊べる活動を多く設定したい。

立案のポイント
上りたい気持ちを満足させられるよう、巧技台などを用意します。してよい場といけない場所を知らせます。

10月 個人案文例

11月 個人案

月齢・行動の違いによる子どもの文例

オムツ交換を嫌がる 男児（1歳1か月）

前月末の子どもの姿
- 歩行ができるので、オムツ交換は立ってする。排便の際は、あお向けで交換するが、あお向けになることを全身で拒んで嫌がる。
- オムツが濡れると、オムツをポンポンとたたく。

ねらい
- 清潔にする心地よさを感じる。
- 身の回りが清潔に保たれて、気持ちよく生活することができるようにする。

内容
- 優しい声かけにより、オムツを交換してもらい、きれいになった心地よさを感じる。

保育者の援助
- 「気持ち悪かったね」「きれいにしようね」と優しく言葉をかけ、清潔にする心地よさが感じられるようにする。
- オムツ交換台の天井にモビールを取り付けるなど、環境を工夫する。
- オムツ交換することを理解して、自らオムツ交換の場所に来ることができた子どもの姿を十分にほめる。
- オムツ交換の際には玩具を持たせて興味を引き、すばやく取り替えるようにする。

評価・反省
- 本児はあお向けになることで、便がつぶれて気持ち悪いという感覚が分かるので、手早く済ませるように努めた。
- 手早く終わるようにオムツ交換をしようとすると、言葉かけが少なくなってしまうので、意識して言葉をかけていきたい。

立案のポイント　パンツタイプのオムツを使用し、立ったまま脱がせるようにし、ふき取りはその後、あお向けで行うとよいでしょう。

喘息がある 女児（1歳4か月）

前月末の子どもの姿
- 生まれつき喘息の持病があり、一度咳が出始めるとなかなか止まらない。定期的に病院に通っており、自宅で薬の服用や吸入を行っている。

ねらい
- 適切な環境の中で、友達と一緒に様々な活動を楽しむ。
- 薄着で過ごす。

内容
- 清潔で適度な湿度の保育室の中で、健康に過ごす。
- 薄着で過ごすことで体を強くする。

保育者の援助
- 定期的に掃除を行い、清潔な環境を整える。
- 保育者は喘息についての知識を豊富にし、看護師とも連携を図り、喘息の症状が出た際に適切な対応を取れるようにする。
- 気温や活動に応じて、保育室の温度や湿度をこまめに確認し、過ごしやすい保育室をつくる。天気のよい日は戸外に出かけ、外気浴を楽しむ。
- 厚着をしている場合は、その日の天候に応じて衣服を調節する。

評価・反省
- 喘息は気温の変化や、気圧の変化によって起こりやすいので、本児の体調にはより一層気を配った。
- 体を動かし気分が高揚すると咳が出やすくなるが、様々な活動を阻止せず、友達と楽しむことを大切にした。喘息の症状は見られなかったが、今後も気を付けていきたい。

立案のポイント　空気が乾燥すると出やすくなるので、加湿機を早めに準備します。運動的な遊びは急激にせず、体を慣らしていきましょう。

濃い味が好き
男児（1歳5か月）

前月末の子どもの姿
- 味の好みが出て、味の濃い食べ物をほしがる。自分で食事をするが、おかずを先に食べるのでごはんが残る。
- 苦手な食べ物を勧められると、首を横に振り顔をそむける。

ねらい
- 落ち着いた雰囲気の中でおいしく食事をすることを楽しむ。
- スプーンやフォークを使って、自分で食事することを喜ぶ。

内容
- 保育者の援助の下、順番に食材を食べる。健
- 楽しい雰囲気の中で、友達と一緒に食事をする。健 人

保育者の援助
- おかず、ごはん、汁物と順番に食べられるように援助し、ごはんが最後に残らないようにする。また、保育者も「おいしいね」と言葉をかけ、おいしそうに食事する姿を示す。
- 「〇〇ちゃんと一緒に大きな口が開けられるかな」などと声をかけ、いろいろな物をおいしく食べられるようにする。
- さり気なく手を添え、スプーンにごはんを盛り、自分で食べたという満足感が味わえるようにする。

評価・反省
- 副食を好んで食べ、ごはんを口に運ぶと顔をそむける。保護者に尋ねたところ、家庭ではふりかけで食べているとのこと。家庭での食べ方を少しずつ改善してもらうようにお願いし、保育園でも引き続き援助する。

立案のポイント
家庭での味付けが大きく影響しているので、連携を図りながら対処します。薄味に慣れるようにします。

母子分離で泣いてしまう
女児（1歳7か月）

前月末の子どもの姿
- 母親と離れる際は、泣いてなかなか離れることができない。母親が帰った後も保育者の抱っこを嫌がり、入口に向かって泣いている。

ねらい
- 新しい環境に慣れ、安心して生活する。
- 園での生活リズムができ、安心して遊ぶ。

内容
- 安心できる保育者の存在を見付ける。人

保育者の援助
- 特定の保育者が受け入れをし、泣いている本児に「大丈夫だよ」と優しく声をかけて抱くことで、安心できるようにする。
- 保護者から本児の好きな遊びを聞き、その遊びを準備しておく。
- 保護者と離れる際に泣いてしまうことを保育者間で理解し、笑顔で受け入れをすることで、保護者が安心して預けられるようにする。
- 保護者と相談し、ゆっくりと保育時間を延ばすことができるようにする。新しい場所に慣れ、緊張感がほぐれて安心していられるように丁寧に関わる。

評価・反省
- 泣きたい気持ちを受容し、本児の姿を温かく見守った。特定の保育者の後追いをしたり、手を広げて抱っこを求めたりする姿も見られるようになった。そんな本児からの自発的な関わりを大切に受け止めた。

立案のポイント
母親との絆ができている証拠なので、温かく受け止めます。特定の保育者が園での基地になれるよう、一対一で関わります。

11月 個人案文例

12月 個人案

月齢・行動の違いによる子どもの文例

体調を崩しがち 男児（11か月）

前月末の子どもの姿
- 最初は玩具で遊ぶが、母親がいなくなったことに気付くと大泣きする。熱や咳のため欠席することが多く、なかなか保育園になじめない。

ねらい
- 保育園の生活に慣れる。
- 体調を崩すことなく、快適に生活する。

内容
- 本児の状態に応じて慣らし保育を設定し、新しい環境に慣れる。健
- 好きな遊びを見付ける。もの

保育者の援助
- 体調を崩して休むことが多く、なかなか保育園の生活に慣れない。保護者と相談して早めに迎えに来てもらうなど、本児の状態に応じて無理せずに新しい環境に慣れるようにする。
- 本児の好きな遊びや、時には一人でゆったりとできる環境を準備し、保育園が楽しい場となるようにする。

評価・反省
- 欠席することが多く、長時間の保育が難しかった。保護者の協力もあり、早めに迎えに来てもらった。好きな遊びも見付かり、「遊びたい！」という本児の気持ちも感じられるようになった。
- 次月も一対一の関わりを大切にしていきたい。安心できる保育者との信頼関係を深め、一緒に遊びを楽しみながら、次第に慣れていけるようにする。
- 友達にも興味を示しているので、今後も友達との仲介をしながら一緒に過ごす楽しさを味わえるようにする。

立案のポイント
園が楽しいところだと感じられるように、特定の保育者が関わって知らせていきましょう。好きな玩具を用意します。

落ち着きがない 女児（1歳2か月）

前月末の子どもの姿
- 常に動き回っており、扇風機を見てくるくると回ったり、食事の際はすぐに立ち上がったりする。
- 保育者がじっくりと関わると、長時間絵本を見たり玩具で落ち着いて遊んだりできる。また、ポットン落としなどの遊びを好む。

ねらい
- 落ち着いて生活する。
- 好きな遊びをじっくりと楽しむ。

内容
- 落ち着いた環境の中で、座って食事をする。健
- 保育者と関わりながら、好きな遊びを満足するまで楽しむ。人 もの

保育者の援助
- 本児の行動すべてを阻止しないようにする。食事の際は、椅子にクッションを挟むなどして体を固定できるようにし、バランスよく机に向かえる環境をつくる。
- ボールを穴の中に落とすなどの本児の好きな単純な遊びを、たくさん準備する。

評価・反省
- 本児の好きな遊びをたくさん準備し、遊びたくなる環境を設定することで、本児も落ち着いて遊べるようになった。また、食事も以前より長い間座れるようになり、その姿をほめることで本児も喜び、我慢する気持ちが芽生えてきた。
- 子どもの気持ちを読み取り「○○したいのね」「○○だね」と共感しながら言葉にかえて返し、関わっていく。

立案のポイント
落ち着ける環境では、じっくり遊べることが分かります。興味のあるものを提示し、じっくり取り組む楽しさを実感させましょう。

健：健やかに伸び伸びと育つ 人：身近な人と気持ちが通じ合う もの：身近なものと関わり感性が育つ を表しています。

独占欲が強い 男児（1歳5か月）

前月末の子どもの姿
- 自分で好きな玩具を見付けて遊び出すこともあるが、保育者が他児を抱っこするとその遊びをやめ、保育者のひざから他児を押しのけて座ろうとする。
- 特定の保育者に関わろうとするこだわりが見られる。
- 指先の機能が発達し、ごはん粒などの小さな物もつまむことができる。

ねらい
- 気持ちを受け止めてもらい安心して過ごす。
- 様々な物への関心を広める。

内容
- 安心できる保育者と一緒に遊ぶ。人
- 様々な玩具の中から、好きな玩具を見付けて遊ぶ。もの

保育者の援助
- 甘えたいという本児の気持ちを受容し、その甘えを受け止める。愛されているという実感を得ることで、情緒を安定させ、好きな玩具で遊ぶことを楽しめるようにする。
- 信頼できる保育者との信頼関係を土台に、いつも一緒にいる友達と過ごすことで、楽しさや興味をもてるようにする。子ども自身が見渡しやすい人数の中で、活動していくことを大切にする。

評価・反省
- 本児との一対一の関わりを大切にすることで、次第に本児の表情も柔らかくなり、情緒の安定が見られた。
- 好奇心旺盛で何事にも大きな興味・関心を抱いている。その関心を伸ばすよう今の時期を大切に関わっていきたい。

立案のポイント　保育者と絆ができていることが窺えます。「○○ちゃんが大好きよ」と抱っこだけでなく、愛情が感じられるよう言葉をかけましょう。

何でも自分でやりたがる 女児（1歳8か月）

前月末の子どもの姿
- 衣服を着ること、食べること、何事においても「自分で」と保育者の援助を振り払う。だが、うまくいかないことが多く、腹を立てて泣いて怒る。気持ちが落ち着くまでに時間がかかる。

ねらい
- 保育者の仲立ちにより、自分の気持ちを相手に伝える。
- 自分でできる喜びを味わう。

内容
- 自己主張を優しく受け止めてもらいながら、自分の気持ちを様々な方法で相手に伝えようとする。人
- 保育者の援助の下、身の回りのことを自分でしようとする。健 もの

保育者の援助
- 「自分で」という本児の気持ちを大切にし、自分でしようとする姿を見守る。その際、自分でできたと思えるような援助を行い、できた際には大いにほめて認め、自信がもてるようにする。
- うまくできずに悔しいときは、じっくりとその気持ちに寄り添い、抱っこするなどスキンシップを通して落ち着くようにする。

評価・反省
- 「自分で」という気持ちを受け止め、じっくりと本児に関わることを保育者間で話し合った。一方で、してはいけないことに対しては「だめよ」としっかりと伝えるように対応し、保護者とも話し合った。家庭でも、できたことをほめるように協力してもらう。

立案のポイント　自分でやりたい気持ちの芽生えを嬉しく受け止め、少しの援助で達成感が味わえるようにします。

12月 個人案文例

1月 個人案
月齢・行動の違いによる子どもの文例

玩具を投げてしまう　男児（1歳3か月）

前月末の子どもの姿
- 歩き始めで、歩くことが楽しい本児。バランスを取るために手に玩具を持って歩く姿が見られるが、その玩具を投げてしまう。
- ボールが大好きで、両手で投げる。

ねらい
- ボール遊びを楽しむ。
- 身体活動を十分に楽しむ。

内容
- ボールを投げることを十分に行う。もの
- 保育者とのボールのやり取りや、物を仲介とした触れ合いをする。人 もの

保育者の援助
- 投げる、という本児の発達を生かして遊ぶことができるよう、ボールを準備する。様々な大きさのボールを準備し、投げること、入れること、ボールのやり取りなど、様々な遊びを楽しめるようにする。
- ボール遊びをする際は、成長過程が同じ友達を誘い、広々とした場所でボールを追いかけたり、投げたり、思いきり遊べる場所を確保する。その際、投げやすい大きさの玩具は片付けておく。

評価・反省
- ボールと玩具の区別がつかず投げてしまうが、その時々の様子に応じて玩具を準備し、危険を防いだ。方向を決めてボールを投げることもでき、保育者とのボールのやり取りも楽しむことができた。本児の理解度に応じて、玩具を投げないことを伝えたい。

立案のポイント
投げるのを禁止するのではなく、投げてもよい遊具を用意します。ゴム製、スポンジ製など、いろいろ準備します。

外国籍の新入園児　女児（1歳4か月）

前月末の子どもの姿
- 慣れない環境で食事や水分をとることができず泣いて過ごすが、特定の安心できる保育者の存在を見付け、少しずつ食べられるようになった。
- 眠る際や情緒が不安定なときは、保育者のひじを触る。

ねらい
- スキンシップや触れ合い遊びを通して、保育者とのコミュニケーションを図る。
- 言葉が通じなくても安心して過ごす。

内容
- スキンシップや触れ合い遊びを通して保育者との信頼関係を深める。人
- 安心して食べたり眠ったりする。健

保育者の援助
- 母親から、「静かな場所を好む」と聞いたので、保育室を区切り、落ち着いた場所で保育者とゆったり遊ぶ。
- 母親に本児が安心できる言葉がけなどを聞き、泣いたらその言葉をかけ、少しでも気持ちが和らぐようにする。
- 本児がひじを触るときは何かを伝えようとする表れであることを理解し、気持ちを読み取って優しく欲求を満たせるようにする。

評価・反省
- 言葉が理解できないことにとらわれず、他児と同じように抱っこしたり、優しく語りかけたり、対応を職員間で話し合った。言葉が理解できない不安を取り除き、本児が安心して過ごせる環境設定を心がけた。

立案のポイント
言葉は通じなくても、笑顔は共通。特定の保育者の温かい関わりで、安心できる人だと認めてもらえるようにします。

健：健やかに伸び伸びと育つ　人：身近な人と気持ちが通じ合う　もの：身近なものと関わり感性が育つ　を表しています。

友達をかんでしまう 男児（1歳6か月）

前月末の子どもの姿
● 友達と一緒に過ごす楽しさが分かり、自ら友達に関わろうとし、追いかけっこや、笑い合うことを楽しむ。一方で、自分の使っている玩具を他児が触ったり、目の前に他児の手がきたりすると、すぐにかみつこうとする。

ねらい
● 保育者の仲介で、友達と一緒にいる楽しさを味わう。
● 自分の思いを伝えることを知る。

内容
● 友達と楽しく遊ぶ中で、かみつかないで思いを伝える。人

保育者の援助
● 本児の行動を予測し、かみつきを未然に防ぐ。「ちょうだいだね」「どいてだね」などと保育者が言葉を代弁しながら、本児の思いを相手に伝える。また、かみついた際は、してはいけないことだと知らせる。

評価・反省
● 本児の行動を予測し、集団の中では必ず保育者がそばについたり、種類が少ない玩具を使う際は順番に使えるように仲立ちしたりすることで、かみつきはほぼ未然に防ぐことができた。してはいけないことだと分かっていてもかみついてしまうので、くり返し伝えていきたい。
● 休日に母親が出勤の際は祖母の家で過ごすことが増えた。その寂しさが、かみつきの原因の一つであるかもしれないことを職員間で話し合い、本児とゆったり過ごす時間を大切にすることを保護者に伝えた。

立案のポイント　友達にけがをさせないよう、注意深く見守り、かまなくても思いは伝えられることをそのつど知らせます。

情緒不安定になった 女児（1歳8か月）

前月末の子どもの姿
● 母親の勤務時間が延び、朝は早朝保育に、お迎えは祖母になったことで、保育者に甘える姿がよく見られる。常に保育者に抱っこを求め、食べさせてもらうことを求める。
● 保護者と離れる際は、大泣きをし、その後は特定の保育者の後を追う。

ねらい
● 保育者に不安な気持ちや甘えを受容してもらい、安心して過ごす。
● 安心できる保育者と快適に生活する。

内容
● 安心できる保育者に、甘えを受け止めてもらう。人
● 満足するまで食べて、眠る。健

保育者の援助
● 家庭での本児の様子を聞き、本児の甘えを受容する。食事の際も、本児の要求に応じて食べさせ、気持ちが落ち着くまで待つ。
● 向かい合ってひざの上にのせ、歌いながら上下に軽く揺する動きをリズミカルにくり返し、触れ合いで安心感を抱けるようにするなど、スキンシップを図りながら本児と関わる。

評価・反省
● 本児との一対一の関わりを大切にすることで、次第に本児の表情も柔らかくなり情緒の安定が見られた。
● 好奇心旺盛で何事にも興味や関心を抱いている。その関心を伸ばしていくように、今の時期を大切に関わっていきたい。

立案のポイント　母親と一緒の時間が減ったことで不安定になっています。十分に甘えを受け止める必要があります。

2月 個人案
月齢・行動の違いによる子どもの文例

保育室以外の場を嫌がる　男児（1歳2か月）

前月末の子どもの姿
- 新しい場所へ行くと落ち着かず、保育者に抱っこを求める。また、大きな音や、年上の子が大勢いる遊戯室に行くと、泣いて嫌がる。

ねらい
- 保育者の仲立ちにより、異年齢児のいる場所などで遊ぶことを楽しむ。
- 快適に生活できる場で安定する。

内容
- 安定した保育者との関わりの中で、異年齢児と触れ合う。
- 様々な物に興味・関心をもつ。

保育者の援助
- 常に保育者に見守られている安心を感じられるように丁寧に関わり、様々な保育室で気に入った玩具を見付け、異年齢児に興味をもてるようにする。その際、あまりにも泣くようであれば保育室に戻るなど、本児の状態に合わせて無理なく過ごせるようにする。
- 3歳以上児の行う朝の体操などに積極的に参加し、体を動かすことを楽しめるようにする。

評価・反省
- 初めての場所では、保育者が抱っこし、興味のある物を見たり、それで遊んだりすることで泣かずに過ごせるようになった。
- 人が大勢いる場所や、大きい音がする場所はまだ慣れずに泣くので、無理せずに落ち着いて過ごせる場所で遊ぶようにしたい。本児の姿を大切に、あわてず、ゆっくりと慣れさせていきたい。

立案のポイント
大勢の人がいる雰囲気には恐怖を感じるのでしょう。保育者がそばに付き、安心させる必要があります。

玩具を一人占め　女児（1歳5か月）

前月末の子どもの姿
- 玩具を一人占めし、他児が来ると「だめよ」と言って玩具を手で守る。他児が取ろうとすると、かんだりたたいたりする。
- お気に入りの玩具を持って場所を移動し、一人で遊ぶ。

ねらい
- 友達と一緒に遊ぶ楽しさを味わう。
- 身近な人と親しみ、信頼感をもつ。

内容
- 保育者の仲介の下、友達と追いかけっこをしたり同じ玩具を持って遊んだりする。

保育者の援助
- 追いかけっこやかくれんぼ遊びなど、玩具を使わずに友達と遊ぶ経験ができるように仲介し、友達と遊ぶ楽しさを感じられるようにする。また、貸すことができた際は大いにほめる。
- 友達の玩具が気になり、手を伸ばしてトラブルになることもあるので、同じ玩具をたくさん準備しておく。
- 個々の遊びが重なり合わないように、広いスペースを確保し、仕切りを設ける。

評価・反省
- 保育者がいなくても友達と追いかけっこをし、笑い合う姿も見られるようになった。友達という存在が身近になり、玩具も「1個だけ」と他児に貸せるようになった。ほめられることに喜びを感じているので、今後も大いに認めていきたい。また、友達と一緒に遊ぶ機会を多く設けたい。

立案のポイント
「貸して」と頼み、貸してくれたら「ありがとう」「優しいね」とたくさんほめ、譲れることはよいことだと伝えます。

よくかまずに食べる
男児（1歳7か月）

前月末の子どもの姿
- よくかまずに飲み込むため、おなかが一杯にならず、おかわりをほしがる。「もうおしまいね」と言うと、皿やコップを投げて怒る。

ねらい
- 楽しい雰囲気の中で、よくかんで食べる。
- ゆったりとした保育室で、ゆったりと食事をする。

内容
- 様々な食材をよくかんで食べる。健
- 楽しい雰囲気の中で、満足して食事を終える。健

保育者の援助
- 食べる際に、口の奥側に食べ物を入れて食べる癖があるので、手前側に入れることでかむことができるようにする。
- あらかじめ少量のごはんをよそい、おかわりすることで満足感を得られるようにする。
- 保育者も一緒に食事を行い、口を動かす姿を示し、まねすることができるようにする。また、口の中の物がなくなったら次の食べ物を口の中に入れるように、手を添えて援助する。

評価・反省
- 保育者も本児と一緒に「もぐもぐ」と口を動かして食事をし、様々な方法でそしゃくを促したので、以前よりはそしゃく力が付いた。食材を大きめに切ってもらうなど、調理師とも連携を図り、来月も引き続き工夫していきたい。

立案のポイント
「もぐもぐ」と声をかけ、かむことを意識させることが大切です。「上手にかめたね」とほめながら、かむ習慣を付けていきます。

友達が気になる
女児（1歳9か月）

前月末の子どもの姿
- 泣いている友達の頭をなで、友達に優しく接することができる一方、人の世話をしてあげたくて、自分のことよりも友達の様子が気になり、衣服の着脱や遊びが途中で止まる。

ねらい
- 身の回りのことを自分でする喜びを味わう。
- 自分の思いが相手に伝わる喜びを味わう。

内容
- 保育者や友達と一緒に、身の回りのことを自分でしようとする。健
- 様々な方法で自分の気持ちを相手に伝える。人

保育者の援助
- 「○○ちゃんも一緒だね」「一緒にズボン、よいしょしてみようか」などと友達の姿に目を向けながら、本児が自分の身の回りのことをしたくなる言葉がけや援助を行う。また、「優しいね」と本児の優しさを認めることで、満足感を味わえるようにする。
- 本児の言葉を代弁して他児に伝え、自分の気持ちが相手に伝わる喜びを感じられるようにする。

評価・反省
- 他児に対する関わりを温かく見守りながら、本児が自分のこともしたくなるような言葉かけや関わりを工夫した。できた際には大いにほめることで、自分でできる喜びを感じていた。「自分で、自分で」という自己主張が見られるので、本児の優しい性格を大切にしながら、丁寧に対応したい。保護者にも本児の成長を伝え、共に喜びを味わっていきたい。

立案のポイント
友達に興味をもち世話をしたいというのは素晴らしい育ちです。自分のことでも達成感を味わえるよう、認める言葉をかけましょう。

2月 個人案文例

3月 個人案

月齢・行動の違いによる子どもの文例

体が弱くすぐ熱を出す　男児（10か月）

前月末の子どもの姿
- 家では毎日薬を服用しているが、常に鼻汁が出ている。また、発熱することが多く、欠席も多い。登園した日は元気で、はいはいで探索活動を楽しむ。

ねらい
- ゆったりとした雰囲気の中で健康に生活する。
- 生活リズムを整える。

内容
- 薄着で過ごす。健
- 十分な睡眠を取る。健

保育者の援助
- 母親からは「鼻がつまり、熟睡できないことが多い」とのこと。保育園では日中眠そうなので、午前睡の時間を確保するなどし、睡眠時間を整える。
- 室温、湿度をこまめに見直し、薄着で過ごして健康な体づくりをする。
- 体を動かして遊ぶ機会を多く設け、丈夫な体づくりをする。また、晴れている日は戸外に出る機会を設け、外気浴を楽しむことができるようにする。

評価・反省
- 本児の健康状態に応じて、室内遊びや戸外遊びの活動において個別に配慮し、午前睡の時間も確保することができた。
- 薄着にして発熱することもあったので、気温だけでなく、常に本児の健康状態を把握して衣服の調節を行わなければいけないことを強く感じた。調節しやすいベストなどの衣服の着用を勧めた。

立案のポイント　運動的な遊びに誘い、呼吸量を増やせるようにします。たくさん体を動かすと、深く眠れるようにもなるでしょう。

着脱の援助を嫌がる　女児（1歳1か月）

前月末の子どもの姿
- 衣服の着脱の際は援助を嫌がり、自分でしようとするが思い通りにいかず、泣いて怒る。
- 「いやいや」という否定する言葉を盛んに使う。
- 嬉しいときは拍手をしたり、自分で自分の頭をなでたりする。

ねらい
- 自分でできる喜びを味わう。

内容
- 自分で衣服を着てみようとする気持ちが芽生えるようにする。健

保育者の援助
- ズボンなどをはきやすいように、高さ10cm程の台を準備する。また、自分でやろうとする気持ちの芽生えを大切にし、「ズボンのトンネル通るかな」などと楽しくなるような言葉をかける。
- できてもできなくても自分で取り組もうとする姿を十分に認め、ほめて自信や意欲へとつなげていく。
- 「いやだったね」と、本児の不快な気持ちに共感しながら、優しい笑顔で援助する。

評価・反省
- 自分でしたい、という気持ちを受け止めながら関わることができた。まだ、一人で着脱することは難しいが、ゆったりと本児の姿を見守るようにした。保育者の言葉かけを喜び、自分から援助を求めてくるようになったので、自分でできるような援助をし、できたことを大いに認めていきたい。

立案のポイント　自分で着ようとする気持ちが育っています。着る過程を実況中継してほめながら、達成感が味わえるように導きます。

まだ一語文がない 男児（1歳3か月）

前月末の子どもの姿
- 身振り、手振り、表情での表現は盛んに見られるが、一語文が出ない。気になる物を指差して「ん、ん」「あっあっ」などと言って、保育者に知らせようとする。

ねらい
- 指差しや喃語と共に発語する。
- 絵本や手遊びを楽しむ。

内容
- 保育者に応答してもらうことを喜ぶ。人
- 手遊びをしたり、絵本を読んでもらったりすることを喜ぶ。人 もの

保育者の援助
- 優しく丁寧に応答し、言葉を発する楽しさや、気持ちを言葉で伝えられるようにする。
- 絵本を読む中で本児の指差しに答え、「ブーブー、どこかな一？」などと発語を誘うような応答的な関わりをし、絵本を見ることを楽しめるようにする。
- 母親からは言葉が出ないことに神経質になっている様子が窺える。指差しや喃語などで自分の気持ちを伝えようとする本児の姿にゆったりと寄り添い、表情豊かに話しかけ、触れ合うことを伝える。

評価・反省
- 本児のペースを大切にし、本児なりの表現を受け止めることを保育者間で話し合った。
- 絵本を見た際は盛んに「あっあっ」と指を差し、お話を静かに聞いたり見たりすることを楽しんでいた。
- 母親に話したことで本児のありのままの成長を受け止めてもらい、ゆったり関わってもらうことができた。

立案のポイント　絵本を見ながら「ブーブー」「ワンワン」など、まねっこを促します。保育者が子どものまねをして言うことも有効です。

自己主張が強い 女児（1歳9か月）

前月末の子どもの姿
- 思い通りにいかないことがあると、その場で反り返り大声で泣く。気持ちが落ち着くまでに、時間がかかる。最初は保育者の抱っこを拒むが、しばらくすると自ら保育者に抱っこを求める。

ねらい
- 自己主張を優しく受け止められ、自分の気持ちを相手に伝えようとする。
- 身近な人に信頼感をもつ。

内容
- 身振り手振りや、言葉を使って自分の気持ちを伝えようとする。人

保育者の援助
- 子どもの要求をすべて受け入れるのではなく、いけないことはしっかりと伝えていく。一方で、本児とのスキンシップを図り、「大好きだよ」ということを伝えることで、自己肯定感を高めることができるようにする。
- 正しい言葉を添えて応答する。
- 「どっちにする？」「どっちがいい？」などと選択肢を与え、自分で選ぶことで、気持ちの転換や立ち直りのきっかけをつくる。

評価・反省
- 本児の自己主張への対応について保護者とも話し合い、一貫した対応をとることができた。まだ、気持ちをコントロールできず暴れてしまうこともあるが、本児が保育者を求めてきたときは優しく抱っこして受け止めることで、気持ちの切り替えができるようになった。

立案のポイント　楽しい遊びを用意し、本児がじっくり遊べるようにします。満足感や充実感を味わう生活をすることが重要です。

こんなときどうする？ 個人案 Q&A

Q 個人面談などで、個人案を保護者に見せてもよいものでしょうか？

A 原則として、見せません

個人案に書いた内容を、口答で伝えることは問題ありません。子どもはどんな発達の状況なのか、何を心がけて保育しているのかを知らせることは大切です。けれども、保護者に見せると、「コピーさせてほしい」、「うちは見せてもらっていない」など、保護者からの要望が噴出してしまうでしょう。

Q よく食べよく遊び、すべてが良好な子どもほど、個人案が書きにくくて困ります。どんな点を見ていけばよいのでしょうか？

A 更によい経験を積み重ねられるように

悪いところを直すことが、保育の本質ではありません。すべてが良好なのは、園の保育が適切だという証拠です。ありのままの姿と、更に経験させたいことを加えながら、「喜んで～することを積み重ねる」という方針で書きましょう。

Q 排泄や食事などは、一つの「ねらい」に近づくため毎月同じになりますが、よいのでしょうか？

A 成長に応じて、変わるはず

子どもは日々成長していますから、その発達に応じた「ねらい」をステップアップしていきたいものです。「食具を使って食べる」だけで毎月同じにせず、今月は「楽しく会話しながら食べる」など、らせん状に「ねらい」を設定すると、保育者も子どももリラックスできるでしょう。

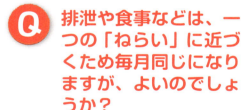

第5章

週案・日案の立て方

週ごとに作成する「週案」と、一日単位の「日案」は、最も書く頻度の高い行事などを中心に紹介しています。

0歳児の週案

おさえたいポイント

一週間のスパンで育ちをとらえる

週案は、各月の指導計画を基に更に具体化して、一週間分の計画を立てたものです。毎週書いている園は少ないかもしれませんが必要に応じて書けるようにしておきましょう。

最近の子どもの姿
前週の子どもの育ちの姿や問題のある姿をありのまま書きます。

今週のねらい
前週の姿を踏まえ、どのような子どもの姿を願って今週の保育をするのかを書きます。

評価・反省
一週間の保育を振り返り、「ねらい」に近づけたか、次週に配慮することは何かを書きます。

5月週案 第2週 つくし組

😊 最近の子どもの姿
- 笑う、泣く、全身を使って表現するなどの方法で、自分の欲求を保育者に伝える。
- 毎日の睡眠時間が一定でなくばらばらで、目覚めの際には泣いて起きる。
- 身近な人やほしい物に興味を示し、自ら近づいていく。
- 目の前や目の上の物に手を伸ばしたり、手押し車を押したりして歩く。

◆ 今週のねらい
- 連休の疲れを癒しながら、生活のリズムを整える。
- 様々な用具や玩具を使い、体を動かして遊ぶことを楽しむ。

🏷 評価・反省
連休明けは、朝の時間に眠くなり、午睡の習慣がなくなる姿が見られた。週初めは、個々のリズムを大切にし、少しずつ保育園での生活リズムを整えることができた。欲求が満たされることで、情緒の安定にもつながり、好きな玩具で遊ぶことを楽しんだ。保育者が一緒になって遊ぶと、子どもも安心してはいはいをする、立つなど、様々な方法で遊ぶことを楽しんでいた。活発に遊ぶことで、転倒も増えたので、注意していきたい。

	★ 内容	🏠 環境構成	😊 予想される子どもの姿	💺 保育者の援助
養護・教育 健やかに伸び伸びと育つ	●生活のリズムを整える。●楽しい雰囲気の中で食事をし、様々な食材や形状に慣れる。	●保育園での生活を記入するためのボードを準備し、連絡帳と照らし合わせてもらえるようにする。●シートを敷き、こぼれてもよい環境をつくる。●「もぐもぐ」と口を動かし、一緒に食事をする保育者の姿を示す。	●眠いのに眠れずに泣く。●睡眠時間がずれ、給食の途中で寝てしまう。●保育者の口元をまね、もぐもぐと口を動かす。●自ら食べ物に手を伸ばし、自分で食べたがる。●歩行が安定せず、転んで泣く。	●保育者も一緒に食事をすることで、食べたくなるような環境を設定し、「もぐもぐだね、おいしいね」と声をかけることで、そしゃくを促す。また、保護者や調理師と連携を図り、離乳を進める。●個々によっておやつの量を調節し、友達と一緒においしく給食を食べられるようにする。また、週の後半になるにつれて、午前睡を短くしたり、通常の時間に午睡に入れるようにしたりして、個々のリズムを保育園の生活に合わせて整える。
身近な人と気持ちが通じ合う	●自分のしてほしいこと、甘えたい欲求を安心して保育者に伝える。	●優しい笑顔で受け入れをする保育者の姿や、自分の欲求を満たしてくれると感じられるような、温かい雰囲気をつくる。●子どもたちに背を向けないよう、保育者の立ち位置に気を付け、安全な環境を設定する。●保育者も転がったり、はいはいしたり、一緒に楽しく遊ぶ姿を示す。	●保護者と離れる際に、大泣きをする。●保育者の抱っこを嫌がる。●特定の保育者に甘え、抱っこを求める。	●お母さんと離れて寂しい気持ちや久しぶりの保育園に緊張する気持ちを理解し、子どもの甘えや欲求を優しく受容し、ゆったりと満たす。
身近なものと関わり感性が育つ	●立つ、はいはいをする、上る、下りる、歩く、転がるなど、体を使った遊びを楽しむ。	●転倒しても危険がないような、運動用具や玩具を準備する（マット、ウレタン積み木など）。	●保育者と手をつないで、マットでつくった傾斜を上り下りする。●保育者の姿をまねてマットを転がる。●保育者と一緒にはいはいをしたり、手をつないで傾斜を歩いたりして遊ぶ。	●「よいしょ」とかけ声をかけたり、「コロコロ」と言いながら転がったりして、楽しい雰囲気をつくる。

内容
「ねらい」を達成するために、どのような経験をさせたいのか、子どもを主語にして書きます。活動よりも充実感や達成感を重視します。

環境構成
「内容」を経験させるために、どのような環境を用意するかを、詳しく書きます。

予想される子どもの姿
用意した環境の中で、子どもはどのように反応したり遊び始めたりするかを予想します。

保育者の援助
保育者がどのような援助をすることで「内容」が経験されるのかを書きます。

0歳児の日案

おさえたいポイント

一日の流れと援助の仕方を明確に

日案は、時間に沿って生活の流れを記入します。そして内容を達成するための環境構成と、保育者の援助を具体的に記入します。デイリープログラムとして作成される場合もあります。

最近の子どもの姿
ここ数日の子どもの様子や興味・関心をとらえ、「本日のねらいと内容」に関連することを記入します。

本日のねらいと内容
その日の「ねらい」と、それに対応した「内容」を関連させて書きます。その日、子どもたちに経験させたいことを明確にする必要があります。

評価・反省
その日の保育を振り返り、「ねらい」に近づいた子どもの姿や、今後への課題を記します。

日案　8月1日　つくし組

最近の子どもの姿
- 水遊びの環境に慣れずに泣くが、保育者がそばにいることで、水に手を伸ばして触ろうとする。
- じょうろで水を流すと、手を伸ばして水をつかもうとする。

本日のねらいと内容
- <ねらい> 保育者や友達と一緒に、水遊びや沐浴を楽しむ。
- <内　容> 水に触れ、感触や心地よさを感じる。また、水を手ですくったり、水の中の玩具をつかんだりするなど、指先を使って遊ぶ。

評価・反省
- 座って楽しみたい子、立って楽しみたい子、顔に水がかかっても平気な子、泣いてしまう子など、様々な姿が見られた。個々の様子に応じて、たらいを準備し、それぞれの遊びができるように職員間で連携を図ることができた。

時刻	予想される子どもの生活（活動）	環境構成	保育者の援助
7:00〜 8:30 9:15 9:40	随時登園 早番保育より引き継ぎ、自由遊び オムツ交換、片付け おやつ		●「お水パシャパシャして遊ぼうね」と、子どもに活動の内容を伝え、言葉をかけながら着脱を行う。
10:15	着替え（水遊びの準備） ・洋服を脱がせてもらう。 ・水遊び用のオムツにはき替える。	●子どもたちの着脱を手伝う保育者、水遊びの準備をする保育者に分かれ、保育者間で連携を図る。 ●水遊び後の沐浴、シャワーの際に、タオルや衣服を取り出しやすいように個別に準備しておく。 ●たらいを用意する。	●保育者は、子どもに背を向けないように配慮し、たらいへの出入りの際は滑らないように必ず保育者が支えたり、手を添えたりして、転倒を防ぐ。
10:20	水遊び ・水の感触を楽しむ。 ・手でパシャパシャと水をたたくことを楽しむ。 ・手づくりしたじょうろやスポンジなどの玩具を使って遊ぶ。	●水遊び用のじょうろやスポンジなど、玩具を用意する。 ●一緒に玩具で遊んだり、保育者も玩具で遊ぶ姿を示したりして、自ら触ってみたくなるような雰囲気をつくる。	●一人15分を目安とし、個々の様子に応じて時間を短縮したり、ゆったりと遊べるように時間を延ばしたりする。 ●保育者も楽しそうに水に触れ、「冷たいね」「気持ちいいね」と言葉を添えて子どもたちに伝え、水の心地よさを感じられるようにしていく。 ●水の感触を楽しみながら、友達への興味ももてるようにする。
10:35	シャワー ・体をふく。 ・衣服を着る。	●シャワーの際は、必ず保育者もシャワーの温度を体感してから始める。 ●水遊び、シャワー後はクーラーを消し、窓を開けて、自然の風を取り入れる。	●子どもの遊びを見る保育者、室内に残る保育者に分かれ、声をかけ合いながら、シャワー、沐浴、着脱を行う。 ●「気持ちよかったね」「楽しかったね」などと子どもたちとのスキンシップを大切にしながら気持ちよく着脱できるようにする。
10:50 11:10 11:50	オムツ交換、手洗い、水分補給 給食 午睡 ・目覚めた子から着替え、オムツ交換をする。	●水分補給ができるように、一人一人に応じてコップ、マグ、哺乳瓶などを分かりやすいように準備しておく。	●給食の際は、暑さに伴い食欲が減退するので、食べる量を加減する。また、水分補給の際もお茶の量を調節し、おいしく食事ができるようにする。
15:00〜 16:30	おやつ 随時降園		

水遊び場の設定
- テントを張り直射日光をさける
- 保育者の位置
- タオル
- ビニール製の袋（汚れ物入れ袋）
- きれいな衣服
- オムツ
- R子

手づくりじょうろ スポンジのつくり方
- ペットボトルに穴をあけて作った手づくり玩具
- 持ち手を付け、持ちやすいようにする
- 市販のスポンジをつかみやすそうな形に切る

予想される子どもの生活（活動）
時間に沿って、戸外遊び・室内遊びの予想される生活や、食事や午睡などの流れを書きます。

環境構成
予想される生活で、「内容」を経験するために、どのような環境を準備するかを書きます。

保育者の援助
その日、保育者が特に心がけた援助を選んで書きます。

5月 週案 連休後

5月週案 第2週 つくし組

週案 → P182-P183 5月の週案

😊 最近の子どもの姿

- 笑う、泣く、全身を使って表現するなどの方法で、自分の欲求を保育者に伝える。
- 毎日の睡眠時間が一定でなくばらばらで、目覚めの際には泣いて起きる。
- 身近な人やほしい物に興味を示し、自ら近づいていく。
- 目の前や目の上の物に手を伸ばしたり、手押し車を押したりして歩く。

★ 内容

養護・教育		
健やかに伸び伸びと育つ	●生活のリズムを整える。 ●楽しい雰囲気の中で食事をし、様々な食材や形状に慣れる。	
身近な人と気持ちが通じ合う	●自分のしてほしいこと、甘えたい欲求を安心して保育者に伝える。	
身近なものと関わり感性が育つ	●立つ、はいはいをする、上る、下りる、歩く、転がるなど、体を使った遊びを楽しむ。	

5月の連休後の週案 ここがポイント！

生活リズムを立て直すことから始めましょう

それぞれの家庭で日中を過ごした子どもたちは、大人の生活に付き合わされ、せっかく園で身に付いた食事や睡眠のリズムが乱れている場合が多いでしょう。それは自然なことなので目くじらを立てず、一人一人の状況に応じて、安心できる生活の中で再びリズムを整えていきましょう。また、疲れの出る子もいるので、ゆったりとくつろげる空間を大事にしていきます。

記入のコツ!!

身の回りの物に興味をもち、自分から関わろうとする姿が具体的に伝わる記述です。目に浮かぶように子どもの姿を書くことがコツだと言えるでしょう。

◆ 今週のねらい

- 連休の疲れを癒しながら、生活のリズムを整える。
- 様々な用具や玩具を使い、体を動かして遊ぶことを楽しむ。

評価・反省

- 連休明けは、朝の時間に眠くなり、午睡の習慣がなくなる姿が見られた。週初めは、個々のリズムを大切にし、少しずつ保育園での生活リズムを整えることができた。欲求が満たされることで、情緒の安定にもつながり、好きな玩具で遊ぶことを楽しんだ。保育者が一緒になって遊ぶと、子どもも安心してはいはいをする、立つなど、様々な方法で遊ぶことを楽しんでいた。活発に遊ぶことで、転倒も増えたので、注意していきたい。

環境構成	予想される子どもの姿	保育者の援助
●保育園での生活を記入するためのボードを準備し、連絡帳と照らし合わせてもらえるようにする。 ●シートを敷き、こぼれてもよい環境をつくる。 ●「もぐもぐ」と口を動かし、一緒に食事をする保育者の姿を示す。	●眠いのに眠れずに泣く。 ●睡眠時間がずれ、給食の途中で寝てしまう。 ●保育者の口元をまね、もぐもぐと口を動かす。 ●自ら食べ物に手を伸ばし、自分で食べたがる。 ●歩行が安定せず、転んで泣く。	●保育者も一緒に食事をすることで、食べたくなるような環境を設定し、「もぐもぐだね。おいしいね」と声をかけることで、そしゃくを促す。また、保護者や調理師と連携を図り、離乳を進める。 ●個々によっておやつの量を調節し、友達と一緒においしく給食を食べられるようにする。また、週の後半になるにつれて、午前睡を短くしたり、通常の時間に午睡に入れるようにしたりして、個々のリズムを保育園の生活に合わせて整える。
●優しい笑顔で受け入れをする保育者の姿や、自分の欲求を満たしてくれると感じられるような、温かい雰囲気をつくる。 ●子どもたちに背を向けないよう、保育者の立ち位置に気を付け、安全な環境を設定する。 ●保育者も転がったり、はいはいしたり、一緒に楽しく遊ぶ姿を示す。	●保護者と離れる際に、大泣きをする。 ●保育者の抱っこを嫌がる。 ●特定の保育者に甘え、抱っこを求める。	●お母さんと離れて寂しい気持ちや久しぶりの保育園に緊張する気持ちを理解し、子どもの甘えや欲求を優しく受容し、ゆったりと満たす。
●転倒しても危険がないような、運動用具や玩具を準備する(マット、ウレタン積み木など)。	●保育者と手をつないで、マットでつくった傾斜を上り下りする。 ●保育者の姿をまねてマットを転がる。 ●保育者と一緒にはいはいをしたり、手をつないで傾斜を歩いたりして遊ぶ。	●「よいしょ」とかけ声をかけたり、「コロコロ」と言いながら転がったりして、楽しい雰囲気をつくる。

保育のヒント
迎えに来た保護者が、ボードを見て園での生活が分かると安心できます。また、家でも心がけようと意識できるので、よいアイデアです。

保育のヒント
こぼれるのを心配するよりも、自分から食べようとすることを優先できるので、大切な環境づくりです。ふきやすい素材、たたみやすくコンパクトにしまえる物がよいでしょう。

11月週案 第2週 つくし組

最近の子どもの姿

- 寒暖の差があり、咳や鼻水などの風邪の症状が見られる。厚着で登園するが、少し体を動かすと、汗をかいて暑がる。
- リズミカルな音楽を流し、「踊ろうね」と声をかけると、保育者のまねをして、手を上げたり下げたり、ジャンプしたりするような体の動きをして楽しむ。

週案 → P184-P185 11月の週案

11月の秋の週案 ここがポイント！

風邪をひかないためにも薄着で過ごしましょう

咳をしたり鼻水が出たりする子が目立ち始める頃です。風邪をひかないようにたくさん着込んでいる子どももいますが、少し動くと汗をかいてしまいます。薄着で過ごせるように、外気に触れて体を慣らしていく必要があります。音楽をかけて、保育者と一緒にまねて踊ると、体もポカポカしてくるでしょう。運動的な遊びを取り入れながら、元気に生活しましょう。

		★ 内　容
養護・教育	健やかに伸び伸びと育つ	●薄着で過ごす。 ●自分で食べたいという意欲から、手づかみやスプーンを使って食べることを喜ぶ。
	身近な人と気持ちが通じ合う	●近くの子どもがしていることを見て、まねをする。 ●保育者のまねをしながら楽しく踊る。
	身近なものと関わり感性が育つ	●音楽に合わせて楽しく踊る。 ●マラカスに興味をもつ。

 保育のヒント

子どもは周りの様子も見ながら食べているので、手づかみ食べの子は同じ食べ方の子の近くにいることで学んでいきます。

◆ 今週のねらい

- 寒さに負けず、薄着で快適に過ごす。
- 聞き慣れた音楽に合わせて、体を動かして遊ぶことを楽しむ。

◆ 評価・反省

- 風邪ぎみのため厚着の子も、日中は薄着で過ごすようにしたが、なかなかすっきりと治らなかった。来週はより冷え込む予報なので、引き続きこまめに衣服の調節を行い、体調管理に気を付けたい。
- 子どもの中で大好きな音楽が決まり、その音楽を聞くと喜んで踊るようになった。盛んに保育者のまねをするので、保育者も笑顔で、大きな動作で踊るよう心がけた。マラカスも喜んで手に取り、友達と笑い合う姿から、友達の存在を意識し始めていることを実感した。

環境構成	予想される子どもの姿	保育者の援助
●温度、湿度に留意して、朝冷え込んでいるときは暖房をつけたり、定期的に換気を行ったりする。 ●調節しやすい衣服を用意してもらう。 ●衣服調節のために脱いだ衣服は、降園時にまた着られるよう、かごに入れておく。 ●床が汚れてもよいように、シートを敷く。 ●食べ方の状況に応じて、机を分ける。	●厚着をして登園する。 ●室温が高く、汗をかく。 ●鼻水や咳などの体調不良が見られる。 ●衣服を脱ぐことを嫌がるが、保育者が声をかけると、それに応じて脱ごうとする。 ●自分で食べたがり、保育者が食べさせようとすると嫌がる。 ●食べ物を一度口に入れて吐き出す。	●朝・夕と日中の気温差が激しいので、体調管理には十分に留意する。また、登園時に、保護者と話す機会を設け、個々の健康の様子を把握する。 ●衣服を脱ぐときは「バンザイしようね」などと声をかけながら、嫌がらずに着脱できるようにする。 ●スプーンは手を添えて使い方を知らせる。自分で口に運べた際は、「パックンできたね」と保育者も喜び、もっと食べたいという気持ちがもてるようにする。
●大きな動作で楽しそうに踊る保育者の姿を示し、踊りたくなるような雰囲気をつくる。	●友達と笑い合いながらマラカスを振る。	●「おしりふりふり」「くるくる」など、動作に言葉を添えながら踊り、友達と一緒に踊る楽しさも感じられるようにする。
●日常的に歌を歌ったり、CDをかけたりし、自然と音楽に触れることができる環境を設定する。 ●手に持ちやすいマラカスをつくり、取り出しやすい場所へ置く。	●音楽が鳴ると喜んで踊る。保育者の姿をまねて、走ったり屈伸したりする。 ●音楽が止まると、保育者に「もう1回」とアピールする。 ●マラカスを両手に持って振る。	●子どもが慣れ親しんだ音楽を流し、保育者が模倣しやすいような大きな動作で踊る。

11月 週案

保育のヒント

脱いだ服が誰の物かすぐ分かるように、個人のマーク付きのかごに入れておくとよいでしょう。他の子の物と取り違えないように注意しましょう。

保育のヒント

踊るだけでなく、鈴やマラカス、また手づくりの楽器を鳴らすことで、遊びがより楽しくなります。

8月 日案 水遊び

日案 8月1日 つくし組

最近の子どもの姿

- 水遊びの環境に慣れずに泣くが、保育者がそばにいることで、水に手を伸ばして触ろうとする。
- じょうろで水を流すと、手を伸ばして水をつかもうとする。

時刻	予想される子どもの生活（活動）
7:00～ 8:30 9:15 9:40	随時登園 早番保育より引き継ぎ、自由遊び オムツ交換、片付け おやつ
10:15	着替え（水遊びの準備） ・洋服を脱がせてもらう。 ・水遊び用のオムツにはき替える。
10:20	水遊び ・水の感触を楽しむ。 ・手でパシャパシャと水をたたくことを楽しむ。 ・手づくりしたじょうろやスポンジなどの玩具を使って遊ぶ。
10:35	シャワー ・体をふく。 ・衣服を着る。
10:50 11:10 11:50	オムツ交換、手洗い、水分補給 給食 午睡 ・目覚めた子から着替え、オムツ交換をする。
15:00 ～ 16:30	おやつ 随時降園

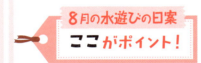

8月の水遊びの日案 ここがポイント！

水が心地よいものだと感じられるように

お風呂はいつも入っていますが、水遊びの雰囲気と冷たい水には、初めは抵抗を感じる子どももいるでしょう。暑いときには冷たい水に触れるのが気持ちよいということ、水で遊ぶのは楽しいということを経験から分かるようにしていきましょう。

また、水に触れられなくても、水しぶきの美しさ、水に玩具が浮く様子などを、じっくり観察していきましょう。

◆ 本日のねらいと内容

<ねらい>●保育者や友達と一緒に、水遊びや沐浴を楽しむ。
<内　容>●水に触れ、感触や心地よさを感じる。また、水を手ですくったり、水の中の玩具をつかんだりするなど、指先を使って遊ぶ。

評価・反省

●座って楽しみたい子、立って楽しみたい子、顔に水がかかっても平気な子、泣いてしまう子など、様々な姿が見られた。個々の様子に応じて、たらいを準備し、それぞれの遊びができるように職員間で連携を図ることができた。

環境構成	保育者の援助
●子どもたちの着脱を手伝う保育者、水遊びの準備をする保育者に分かれ、保育者間で連携を図る。 ●水遊び後の沐浴、シャワーの際に、タオルや衣服を取り出しやすいように個別に準備しておく。 ●たらいを用意する。 ●水遊び用のじょうろやスポンジなど、玩具を用意する。 ●一緒に玩具で遊んだり、保育者も玩具で遊ぶ姿を示したりして、自ら触ってみたくなるような雰囲気をつくる。 ●シャワーの際は、必ず保育者もシャワーの温度を体感してから始める。 ●水遊び、シャワー後はクーラーを消し、窓を開けて、自然の風を取り入れる。 ●水分補給ができるように、一人一人に応じてコップ、マグ、哺乳瓶などを分かりやすいように準備しておく。	●「お水パシャパシャして遊ぼうね」と、子どもに活動の内容を伝え、言葉をかけながら着脱を行う。 ●保育者は、子どもに背を向けないように配慮し、たらいへの出入りの際は滑らないように必ず保育者が支えたり、手を添えたりして、転倒を防ぐ。 ●一人15分を目安とし、個々の様子に応じて時間を短縮したり、ゆったりと遊べるように時間を延ばしたりする。 ●保育者も楽しそうに水に触れ、「冷たいね」「気持ちいいね」と言葉を添えて子どもたちに伝え、水の心地よさを感じられるようにしていく。 ●水の感触を楽しみながら、友達への興味ももてるようにする。 ●子どもの遊びを見る保育者、室内に残る保育者に分かれ、声をかけ合いながら、シャワー、沐浴、着脱を行う。 ●「気持ちよかったね」「楽しかったね」などと子どもたちとのスキンシップを大切にしながら気持ちよく着脱できるようにする。 ●給食の際は、暑さに伴い食欲が減退するので、食べる量を加減する。また、水分補給の際もお茶の量を調節し、おいしく食事ができるようにする。

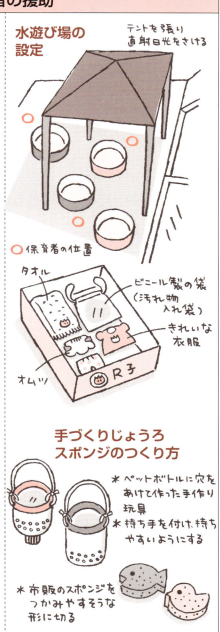

水遊び場の設定
テントを張り直射日光をさける
○保育者の位置
タオル／ビニール製の袋（汚れ物入れ袋）／きれいな衣服／オムツ／R子

手づくりじょうろスポンジのつくり方
＊ペットボトルに穴をあけて作った手作り玩具
＊持ち手を付け、持ちやすいようにする
＊市販のスポンジをつかみやすそうな形に切る

10月 日案 散歩

日案 10月30日 つくし組

最近の子どもの姿

● 散歩の際、歩行が完了した子は乳母車に乗ることを拒み、歩きたがる。また「散歩に行くよ」と声をかけると、自分の帽子や靴を保育者のところまで取りに来る。

時刻	予想される子どもの生活（活動）
7:00〜	随時登園
8:30	早番保育より引き継ぎ、自由遊び
9:15	オムツ交換、片付け
9:40	おやつ
10:15	散歩に行く準備 ・帽子をかぶる。 ・玄関まで移動する。 ・ズックをはく。
10:25	裏山へ散歩 ・ゆったりと歩行を楽しむ。 ・モミジやドングリなどを見たり、コオロギなどの虫の声を聞いたりする。 ・指差したり、言葉を話したりする。
10:40	保育園に到着
10:50	オムツ交換、手洗い、水分補給
11:10	給食
11:50	午睡 ・目覚めた子から着替え、オムツ交換をする。
15:00〜16:30	おやつ 随時降園

10月の散歩の日案 ここがポイント！

秋らしい風景を満喫できるように

夏とは違う秋らしい風を感じながら、少し色付いた木の葉を眺めつつ、みんなと行く散歩を楽しめるようにしましょう。歩けるようになった子は、一人で歩くのが嬉しくてたまらないでしょう。立ち止まったり、寄り道したりするので保育者が付く必要がありますが、一人一人が楽しめるよう、散歩に上手に付き合っていきましょう。

◆ 本日のねらいと内容

<ねらい>
- 様々な秋の自然に触れることを楽しむ。
- 自分の気付きや発見を、保育者に伝えようとする。

<内　容>
- 植物や生き物を見たり触れたりする。
- 言葉や喃語、指差しで、自分の気付きを保育者に伝える。

◆ 評価・反省

- 歩行で散歩する子は立ち止まることが多く、前に進むのに時間がかかった。乳母車の子は先に進むなど、職員間で連携を図り、個々に応じた楽しみ方で出かけた。車の通りも少なく、ゆったりと散歩を楽しむことができてよかった。

環境構成	保育者の援助
●車の通りが少なく、秋の自然を見たり触れたり、ゆったりと散歩ができるような散歩コースを下見しておく。 ●子どもの帽子を取り出しやすいように、また、持ち運びしやすいようにしておく。 ●歩きたがる子は、保育者が手をつないで安全を確認しながら、ゆったりと自然に触れ、探索を楽しめるようにする。 ●子どもたちの気付きに優しく耳を傾ける保育者の姿を示し、話したくなるような温かい雰囲気をつくる。 ●保育園に帰った際は、必要に応じて水分補給ができるように準備しておく。 ●散歩から戻った後、個々に応じてすぐに対応できるよう、食事スペースと睡眠スペースを区切り、整えておく。	●言葉の理解ができる子・できない子と様々であるが、「お散歩行こうね」「どんな虫さんいるかな？」と活動を伝え、楽しく散歩に出かけられるような雰囲気をつくる。 ●午前睡や授乳が必要な子は、個々のリズムを大切にしながらも、散歩の時間を遅らせたり、早めに帰ったりするなどの配慮をし、戸外に出る楽しさや喜びが味わえるようにする。 ●乳母車はゆっくりと押し、「○○がいたね」「黄色のお花がきれいだね」など、自然に目を向けながら話しかけたり、時には立ち止まり、自然物を手に取って、肌で感じられるようにしたりする。 ●月齢に応じて、手洗いを導入していく。保育者が手を添えて「ごしごし」と言いながら洗い、清潔にする心地よさを感じられるようにする。 ●日光に当たり、散歩したことで、いつもより早く眠くなるのも予想されるので、個々に応じて給食が食べられるよう、連携を図る。

〈持ち物〉
・着替え
・オムツ
・消毒薬
・ばんそうこう

散歩コース

こんなときどうする？ 週案・日案 Q&A

週案

Q 研修会があるので、いつもは計画していない週案を書くことに。月案にはない新たな「ねらい」が入ってもよいのでしょうか？

A その週に必要な「ねらい」は入れる

　園によって通常立てる計画は違うので、特別に書くこともありますね。週案は月案よりも具体的になるので、項目によっては月案で言及していない「ねらい」も週案に入れたくなることがあります。その方が、より分かりやすい週案になるのなら、入れた方がよいでしょう。

日案

Q 日案での環境構成図や遊びの内容など、やる保育者が分かっていれば書かなくてもよいのでしょうか？

A だれが見ても、分かるように書く

　日案は、自分のためだけに書くのではありません。第三者が見ても、このクラスでどのような保育が展開されるのかが伝わらなければならないのです。環境構成図はもちろんのこと、予想される遊びや準備する物まで、だれにでも分かるように詳しく記入します。

日案

Q 日案の「保育者の援助」をできるだけ具体的に書くよういわれました。どこまで書けばよいのでしょうか？

A 自分の保育が目に見えるように

　計画している遊びの内容や、歌う曲目、読む絵本のタイトルなども書きます。準備する教材の個数も必要です。また、「〜する子には、〜」というように、子どもの動きを予想しながら、その対応についても明記します。

第6章

保育日誌の書き方

保育終了後に記入する「保育日誌」は、園行事や戸外・室内などの活動ごとに使いやすい記入例を紹介しています。

0歳児の保育日誌

年間指導計画をはじめ個人案などは、計画ですから保育前に記入するものですが、この保育日誌は、保育後にその日を振り返りながら記入するものです。どのような保育をしてきたかが分かり、子どもの姿が見えるように記入しましょう。

おさえたい3つのポイント

子どもと暮らす喜びをかみしめる

子どもと共に一日を過ごすと、嬉しいこともあれば、思うようにいかず苦労することもあります。保育者の一日は、子どもたちの泣き笑いに彩られた小さな出来事の積み重ねです。てんやわんやで終えた一日も、子どもたちが帰った後に振り返ってみると、ちょっとした子どもの一言を思い出して吹き出したり、3時間も泣き続けた子どものエネルギーに脱帽したり、いろいろな場面がよみがえってくるでしょう。あの子が友達をかまないようにとあれほど気を付けていたのに、不意にパクッとかみ、トホホな気持ちになることも。

それらのたくさんの出来事の中から、今日書いておくべきことを選び出します。「ねらい」を達成した嬉しい場面や、うまくいかなかったことで保育者間で手立てを講じなければならない場面を、子どもの表情やしぐさなども分かるように書くのです。

そして、そのような姿が表れたのは、どのような要因があったのか、どのような援助や環境が有効だったのかを考察します。うまくいかなかった場合には、どうすればよかったのかを別の援助の可能性を考えて記したり、明日からはどのように関わろうと思うのかを書いたりします。

スペースは限られています。複数の保育者がチームで保育をしているので、共通理解しておかなければならないことを中心に書きましょう。

保育日誌は、計画が適当だったかを実施の過程から検証していくものです。子どもの真実の姿をとらえて考えることで、確かな保育となります。

❶ 育ちが感じられた場面を書こう

「ねらい」の姿に近づいている嬉しい場面を、なぜそうできたのか、周りの状況も合わせて記すのが基本ですが、保育者が最も心に残った場面を書いてもよいでしょう。心に残るとは、それだけ心を動かされて何かを感じたということだからです。ハプニングなども書いておきます。

❷ その育ちを支えたのは何かを考える

放っておいて勝手に子どもが育ったわけではありません。保育者が心を込めて用意した環境や温かい援助が功を奏することもあれば、友達の影響や不意のハプニングが要因になることもあります。何が子どもの育ちにつながるのか見抜く目を養うことが、保育力を高めます。

❸ 書き切れないことは自分のノートに

園で決まっている用紙には、ほんの少ししか書けないことが多いようです。そんな場合は自分の記録ノートに、エピソードを具体的に詳しく、思い切り書きます。書いているうちに、そのときの子どもの気持ちや、自分はどう援助すればよかったか見えてくることが多いものです。

	主な活動	子どもの様子	評価・反省
	その日の主な出来事や遊び、ハプニングについて記します。後で見直した際に、こんなことがあった日だとすぐに思い出せることが大事です。	一日のうちで最も嬉しかったり困ったりした印象的な場面を、子どもの姿がリアルに浮かび上がるように書きます。事実のみ記載します。	子どもの様子で書いた場面を、保育者はどうとらえて何を思ったか、保育者の心の内を書きます。ありのままの思いと明日への心構えを記入します。

● 音遊び

	主な活動	子どもの様子	評価・反省
4/10	●朝の受け入れ ●音遊び	●登園時は泣いていたが、安心できる特定の保育者がいることで、少しずつひざから離れて遊ぶことができた。 ●音の出る玩具を好み、音を鳴らして遊ぶことを楽しんでいた。	●受け入れ時は、職員で連携を図り丁寧に受け入れることで、保護者とも信頼関係がつくれるようにした。 ●音の出る玩具を多く準備すると共に、一人一人の好きな遊びや、興味のある物を把握していきたい。

● 食事の様子

	主な活動	子どもの様子	評価・反省
4/27	●給食	●泣く子も給食を見ると泣きやみ、手を伸ばして早く食べたいことを知らせた。ほとんど食べられない子には、ミルクで栄養を補う。 ●まだ食事をしていない子も、一緒に友達の食べる様子を見ていた。	●食事では、離乳の様子に応じて座るようにし、保育者と向かい合ってゆったりと進めることができた。「おいしいね」「もぐもぐだね」と言葉をかけることで楽しい雰囲気づくりを心がけた。

4・5月 保育日誌

保育日誌 → P194
4・5月の保育日誌

●音遊び

 保育のヒント
カランコロンと鳴る物もあれば、ジャラジャラ、ガラガラと音がする楽器もあります。多様な音をそろえましょう。

	主な活動	子どもの様子	評価・反省
4/10	●朝の受け入れ ●音遊び	●登園時は泣いていたが、安心できる特定の保育者がいることで、少しずつひざから離れて遊ぶことができた。 ●音の出る玩具を好み、音を鳴らして遊ぶことを楽しんでいた。	●受け入れ時は、職員で連携を図り丁寧に受け入れることで、保護者とも信頼関係がつくれるようにした。 ●音の出る玩具を多く準備すると共に、一人一人の好きな遊びや、興味のある物を把握していきたい。

●食事の様子

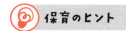 保育のヒント
保育者が笑顔で目の前にいることで、安心して食事ができます。かむ口元も見せ、優しく言葉をかけます。

	主な活動	子どもの様子	評価・反省
4/27	●給食	●泣く子も給食を見ると泣きやみ、手を伸ばして早く食べたいことを知らせた。ほとんど食べられない子には、ミルクで栄養を補う。 ●まだ食事をしていない子も、一緒に友達の食べる様子を見ていた。	●食事では、離乳の様子に応じて座るようにし、保育者と向かい合ってゆったりと進めることができた。「おいしいね」「もぐもぐだね」と言葉をかけることで楽しい雰囲気づくりを心がけた。

●散歩

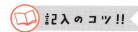 記入のコツ!!
その日の発見や気付きを、ありのままに記しておくことが大切です。それが次の考えへとつながります。

	主な活動	子どもの様子	評価・反省
5/4	●散歩	●乳母車に乗ると泣いていた子も泣きやみ、外の景色を眺めた。保育者が花や虫を手に取って見せると「あーあー」と指差し、盛んに喃語を発する。乳母車に乗ると寝てしまう子もいた。	●散歩は子どもの気分転換になることが分かった。自然物に目を向けて語りかけることで、喃語や指差しにより気持ちを表現する姿につながった。眠ってしまう子は、個々に応じて午前睡の時間を調節する必要がある。

●手遊び、わらべ歌遊び

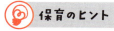 保育のヒント
名前を呼んで目を見ることで、自分のことだと気付くようになります。名前を呼ばれると、だんだん嬉しくなるものです。

	主な活動	子どもの様子	評価・反省
5/24	●手遊び、わらべうた遊び	●保育者が歌い、手遊びをすると、保育者をじっと見つめ、手をたたいて喜ぶ姿が見られた。また、わらべ歌遊びでは、保育者との触れ合いを喜び、くすぐり、ひざの上にのせて動かすと声を出して笑う。	●手遊びによって反応が違ったので、発達に応じた手遊びや触れ合い遊びを準備したい。また、「名前呼び遊び」を日常的に取り入れて、自分の名前を覚えるようにしたい。

6・7月 保育日誌

●室内遊び

記入のコツ!! 安全なスペースを整えるために、具体的にどのようなことをしたのかが書かれていると読み手に伝わります。

	主な活動	子どもの様子	評価・反省
6/1	●自由遊び	●保育室を自由にはいはいし、ミニハウスに入って、「いないいないばぁー」遊びを楽しんだ。また、棚の中から玩具やかごを取り出す。歩ける子は、保育室内や園内を探索し、個々に応じて保育室に戻る。	●不要な物は取り除いたり、発達段階で遊び場を区切ったりして安全なスペースに整えたことで、自由な探索活動を見守ることができた。様々な物に興味を示す姿が多く見られたので、自由に玩具を取り出せる棚を準備したい。

●指先遊び

記入のコツ!! 指先を使って遊べる手づくり玩具がたくさんあってすてきです。どのような種類を用意したのか書いておきます。

	主な活動	子どもの様子	評価・反省
6/30	●指先遊び（マジックテープ、ひも、太鼓）	●マジックテープをめくったり、ひもを引っ張ったり、玩具の太鼓をたたいたりして遊ぶ。ポットン落としでは、保育者が、「ポットン」と言いながら玩具を穴に落とすと、それをまねて落とすことができる子もいた。	●このような、指先の発達を促せる手づくり玩具を多く準備したい。また、くり返しの経験の中で遊び方を体得できるよう、穴を大きめにしたポットン落としを準備して楽しみたい。

●水遊び

記入のコツ!! 水遊びに不安がある子、体調や情緒の様子から水遊びを控えた子への対応はどうだったのか、具体的に書いておきます。

	主な活動	子どもの様子	評価・反省
7/19	●水遊び	●水に慣れ、顔に水がかかっても平気な子もいれば、慎重に手を伸ばしたり、嫌がって泣いたりする子もいた。手づくりシャワーを準備すると、それを手に取り、水をすくって水の出る様子をじっと見つめていた。	●水遊びへの不安な様子、体調・情緒の様子を把握し、無理強いはせず、保育者が抱っこをして少し離れたところから見るようにした。玩具を用いて少しずつ水に関われるようにしたい。

●室内遊び

保育のヒント 遊びがマンネリにならないよう、時々新しい玩具を出すようにします。新しい刺激になり、子どもたちは目を輝かせるでしょう。

	主な活動	子どもの様子	評価・反省
7/24	●自由遊び（絵本、ままごと、積み木）	●絵本や、ままごと、ウレタン積み木など、見慣れない玩具に興味をもって手に取っていた。保育者が一緒に関わって遊ぶことで、その遊びを十分に楽しむことができた。	●新たな玩具も加えて出すことで、最近の子どもの興味・関心がどこにあるかを再確認できた。玩具の種類、配置の仕方、保育者の関わり方が、子どもの遊び方に大きく影響することを感じた。

8・9月 保育日誌

●午睡の様子

記入のコツ!! 毎日の午睡のことであっても、特記しなければならない場合には、しっかり記入します。生活リズムの基本であるからです。

	主な活動	子どもの様子	評価・反省
8/8	●午睡	●暑さのため、夜眠れないまま登園して眠そうにする子もおり、必要に応じて午前睡を取る。 ●保育者が背中をさすると、安心して布団で眠る。	●登園時、母親に夜の睡眠の様子を聞くことで、日中に個々に合わせた対応ができた。子どもが機嫌よく過ごすためには、睡眠が大きく関係する。しばらくの間は睡眠時間を調整していきたい。

●絵本遊び

保育のヒント 絵本をたくさん用意して、好きな本を見られる時間をもつのはよいことです。布製、ビニール製など、いろいろな素材の本を出しましょう。

	主な活動	子どもの様子	評価・反省
8/29	●絵本遊び	●絵本をめくることを楽しむ子、絵を見て指差しする子、保育者に読んでもらうことを求める子など様々だった。「ぞうさんだね」「おいしそう、ぱくっ」など、言葉を返すことで盛んに喃語を発していた。	●自由に見られるように絵本を出したが、中には破ってしまう子もいた。月齢や個々に応じた内容と、絵本の材質を考慮した提示が必要だった。

●粘土遊び

保育のヒント 感触を楽しめる小麦粉粘土の形が変わるのは不思議に感じるでしょう。塩を入れて冷蔵庫で保存すると長持ちします。

	主な活動	子どもの様子	評価・反省
9/7	●小麦粉粘土遊び	●保育者の遊ぶ姿を見て、次第に手に取って遊ぶ。月齢の低い子は、手をグーパーグーパーと動かし、手の中で変化する粘土を不思議そうに眺めていた。	●初めての素材に触れることは勇気がいるので、保育者が遊びに大きく影響することを実感した。高月齢の子はちぎったり握りつぶしたり、指先を使って小麦粉粘土の感触を楽しんでいた。

●運動遊び

保育のヒント 巧技台やマットを使い、挑戦したくなる環境づくりをしています。はがせるシールにタッチし、はがす遊びも運動機能が高まります。

	主な活動	子どもの様子	評価・反省
9/16	●マットや巧技台を使った全身運動遊び	●マットの傾斜では、歩ける子もはいはいで上ったり、転がって下りたりすることを楽しんでいた。 ●巧技台では、はいはいで上ったり、つかまり立ちをしたり、積極的に自分の移動手段で遊んでいた。	●引き続き、様々な運動用具を使って体を動かすことを楽しんだ。自分なりに遊び方を工夫する姿、友達の姿をまねる様子も見られ、運動機能の高まりを感じた。低月齢児が安全に遊べるような環境の工夫も必要だと感じた。

10・11月 保育日誌

●戸外遊び

記入のコツ!! 発達に応じたグループ分けにより、それぞれが散歩を楽しめたことが分かります。自然と関わることは五感の発達も促します。

	主な活動	子どもの様子	評価・反省
10/10	●散歩（裏山の坂道）	●歩行の安定している子は保育者の見守りで上る。歩行に自信のない子は、保育者と手をつないで上る。 ●下り坂では思うようにスピードを落とせなかったり、疲れたのか保育者に抱っこを求めたりする。	●子どもの発達に応じてグループに分けることで、それぞれのペースで活動を楽しめるようにした。 ●下り道では、バランスを崩して転ぶ姿も見られた。今日の様子を保育者間で共通理解し、次回につなげる。

●身体測定

記入のコツ!! 子どもの姿が目に浮かぶ記述になっています。保育の様子を見ていない第三者にも伝わるよう、場面を生き生きと描写しましょう。

	主な活動	子どもの様子	評価・反省
10/25	●身体測定	●身体測定にも慣れ、自分から計器にのり、「大きくなったね」と言うと「わーい！」と喜ぶ。 ●たたんでおいた服の中から「○○ちゃんの」と言って自分の服を見付け、保育者に持ってくる。	●自分の物と他人の物の区別が付くようになった。 ●自分でズボンに足を入れようとするなど、着脱に興味をもつ子の姿が見られた。ゆったりと関わることで、意欲が育まれるようにする。

●造形遊び

保育のヒント 握りやすい太めのクレヨンを準備します。画用紙の色や形も選べるようにすると楽しいでしょう。

	主な活動	子どもの様子	評価・反省
11/6	●お絵かき	●自分の好きな色のクレヨンを選んで楽しむ。クレヨンを持つ力が弱い子は点描を楽しみ、しっかりと握れる子は線をかいて楽しむ。 ●かいた物に意味付けすると楽しんで表現する姿が見られた。	●丸をかくことができる子には、形に興味をもてるような声かけをした。

●戸外遊び

記入のコツ!! 枯葉を踏む音を楽しんでいる様子が伝わります。感性が育ち、五感が豊かに働いている場面です。

	主な活動	子どもの様子	評価・反省
11/28	●散歩	●枯葉の上を歩くとカシャカシャ音がすることに気付き、何度も同じところを歩いたり、友達と足をバタバタさせたりして声を上げて喜ぶ。	●事前に散歩コースを確認することで、経験させたいことや危険な場所などを保育者が共通理解し、自由に探索活動を楽しめた。ドングリ拾いなどができるよう、今後も園の周りの自然の様子を把握したい。

12・1月 保育日誌

●食事の様子

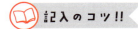 自分で食べる姿に誇りをもっていることが窺えます。大いに認め、食べる喜びにつなげていきたいものです。

	主な活動	子どもの様子	評価・反省
12/5	●給食	●援助しようとすると首を横に振り、「先生、見て」と言って手づかみや食具を使って食事しようとする。 ●「お魚、おいしいね」などと、保育者や友達と話しながら食事する。	●自分で食べたいという子どもの姿を認めながら、保育者が適量をスプーンにすくったり、食べやすい大きさに切ったりして援助をした。 ●「おいしいね」と言って、自分で食べる姿が増えた。

●避難訓練

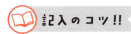 今日のことだけでなく、今後についても見通しをもち、心がけなければならないことを記しておきます。

	主な活動	子どもの様子	評価・反省
12/21	●避難訓練	●避難訓練に慣れ、ベルが鳴ると保育者の方に集まってくる子が多かった。 ●保育者と一緒に、避難場所の園庭まで避難した。	●保育者間で役割分担を確認することでスムーズに避難できた。必要以上に急がせず、子どもが不安にならないようにした。 ●これからの季節は雪が多くなるので、必ず避難経路の除雪を行う。

●戸外遊び

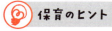 新雪を楽しめるチャンスを逃さず、上手に保育に取り入れています。身支度や後始末も大変ですが、大切な経験を十分にさせます。

	主な活動	子どもの様子	評価・反省
1/8	●雪遊び	●保育者と一緒にそりで滑ったり、低めの雪山を登ったりして遊ぶ。 ●新雪が積もっていたので、保育者と一緒に柔らかい雪の上にあお向けで倒れたり、雪を触ったりして感触を楽しむ。	●0歳児専用の場所を確保することで、ゆったりと遊ぶことができた。 ●雪遊びを通して、自由に遊ぶ姿が見られるようになった。 ●個々の体調管理に気を付けながら、雪遊びを楽しめるようにしたい。

●室内遊び

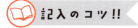 具体的に子どもが発した言葉をそのまま書き留めておくことが必要です。他の子への刺激にもなっていきます。

	主な活動	子どもの様子	評価・反省
1/24	●自由遊び ●絵本遊び	●自由遊びの時間に、自分の思いをセリフの言葉で話す姿が見られる。 ●絵本を見ながら知っている物が出てくると、「犬、いたね」「先生、見て見て」など二語文を話す姿が見られる。	●自分の思いを、保育者に言葉で伝えることを楽しむ姿が見られた。 ●正しい言葉を添えて伝えることで、発語が盛んになってきた。保育者が温かく関わることで、安心して言葉を使えるようにする。

2・3月 保育日誌

●運動遊び

保育のヒント：外へ出られない日も、室内で十分に体を動かして遊べる環境が準備されています。食事も進むことでしょう。

日付	主な活動	子どもの様子	評価・反省
2/7	●全身運動（上る、下りる、くぐる）	●保育室の中になるべく広い空間のサーキットをつくった。上る、下りる、跳ぶ、くぐるなど様々な動きを楽しむ。 ●ジャンプすることが好きで、何度もくり返し遊ぶ。ジャンプができていなくても、くり返し跳んでいる。	●事前に子どもの発達を共通理解することで、個々に応じた援助ができた。 ●うまくできなくても、「できた」と言う思いに共感し、「跳べたね」と言葉かけすることで、次回への意欲を育むことができるようにした。

●排泄

保育のヒント：排尿の成功だけでなく、トイレへ行けたこと、便座に座れたことも認める対象になります。

日付	主な活動	子どもの様子	評価・反省
2/21	●排泄	●トイレで排泄できる子は少ないが、喜んで座り、「シー」と言う。 ●トイレを嫌がる子にはオムツ交換をする。	●排泄できなくても「座れたね」など、認める言葉をかけ、進んでトイレに行きたくなる雰囲気づくりを続けていく。 ●トイレで排泄できる子は、家庭と連携してトイレトレーニングを進めることができるようにする。

●衣服の着脱

保育のヒント：できなくても自分でしようとしているところをほめ、少しの援助で成功感を味わえるようにします。

日付	主な活動	子どもの様子	評価・反省
3/8	●衣服の着脱	●自分でズボンを着脱しようとする姿が見られるようになる。 ●自分でやってみてうまくいかずに途中で泣いたり、できたことを保育者に知らせたりする。また、首だけ通す子や、ひざまで自分で上げられる子もいる。	●うまくできないところはさり気なく手伝うことで、「一人でできた喜び」を感じて自信が付いた。意欲が高まり、何でも「自分で」と言う姿が見られる。着脱に興味のない子には、その子の興味に応じて始める雰囲気をつくる。

●ごっこ遊び

記入のコツ!!：ジュース屋さんをどのような材料を使って、どのように展開したのかを書いておくと、後で役に立ちます。

日付	主な活動	子どもの様子	評価・反省
3/19	●ジュース屋さんごっこ（ままごと用のイチゴ、ニンジンなどの玩具、カップ）	●保育室にコーナーをつくり、テーブルに食材を並べ、お客さんと店員に分かれてジュース屋さんごっこを楽しむ。 ●友達と一緒にいる雰囲気を喜び、乾杯や飲むまねをして楽しむ。	●玩具の種類や数を十分に用意することで、やり取りしやすい環境をつくることができた。 ●個々の思いを仲介することで、友達と一緒に遊ぶ楽しさが感じられるようにできた。

こんなときどうする？ 保育日誌 Q&A

Q 「子どもの様子」に子どもの個人名を入れる先生、入れない先生で分かれました。どちらがよいのでしょうか？

A A、B、Cなど仮のイニシャルを入れてもよい

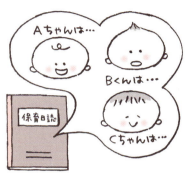

　具体的に子どもの姿を書こうとすると、個人名が出てくるはずです。クラスの担任間で共通理解しておかなければならないことなので、だれか分かるように記します。その子に対する援助も明確にする必要があるからです。けれども万一、日誌が外部の目に触れた場合を考えて、個人情報が出ないように仮のイニシャルにするとよいでしょう。

Q 自分の保育を評価するのは、保育日誌での振り返りが一番よいのですか？

A 自分専用のノートに

　園で形式が決まっている保育日誌は公文書であり、書く欄も狭く、考えたことすべては書けません。プライベートな自分のノートに、保育の場面を詳しく書いて考察し、自分の援助を振り返り、もっとよい援助の方法はなかったかを検討することが、保育力アップにつながります。

Q 「評価・反省」にはその日起こったことを書いてしまいがちです。どう記入すればよいのでしょうか？

A 子どもの姿をどうとらえたのかを書く

　子どものしていたことを書くのではなく、その姿を保育者がどうとらえたのかを書きます。何が育っていて何が育っていないのか、「ねらい」の姿に近づいているのか、援助は適切だったのか、他によい方法はなかったのかを考えます。明日の保育につながるはずです。

第7章

ニーズ対応
防災・安全／保健
食育／子育て支援

この章は多様なニーズにこたえるために、防災・安全計画、保健計画、食育計画、子育て支援計画の四つの計画を紹介しています。

防災・安全計画

おさえたい ３ つのポイント

１ 子どもの命を守るために

私たちの最大の使命は、子どもの命を守ることです。何が起ころうとも、子どもの安全を最優先に行動しなくてはなりません。そのための計画は、常によりよいものとなるよう見直しを重ねましょう。

防災・安全計画 ① 避難訓練計画

月ごとに、設定する災害や犯罪内容を「種別／想定」に書き、それに対する避難訓練で子どもに身に付けさせたい「ねらい」やどのような援助が必要かを具体的に書きます。

種別／想定：どの危険に対する訓練なのか、具体的に想定します。想定の幅が広いほど役立ちます。

ねらい：この訓練で、子どもが何を身に付けるのかを子どもを主語にして書きます。

	4月	5月	6月	7月		8月	9月
種別	基礎訓練（園児）／机上訓練（職員）	地震	火災	地震（予告なし）	防犯訓練	火災（予告なし）	地震／引き取り訓練
想定	火災／地震	地震	調理室より出火	地震／プール時夏季保育中	不審者の出現	近隣より出火／朝の保育時	地震／震度6／遅番時
ねらい	●基礎的な知識を得る。●放送を静かに聞く。●防災頭巾の使い方を知る。●「おかしも」の意味を知る。	●放送を聞き、保育者のところへ素早く集まる。●机の下へ安全に避難する。	●非常ベルの音を知る。●保育者のところに静かに集まる。●放送の指示に従い避難する。●「おかしも」の確認を知る。	●プール時での避難を知る。	●不審者からの身の守り方を知る。	●「おかしも」の内容を理解する。	●防災頭巾の使い方を知る。
保育者の援助	●集合形式で非常ベルの音を聞かせる。●放送による指示をよく聞くことを知らせる。●訓練計画及び役割分担の確認。●災害時備蓄品の確認。●非常用リュックの中身を確認。●非常勤・アルバイト職員への周知。	●放送を聞き、保育者のそばに集まり、机の下に避難させる。●ホールに集合（2～5歳児）、防災頭巾をかぶせる。	●「押さない、かけない、喋らない、戻らない」の約束の確認。●調理室から出火の際の職員の行動確認。●2階保育室は非常階段より避難させる。●各保育室より消火器を持ってくる。	●プールバッグ・上履き（靴）の位置を確認。●水の中、裸の子どもへの対応。●水から上がり、バスタオルをはおらせ、園庭に避難させる。	●不審者が現れたときの子どもへの対応、どのように身を守るかを知らせる。	●当番保育者の指示に従い、避難させる。●少数の職員での避難、誘導。●肉声での伝達。●防災物品の確認（各クラスのリュックも含む）。	●引き取り名簿の作成。●保護者を確認し、名簿記入後引き渡す。●保護者に登降園時の経路の安全確認を促す（お知らせ配布）。●分散している園児の把握。●引き取り保護者への対応。
時刻／避難場所	10:00／ホール	10:00／ホール	10:00／園庭	10:00／園庭	2歳児～／園庭・保育室	8:15／園庭	15:45／園庭

	10月	11月	12月	1月	2月	3月
種別	火災	総合訓練／他園と合同訓練／地震	地震（予告なし）	火災	地震（予告なし）	地震（予告なし）／机上訓練（職員）
想定	近隣より出火	地震／西側マンションより出火／散歩時	震度6／警戒宣言	事務室より出火	遅番時	震度6／警戒宣言
ねらい	●すみやかに園庭に集まり、第2避難場所（A小学校）へ安全に避難する。	●火災予防、火の用心の話を聞いて理解する。●園内外時の避難を知る。	●緊急地震速報を聞き、目覚め、保育者のところにすみやかに集まる。●放送の指示に従い、避難する。	●放送を静かに聞く。●防災頭巾を適切に使う。●「おかしも」の再確認をする。	●延長時の避難の仕方を知る。●机の下に入る、布団をかぶってもらうなど、頭を守る。	●緊急地震速報を聞き、保育者のところへすみやかに集まる。
保育者の援助	●園庭に子どもを集め、クラスごとに小学校に避難する。●防災物品を準備する（寒い日は防寒具）。	●消防署員の立ち会いの下、通報訓練を行い、消火器の取り扱いの指導を受ける。●火災の恐ろしさを知り、避難時の注意を聞く。●散歩中も地震は安全を確保し、状況をきちんと把握して園に連絡を入れる。	●緊急地震速報が入り、後に大地震がくることを想定し、眠っている子どもたちを起こし、布団をかける。●避難と並行し、防災頭巾・上履きの準備。●避難経路の確保。	●集会形式で非常ベルの音を聞く。●放送による指示をよく聞くことを知らせる。●訓練計画及び役割分担の確認。●災害時備蓄品の確認。●非常用リュックの中身を確認する。●非常勤・アルバイト職員への周知。	●周囲の落下物を取り除き、避難経路の確保、防災頭巾・グッズを用意する。●園児の人数確認。●非常勤・アルバイトへの誘導・防災グッズをそろえるなどの動きを知らせる。	●緊急地震速報が入り、後に大地震がくることを想定し、園庭に避難する。●今年度の防災計画を反省し、改善点を出し合う。●避難訓練計画の反省。●次年度への申し送り。
時刻／避難場所	9:45／A小学校	10:00／保育室・園庭	15:00／室内の安全な場所	10:00／ホール	17:30／保育室	11:00／園庭

保育者の援助：保育者がしなければならないこと、子どもに伝えるべきことなどを具体的に書きます。

時刻／避難場所：訓練の開始予定時刻を明記。また、避難場所についても具体的に記しておきます。

2 万が一を想定する

火事、地震、突風や竜巻、津波、不審者、ミサイル攻撃…。どのような危険が襲ってきても、落ち着いて最善の行動がとれるようにします。想定外だった、では済まされません。あらゆる可能性を考え尽くします。

3 見えない危険を見つけだす

日常生活の中にも、危険は隠れています。けがをしやすい場所、アレルギーの対応、昼寝や水遊びの見守りなど、これまで大丈夫だったからといって今日も無事とは限りません。見える化させる努力をしましょう。

防災・安全計画 ❷ リスクマネジメント計画

保育のあらゆる場面で想定できるリスクについて、事前に訓練や対応するための計画です。「ヒヤリ・ハット報告」「チェックリスト報告」など未然に防ぐ対策も明記します。

	4月	5月	6月	7月	8月	9月
担当職員が行うこと	●自衛消防組織の確認 ●避難用リュックサックの確認 ●SIDS確認 ●アレルギー食の提供方法確認	●訓練用人形・AED借用依頼 ●バックアップ園の看護師を依頼 ●起震車申し込み ●消火器の場所の周知	●AEDの使い方・人工呼吸法について学ぶ ●3園合同訓練打ち合わせ ●プール遊びマニュアル確認 ●熱中症対策の確認	●消防署へDVD借用依頼 ●引き取り訓練お知らせ（園だより） ●消火器の使い方確認	●煙中訓練申し込み ●防犯訓練（警察）依頼	●緊急時メール送信の確認
実施する訓練	●火災（調理室） ●「おかしも」 ●避難の基本行動確認	●地震①（おやつ後） ●地震②（第1避難所へ避難）	●地震・火災（早・遅番） ●緊急時の対応（職員）	●火災（3園合同・消防署立ち会い） ●初期消火・通報訓練、起震車体験	●火災（プール時・合同保育） ●避難服着用	●地震（関東地方一帯） ●メール配信訓練 ●引き取り訓練
ヒヤリ・ハット報告	●報告書作成 ●報告書回覧 ●職員会議にて検討					●職員会議にてケース討議
チェックリスト報告	●事故リスク軽減のためのチェックリストにて確認			●職員会議にて気付きの報告		

	10月	11月	12月	1月	2月	3月
担当職員が行うこと	●3園合同訓練打ち合わせ ●園外での安全確	●感染症対策マニュアル確認 ●嘔吐・下痢対応	●ヒヤリ・ハット事故発生場所・時間帯集計	●デイホームとの打ち合わせ ●保育園実践研修	●福祉作業所との打ち合わせ ●危機管理マニュ	●早・遅番マニュアル見直し、検討 ●年間避難訓練反省

① 担当職員が行うこと
その月に担当職員がしなければならない業務について記します。確認したことは、上司に報告します。

② 実施する訓練
その月に行う訓練が一目で分かるように記しておきます。種別や想定も書いておくとよいでしょう。

③ ヒヤリ・ハット報告
日常的に記しているヒヤリ・ハット事例を、職員間で共有し、改善へ取り組みます。

④ チェックリスト報告
毎月、事故防止チェックリストを見ながら、危険をチェックします。なるべく多くの職員で行うとよいでしょう。

防災・安全 事故防止チェックリスト

園内はもちろん、園外においても注意するチェック項目を各年齢ごとに示します。毎月行うため、季節ならではの項目などを加えていくのもよいでしょう。

① チェックした日　月　日

1	園で使用するベビー用品は、子どもの年齢や使用目的にあったものを選び、取扱説明書をよく読んでいる。	☐
2	子どもの周囲に鋭い家具、玩具、箱などがないか必ず確認し、危険な物はすぐに片付けている。	☐
3	子どもが入っているときは、ベビーベッドの柵を必ずしている。また、柵には物をかけないようにしている。	☐
4	オムツの取り替えなどで、子どもを寝かせたままにしてそばを離れることはない。	☐
5	子どもを抱いているとき、自分の足元に注意している。	☐
6	子どもを抱いているとき、あわてて階段をおりることはない。	☐
7	寝ている子どもの上に、物が落ちてこないよう安全を確認している。	☐
8	ミルクを飲ませた後は、ゲップをさせてから寝かせている。	☐
9	よだれかけをはずしてから、子どもを寝かせている。	☐
10	ベビーベッドの柵とマットレス、敷布団の間のすき間のないことを確認している。	☐
11	敷布団は硬めのものを使用している。	☐
12	子どもを寝かせるときはあお向けに寝かせ、常にそばに付いて子どもの状態を観察している。	☐
13	午睡時の換気および室温などに注意している。	☐
14	ドアを勢いよく開閉することがないようにしている。	☐

① チェックした日
チェックリストに沿って、いつ確認したのか日付を記入します。毎月行う必要があります。

② チェック内容
保育室、園庭、共有スペース、散歩時など保育のあらゆる場面において、安全に過ごせるようチェックする項目です。各年齢や園独自の項目を加えてもよいでしょう。

防災・安全計画① 避難訓練計画

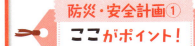

ここがポイント！ 必要以上に怯えさせない

非常事態が起きたという緊張感をかもし出すことは訓練でも大切ですが、むやみに怖がらせないようにします。保育者と共に行動すれば、自分の命を守れることを伝えましょう。

	4月	5月	6月
種別	基礎訓練（園児）／机上訓練（職員）	地震	火災
想定	火災／地震	地震	調理室より出火
ねらい	●基礎的な知識を得る。 ●放送を静かに聞く。 ●防災頭巾の使い方を知る。 ●「おかしも」の意味を知る。	●放送を聞き、保育者のところへ素早く集まる。 ●机の下へ安全に避難する。	●非常ベルの音を知る。 ●保育者のところへ静かに集まる。 ●放送の指示に従い避難する。 ●「おかしも」の確認を知る。
保育者の援助	●集会形式で非常ベルの音を聞かせる。 ●放送による指示をよく聞くことを知らせる。 ●訓練計画及び役割分担の確認。 ●災害時備蓄品の確認。 ●非常用リュックの中身を確認。 ●非常勤・アルバイト職員への周知。	●放送を聞き、保育者のそばに集まり、机の下に避難させる。 ●ホールに集合し（2〜5歳児）、防災頭巾をかぶらせる。	●「押さない、かけない、喋らない、戻らない」の約束の確認。 ●調理室から出火の際の職員の行動確認。 ●2階保育室は非常階段より避難させる。 ●各保育室より消火器を持ってくる。
時刻／避難場所	10:00／ホール	10:00／ホール	10:00／園庭

	10月	11月	12月
種別	火災	総合訓練／他園と合同訓練／地震	地震（予告なし）
想定	近隣より出火	地震／西側マンションより出火／散歩時	震度6／警戒宣言
ねらい	●すみやかに園庭に集まり、第2避難場所（A小学校）へ安全に避難する。	●火災予防、火の用心の話を聞いて理解する。 ●園外保育時の避難を知る。	●緊急地震速報を聞き、目覚め、保育者のところにすみやかに集まる。 ●放送の指示に従い、避難する。
保育者の援助	●園庭に子どもを集め、クラスごとに小学校に避難する。 ●防災物品を準備する（寒い日は防寒具）。	●消防署員の立ち会いの下、通報訓練を行い、消火器の取り扱いの指導を受ける。 ●火災の恐ろしさを知り、避難時の注意を聞く。 ●散歩中の地震は安全を確保し、状況をきちんと把握して園に連絡を入れる。	●緊急地震速報が入り、後に大地震がくることを想定し、眠っている子どもたちを起こし、布団をかける。 ●避難と並行し、防災頭巾・上履きの準備。 ●避難経路の確保。
時刻／避難場所	9:45／A小学校	10:00／保育室・園庭	15:00／室内の安全な場所

♣ 年間目標

●非常時において、自分の命を守るための行動を身に付ける。

7月		8月	9月
地震（予告なし）	防犯訓練	火災（予告なし）	地震／引き取り訓練
地震／プール時 夏季保育中	不審者の出現	近隣より出火／朝の保育時	地震／震度6／遅番時
●プール時での避難を知る。	●不審者からの身の守り方を知る。	●「おかしも」の内容を理解する。	●防災頭巾の使い方を知る。
●プールバッグ・上履き（靴）の位置を確認。 ●水の中、裸の子どもへの対応。 ●水から上がり、バスタオルをはおらせ、園庭に避難させる。	●不審者が現れたときの子どもへの対応、どのように身を守るかを知らせる。	●当番保育者の指示に従い、避難させる。 ●少数の職員での避難、誘導。 ●肉声での伝達。 ●防災物品の確認（各クラスのリュックも含む）。	●引き取り名簿の作成。 ●保護者を確認し、名簿記入後引き渡す。 ●保護者に登降園時の経路の安全確認を促す（お知らせ配布）。 ●分散している園児の把握。 ●引き取り保護者への対応。
10:00／園庭	2歳児～／園庭・保育室	8:15／園庭	15:45／園庭

1月	2月	3月
火災	地震（予告なし）	地震（予告なし）／机上訓練（職員）
事務室より出火	遅番時	震度6／警戒宣言
●放送を静かに聞く。 ●防災頭巾を適切に使う。 ●「おかしも」の再確認をする。	●延長時の避難の仕方を知る。 ●机の下に入る、布団をかぶせてもらうなど、頭を守る。	●緊急地震速報を聞き、保育者のところへすみやかに集まる。
●集会形式で非常ベルの音を聞く。 ●放送による指示をよく聞くことを知らせる。 ●訓練計画及び役割分担の確認。 ●災害時備蓄品の確認。 ●非常用リュックの中身を確認する。 ●非常勤・アルバイト職員への周知。	●周囲の落下物を取り除き、避難経路の確保、防災頭巾・グッズを用意する。 ●園児の人数確認。 ●非常勤・アルバイトへの誘導・防災グッズをそろえるなどの動きを知らせる。	●緊急地震速報が入り、後に大地震がくることを想定し、園庭に避難する。 ●今年度の防災計画を反省し、改善点を出し合う。 ●避難訓練計画の反省。 ●次年度への申し送り。
10:00／ホール	17:30／保育室	11:00／園庭

防災・安全計画 ②
リスクマネジメント計画

防災・安全計画②　ここがポイント！

CD-ROM ニーズ対応 → P206 リスクマネジメント計画

様々な危険から、子どもを守る

　ＡＥＤの使用から感染症の対策まで、あらゆるリスクを想定しながら、子どもの安全を守ることが求められます。備えあれば憂いなしと心得ましょう。

	4月	5月	6月	7月	8月	9月
担当職員が行うこと	●自衛消防組織の確認 ●避難用リュックサックの確認 ●SIDS確認 ●アレルギー食の提供方法確認	●訓練用人形・AED借用依頼 ●バックアップ園の看護師を依頼 ●起震車申し込み ●消火器の場所の周知	●AEDの使い方・人工呼吸法について学ぶ ●3園合同訓練打ち合わせ ●プール遊びマニュアル確認 ●熱中症対策の確認	●消防署へDVD借用依頼 ●引き取り訓練お知らせ（園だより） ●消火器の使い方確認	●煙中訓練申し込み ●防犯訓練（警察）依頼	●緊急時メール送信の確認
実施する訓練	●火災（調理室） ●「おかしも」 ●避難の基本行動確認	●地震①（おやつ後） ●地震②（第1避難所へ避難）	●地震・火災（早・遅番） ●緊急時の対応（職員）	●火災（3園合同・消防署立ち会い） ●初期消火・通報訓練、起震車体験	●火災（プール時・合同保育） ●避難服着用	●地震（関東地方一帯） ●メール配信訓練 ●引き取り訓練
ヒヤリ・ハット報告	●報告書作成 ●報告書の回覧 ●職員会議にて検討					●職員会議にてケース討議
チェックリスト報告	●事故リスク軽減のためのチェックリストにて確認		●職員会議にて気付きの報告			

	10月	11月	12月	1月	2月	3月
担当職員が行うこと	●3園合同訓練打ち合わせ ●園外での安全確認、役割分担	●感染症対策マニュアル確認 ●嘔吐・下痢対応方法確認 ●保育安全の日	●ヒヤリ・ハット事故発生場所・時間帯集計	●デイホームとの打ち合わせ ●保育園実践研修発表会	●福祉作業所との打ち合わせ ●危機管理マニュアル見直し	●早・遅番マニュアル見直し、検討 ●年間避難訓練反省 ●リスクマネジメント活動反省 ●来年度の引き継ぎ
実施する訓練	●地震（散歩時） ●防犯訓練（合い言葉確認）	●地震・火災（3園合同） ●煙中訓練	●地震（昼寝時）	●火災（2階沐浴室） ●非常滑り台使用	●地震・火災（デイホームより避難） ●国道への避難	●地震・火災（福祉作業所より避難）
ヒヤリ・ハット報告	●報告書作成 ●報告書の回覧 ●職員会議にて検討				●来年度に向けて報告書からの検討	
チェックリスト報告	●事故リスク軽減のためのチェックリストにて確認	●職員会議にて気付きの報告		●来年度に向けてリストの検討		

事故防止チェックリスト

チェックした日　月　日

1	園で使用するベビー用品は、子どもの年齢や使用目的にあったものを選び、取扱説明書をよく読んでいる。	☐
2	子どもの周囲に鋭い家具、玩具、箱などがないか必ず確認し、危険な物はすぐに片付けている。	☐
3	子どもが入っているときは、ベビーベッドの柵を必ず上げている。また、柵には物をかけないようにしている。	☐
4	オムツの取り替えなどで、子どもを寝かせたままにしてそばを離れることはない。	☐
5	子どもを抱いているとき、自分の足元に注意している。	☐
6	子どもを抱いているとき、あわてて階段をおりることはない。	☐
7	寝ている子どもの上に、物が落ちてこないよう安全を確認している。	☐
8	ミルクを飲ませた後は、ゲップをさせてから寝かせている。	☐
9	よだれかけをはずしてから、子どもを寝かせている。	☐
10	ベビーベッドの柵とマットレス、敷布団の間のすき間のないことを確認している。	☐
11	敷布団は硬めのものを使用している。	☐
12	子どもを寝かせるときはあお向けに寝かせ、常にそばに付いて子どもの状態を観察している。	☐
13	午睡時の換気および室温などに注意している。	☐
14	ドアを勢いよく開閉することがないようにしている。	☐
15	ドアのちょうつがいに、子どもの指が入らないように注意している。	☐
16	ドアをバタバタさせるなど、ドアの近くで遊ばせないようにしている。	☐
17	子ども用の椅子は、安定のよいものを使用し、食卓椅子から降ろす際は、足の抜き方に注意している。	☐
18	子どもがお座りをするそばに、角や縁の鋭いものは置かないようにしている。	☐
19	椅子に座っている際に急に立ち上がったり、倒れたりすることがないように注意している。	☐
20	つかまり立ちをしたり、つたい歩きをしたりするときは、そばに付いて注意している。	☐
21	口に物をくわえて歩行させないようにしている。	☐
22	子どもは保育者の後追いをすることがあるので、保育者の近くに子どもがいないか注意している。	☐
23	敷居や段差のあるところを歩くときは、つまずかないように注意している。	☐
24	子どもの足にあったサイズの靴か、体にあったサイズの衣類かを確認している。また、靴を正しくはいているか確認している。	☐
25	子どもの腕を、保育者や年上の子どもが強く引っぱることがないようにしている。	☐
26	ほふく床面に損傷、凹凸がないか確認している。	☐
27	子どもが直接触れてやけどをするような暖房器具は使用していない。また、子どもが暖房器具のそばに行かないように気を付けている。	☐
28	遊具の衛生面と安全面に特に配慮している。	☐
29	口の中に入ってしまう小さな玩具を、子どもの手の届くところに置いていない。	☐
30	ビニール袋、ゴム風船は、子どもの手の届かないところにしまっている。	☐
31	バケツや子ども用プールなどに、水をためて放置することはない。	☐
32	沐浴やシャワー中の子どものそばから離れないようにしている。また、事前に温度確認をしている。	☐
33	ボール遊びでは勢いあまって転倒することがあるので、周囲の玩具などに注意している。	☐
34	バギーに乗せるときは深く腰かけさせ、安全ベルトを使用し、そばから離れないようにしている。	☐
35	砂を口に入れたり、誤って砂が目に入ったりすることがないように、気を付けている。	☐
36	ウサギや小動物の小屋には、手を入れないように注意している。	☐

ニーズ対応　防災・安全

保健計画

おさえたい ③ つのポイント

❶ 健康を保つために
子どもたちが健康で毎日を過ごせるように、健康診断や各種の検診は欠かせません。お医者さんを恐がらないように、みんなを守ってくれるヒーローとして親しみがもてるよう計画をねりたいものです。

ねらい
1年を見通し、期に応じたねらいを具体的に書きます。健康に過ごすために、おさえたいことです。

行事
その期に行われる検診など、保健に関わる行事を書きます。

援助
低年齢児は疾病への抵抗力が弱いので、一人一人の様子を把握しながら予防を心がけます。

職員との連携
園内で共通理解しておかなければならないことを洗い出し、意識できるようにします。

	1期（4・5月）	2期（6〜8月）
ねらい	●新しい環境に慣れる。 ●生活リズムが整う。	●梅雨を快適に過ごす。 ●暑い夏を無理なく過ごす。
行事	●0歳児健診（毎週火曜日） ●春の検診 ●歯科検診 ●身体測定1回／月（4月は頭囲、胸囲、カウプ指数）	●プール前検診 ●プール開き
園児への保健教育	●生活リズムを整えられるようにする。	●歯みがきの大切さを話す。 ●水分補給に気を付ける。
援助	●個々の健康状態、発達・発育を把握し、保護者と情報交換していく（バイタルサイン、生活リズム、排泄、食事、アレルギー、予防接種、虐待の有無）。 ●SIDS予防。 ●つかまり立ち・伝い歩き、歩行による転倒防止に努める。 ●感染予防に努める。	●温度、湿度に合わせた衣類の調整をする。 ●冷房使用時は外気温との差に気を付ける。 ●発汗による皮膚トラブルを予防していく。 ●虫刺されの予防とケア。 ●夏の感染症の早期発見と拡大予防をする。 ●プールの衛生管理、健康管理、安全に配慮していく。 ●熱中症の予防。
職員との連携	●配慮が必要な子どもの対応、保健マニュアルの活用をすすめる。 ●看護師連絡会での情報を知らせていく。 ●新人保育者の保健教育を行う（嘔吐・下痢処理、SIDSの知識と予防対策の確認、子どもの病気と観察、保護者対応など）。	●プールでの安全面、応急処置について伝える。 ●心肺蘇生法について伝える。
家庭・地域との連携	●検診時、結果を通知し、必要に応じてアドバイスや受診をすすめる。 ●保護者会で、0歳児は赤ちゃんの健康管理について、1歳児は生活リズムについて伝える。 ●SIDSについて予防対策などを伝える。 ●伝えたい内容は、保健だより、クラスだより、掲示を活用していく。 ●子育て相談を随時行う。	●休日の過ごし方を伝え、生活リズムが乱れないようにしてもらう。 ●水遊び、プール遊び時の観察・体調管理を知らせていく。 ●家でも皮膚の観察をしてもらい、清潔に努めてもらう。 ●虫刺されの予防とケアをしてもらう。 ●伝えたい内容は、保健だより、クラスだより、掲示を活用していく。 ●子育て相談を随時行う。

❷ 病気にならない、うつさない

まずは病気にならないように予防します。病気が見つかったら、早目に治療を開始します。感染症の場合は、他の子にうつらないよう対策しなければなりません。嘔吐物の処理など、手順を確認しておきましょう。

❸ 家庭や医療機関と手を携えて

予防は園だけでは不十分。家庭にも園の方針を伝え、同じように心がけてもらう必要があります。園医とも密に連絡を取り、最新の情報をもとに病気にならない生活の仕方を伝えていきましょう。

3期（9〜12月）	4期（1〜3月）
●戸外遊びで体力をつける。	●寒さに負けず体を動かして元気に遊ぶ。
●秋の検診	●新入園児検診
●手洗いの仕方を丁寧に伝える。	●手洗いとうがいの仕方を丁寧に教える。
●夏の疲れによる体調の崩れに注意していく。 ●無理せず休息を取りながら活動していく。 ●発達、体調に合わせた活動を多く行う。 ●けが予防に努める。 ●衣類の調節をする。 ●暖房使用時の温度（18〜20℃）、湿度（50〜70%）を設定。 ●皮膚の乾燥、炎症の観察とケア。 ●感染症の早期発見と予防。	●お正月休み中の体調を把握し、生活リズムを整えていく。 ●体調に合わせた活動にし、体調の悪化を予防する。 ●予防接種・検診の有無を確認する。
●嘔吐・下痢処理法の確認。 ●インフルエンザにかかった子どもを伝える。 ●転倒・落下などでけがをしないように注意して見守っていく。	●室温・湿度・換気を確認する。 ●新年度の引き継ぎをする。
●冬の感染症について知らせる。 ●スキンケアの大切さを伝える。 ●適切な靴選びを伝え、準備してもらう。	●保護者会で生活リズム・風邪予防などの話をする。 ●未接種の予防接種を促す。 ●発育が気になる子どもについては、保護者に伝え個別に相談する。

家庭・地域との連携
家庭と情報交換すべきことや、園に通っていない地域の子どもに対する配慮なども記します。

園児への保健教育
子どもたちへ伝えることについて書きます。また、身に付いているか時々確認する必要があります。

保健計画

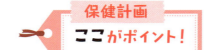

命を守る使命感を

子どもは適切なケアがなければ、命を落としてしまう、か弱い存在です。清潔で快適な環境のもとでの生活を保障し、検診も定期的に受診できるよう計画します。毎年見直して、よりよい計画にしていきましょう。

	1期（4・5月）	2期（6〜8月）
ねらい	●新しい環境に慣れる。 ●生活リズムが整う。	●梅雨を快適に過ごす。 ●暑い夏を無理なく過ごす。
行事	●0歳児健診（毎週火曜日） ●春の検診 ●歯科検診 ●身体測定1回／月（4月は頭囲、胸囲、カウプ指数）	●プール前検診 ●プール開き
園児への保健教育	●生活リズムを整えられるようにする。	●歯みがきの大切さを話す。 ●水分補給に気を付ける。
援助	●個々の健康状態、発達・発育を把握し、保護者と情報交換していく（バイタルサイン、生活リズム、排泄、食事、アレルギー、予防接種、虐待の有無）。 ●SIDS予防。 ●つかまり立ち、伝い歩き、歩行による転倒防止に努める。 ●感染予防に努める。	●温度、湿度に合わせた衣類の調整をする。 ●冷房使用時は外気温との差に気を付ける。 ●発汗による皮膚トラブルを予防していく。 ●虫刺されの予防とケア。 ●夏の感染症の早期発見と拡大予防をする。 ●プールの衛生管理、健康管理、安全に配慮していく。 ●熱中症の予防。
職員との連携	●配慮が必要な子どもの対応、保健マニュアルの活用をすすめる。 ●看護師連絡会での情報を知らせていく。 ●新人保育者の保健教育を行う（嘔吐・下痢処理、SIDSの知識と予防対策の確認、子どもの病気と観察、保護者対応など）。	●プールでの安全面、応急処置について伝える。 ●心肺蘇生法について伝える。
家庭・地域との連携	●検診時、結果を通知し、必要に応じてアドバイスや受診をすすめる。 ●保護者会で、0歳児は赤ちゃんの健康管理について、1歳児は生活リズムについて伝える。 ●SIDSについて予防対策などを伝える。 ●伝えたい内容は、保健だより、クラスだより、掲示を活用していく。 ●子育て相談を随時行う。	●休日の過ごし方を伝え、生活リズムが乱れないようにしてもらう。 ●水遊び、プール遊び時の観察・体調管理を知らせていく。 ●家でも皮膚の観察をしてもらい、清潔に努めてもらう。 ●虫刺されの予防とケアをしてもらう。 ●伝えたい内容は、保健だより、クラスだより、掲示を活用していく。 ●子育て相談を随時行う。

♣ 年間目標

- 心身共に健康で毎日を過ごす。

3期（9～12月）	4期（1～3月）
●戸外遊びで体力をつける。	●寒さに負けず体を動かして元気に遊ぶ。
●秋の検診	●新入園児検診
●手洗いの仕方を丁寧に伝える。	●手洗いとうがいの仕方を丁寧に教える。
●夏の疲れによる体調の崩れに注意していく。 ●無理せず休息を取りながら活動していく。 ●発達、体調に合わせた活動を多く行う。 ●けが予防に努める。 ●衣類の調節をする。 ●暖房使用時の温度（18～20℃）、湿度（50～70％）を設定。 ●皮膚の乾燥、炎症の観察とケア。 ●感染症の早期発見と予防。	●お正月休み中の体調を把握し、生活リズムを整えていく。 ●体調に合わせた活動にし、体調の悪化を予防する。 ●予防接種・検診の有無を確認。
●嘔吐・下痢処理法の確認。 ●インフルエンザにかかった子どもを伝える。 ●転倒・落下などでけがをしないように注意して見守っていく。	●室温・湿度・換気を確認する。 ●新年度の引き継ぎをする。
●冬の感染症について知らせる。 ●スキンケアの大切さを伝える。 ●適切な靴選びを伝え、準備してもらう。	●保護者会で生活リズム・風邪予防などの話をする。 ●未接種の予防接種を促す。 ●発育が気になる子どもについては、保護者に伝え個別に相談する。

食育計画

おさえたい ③ つのポイント

❶ 授乳時の微笑みと言葉かけ

ミルクを飲む際に、優しく抱かれ笑顔を向けられることは、人と人とのやり取りの原初的な体験です。落ち着いた環境の中で、安心と信頼を得られるような関わりを心がけましょう。

食育計画 ❶

月齢別に「内容」を設定し、「子どもの姿」を具体的に書き、どのような援助が必要かを考えます。調理員が配慮すべきことや、家庭と連携することも明記します。

❶ ねらい
その年齢における食育で培いたい姿です。

❷ 内容
月齢ごとの区分になっています。「ねらい」に近づくために経験させたい事柄です。

❸ 子どもの姿
その月齢の子どもが見せる、食に関する姿です。発達段階を意識します。

❹ 環境構成と保育者の援助
「内容」を経験させるために、どのような環境を準備し、どのような援助をするのか明記します。

❺ 調理員の配慮
調理員がすべきことと、保育者と連携を図ることについて書きます。

❻ 家庭との連携
保護者からの要望や、家庭での様子、園から伝えることなどを記します。

食育計画 ❷

食育を6つの項目に分け、それぞれについて「内容」と「保育者の援助」を載せています。月齢に応じた内容の進み方も、項目ごとに見渡すことができます。

❶ ねらい
年間を通して、すべての月齢に通じる「ねらい」です。保育者間で相談して決めます。

❷ 食べ物と健康について
好き嫌いせず、いろいろな味に慣れるための項目です。

❸ 食器の使い方について
発達に伴い、徐々に食具が使えるように導きます。

❹ マナーについて
食に対する姿勢として育みたいことを、月齢ごとに配列しています。

❺ 楽しく食べるために
食を楽しむための環境づくりや配慮することについての項目です。

❻ バイキング
自分の食べられる量を把握し、自分で食品を選ぶ能力を育みます。

❼ 食材・栽培について
野菜を育てたり、クッキングをしたりする活動も経験できるようにします。

❷ 様々な味の経験を

食べ慣れない食品を、子どもは本能で吐き出すことがありますが、楽しい雰囲気の中で、味に慣れていきます。様々な味、形、色、口あたりの食品を経験し、摂取できる種類を増やしましょう。

❸ 自分から食べること

乳首に自分から吸い付くこと、手づかみで食べることなど、自分から食べようとする姿勢を大切に育てます。「もぐもぐ、上手ね」と認めることで、更に意欲をもつでしょう。

食育計画 ❸

食育における「園の目標」を明記し、各年齢ごとの「年間目標」「調理員との関わり」を載せています。個人の計画のベースとなる、期の「ねらい」と「保育者の援助」を明記します。

園の目標
園として大切にしたい食についての目標を書きます。すべての年齢に共通です。

年間目標
各年齢ごとに、この1年で期待する育ちについて書きます。

調理員との関わり
実際に調理してくれる人と触れ合うことで、子どもには大きな学びがあります。積極的な関わりを計画しましょう。

ねらい
期ごとに食育のねらいを立てます。もちろん個別には異なりますが、その園の年齢ごとに担任が相談して決めます。

保育者の援助
ねらいに合わせた保育者の援助を書きます。これをベースに、家庭での食事の様子や個人差を配慮して、個別の計画を立てます。

食育計画①

ニーズ対応 → P214-P215 食育計画I

食育計画① ここがポイント！

一人一人の食べ具合や飲み具合に合わせる

　家庭以外の場で食事をとることは、子どもにとっても抵抗があるものです。安心して食べたり飲んだりできるように、居心地のよさを保障する必要があるでしょう。また、離乳食を進めていくことが求められます。食べることが楽しめるように、一人一人のペースに合わせて明るく援助していきましょう。

ねらい
- いろいろな食材に慣れ、喜んで食べる。

	内容	子どもの姿
6か月未満	●ミルクを安定した環境で飲む。	●徐々に飲み方が安定し、吸う力が強くなる。
6か月～10か月未満	●すりつぶした食べ物を喜んで食べる。 ●もぐもぐごっくんを楽しむ。	●なめらかにすりつぶした状態から、徐々に軟らかい形のある物を摂取する。 ●少しずつ食べ物に興味をもつ。 ●そしゃくと嚥下（えんげ）を繰り返しながら、徐々に幼児食へと移行する。
10か月～1歳3か月未満	●食べ物に興味をもち、自分から食べることを楽しむ。	●離乳食から幼児食へ移行する。 ●自分で食べたいという意欲が芽生える。 ●自分で手づかみで食べることを喜ぶ。 ●目と手の協応性が発達し、上手に口へ運ぶようになる。
1歳3か月～2歳未満	●食べたい、食べてみようとする気持ちをもつ。 ●食事を楽しむ。	●楽しい雰囲気で食事をすることを喜ぶ。 ●いろいろな物を食べ、様々な味を知る。 ●いろいろな食材に興味をもつ。 ●自分で食べる意欲をもつようになる。

● 家庭との連携の下で、望ましい食事習慣を身に付ける。

環境構成と保育者の援助	調理員の配慮	家庭との連携
● 睡眠のリズムを崩さないように、授乳を進める。 ● ミルクは人工乳・冷凍母乳など、保護者の意向を尊重して進める。 ● 授乳のペースは、ゆっくりと子どもの状態に合わせて行う。 ● 優しく言葉をかけながら、ゆったりと授乳する。	● 子どもの授乳状況を把握し、離乳の開始時期を看護師、保育者と連携して決める。	● 飲む量、飲み方の癖、飲む時間など、家庭での授乳状況を把握する。 ● 毎日の授乳状況を、正確に伝達する。
● 一品ずつ食事を提供し、子どもの健康状態を確認して進める。 ● 保育者、看護師、調理員と日々の様子を話し合いながら、焦らず進める。 ● 離乳食の食べ具合などを話し合い、一人一人に合った進め方をする。 ● フォークやスプーンの感触に慣れさせる。	● 一品ごとに、新鮮な材料を確認してつくる。 ● 食品は十分に火を通して提供する。 ● 保育者、看護師と食事状況を日々話し合いながら無理なく進める。 ● すりつぶした物や固形状の物を、個々の進め方に合わせて提供する。 ● 味付けは薄味にする。	● 食品、形状、味付けなど、食事の状況を丁寧に家庭に知らせる。 ● 家庭での食事の状況を確認する。 ● 食品調査票を定期的に渡し、食べられるようになった食品を把握する。こまめに連絡を取り合い園と家庭とで一貫して進める。
● 一人一人に見合った分量を盛り付け、少しずつ食べる量を増やしていく。 ● フォークやスプーンの使い方を手を添えながら知らせる。 ● 手でつかみやすいように食器を配置し、自分で食べたという気持ちを大切にする。 ● こぼれてもよい食事環境を整える。	● 離乳食に見合った食材を提供する。 ● 食事に一人一人の名前を付けて取り違いのないように提供する。 ● 食材は手づかみしやすい形や長さに切る。	● 手づかみ食べの大切さや、子どもの食べ具合を保護者に伝える。 ● 一人一人の生活リズムを基本に、連携を図りながら進める。 ● 家族が一緒に食事をすること、そばに付いて見守ることをお願いする。
● 保育者も一緒に食事をし、おいしく食べる言葉や人的環境としての姿を見せる。 ● 「もっと食べたい」という気持ちを大切にし、分量を個々に合わせ、おかわりができるようにする。 ● ゆったりとした食事中の雰囲気を大切にする。	● 季節に合った食材の提供を心がける。 ● 様々な食材を用意し、味覚の幅が広がるようにする。	● 家族が一緒に食事をすることの大切さを伝える。 ● 食事の量や食べ方など家庭と連絡を取り合い、食事が楽しいという経験をしてもらう。

ニーズ対応

食育

食育計画②

ニーズ対応 → P216-P217 食育計画2

食育計画②
ここがポイント！

食事は楽しいことだとインプットする

　食欲は動物の三大欲求の一つです。おなかがすくと不機嫌になり、おなかが満たされると満足して安らぎを得ます。そのような動物本来の感覚をしっかり経験できるようにしましょう。食がとれることは喜びなのです。食事の時間を心待ちにできるよう、楽しいひとときにしていきましょう。

🍚 **ねらい**　● "食"に興味・関心をもち、みんなと一緒においしく食べる。

		食べ物と健康について	食器の使い方について（スプーン、フォーク、箸の持ち方と時期）
6か月未満	内容	●いろいろな味に触れる。	●哺乳瓶に慣れる。
	保育者の援助	●家庭や栄養士と連携しながら、一人一人に合わせて離乳を進める。	●母乳の子どもには家庭でも哺乳瓶の使用を依頼するなどして連携し、無理なく慣れるようにする。
6か月〜1歳3か月未満	内容	●いろいろな味を経験する。 ●いろいろな味、舌触りに慣れる。	●手づかみで食べ、食器などに興味をもつ。 ●コップやお椀から飲む。
	保育者の援助	●家庭や栄養士と連携しながら、様々な食材や形態に慣れていくようにする。	●手づかみで食べやすい食事形態にし、食器を用意する。 ●スプーン、れんげなど発達段階に合った食具を用意する。
1歳3か月〜2歳未満	内容	●いろいろな味や食材を食べてみる。 ●いろいろな食べ物を見る、触る、かんで味わう経験を通して、自分で進んで食べる。	●手づかみ、スプーン、フォークを使って食べる。 ●コップやお椀は両手で食器に手を添える。
	保育者の援助	●楽しい雰囲気を心がけ、自分で食べる意欲を大切にする。 ●かむことの大切さが身に付くように知らせる。少しずついろいろな食べ物に接する。	●一人一人の様子に合わせて、正しい持ち方を知らせる。 ●コップやスプーンなど、発達段階に合った使いやすい物を使用する。

マナーについて （手洗い、あいさつ、座り方など）	楽しく食べるために	バイキング	食材・栽培について （クッキングなど）
●離乳食の前に、手を洗ってもらう。 ●いただきます、ごちそうさまの言葉を聞く。	●おなかがすいたときに、ミルクを飲むなどする。		
●指の間なども気を付けて洗う。 ●目を見ながらゆったりとした雰囲気で言葉をかける。	●ゆったりとした雰囲気の中で授乳をする。 ●「おいしいね」などの言葉をかける。		
●安定した姿勢で食べる。 ●食後に手や顔をふいてもらい、きれいになった心地よさを知る。	●ゆったりした雰囲気の中で、授乳や食事をする。		●園庭の植物を見たり触れたりする。
●サイズの合った机や椅子を用意し、タオルで調節する。 ●「気持ちいいね」などと言い、心地よさを知らせる。	●「おいしいね」「上手に食べられたね」などの言葉で、食べる意欲につなげる。		●子どもの見やすいところにプランターなどを用意し、気付きに耳を傾け、一緒に楽しむ。
●食事の前に、保育者に手伝われながら一緒に手洗いをする。 ●食前食後に保育者と一緒にあいさつをする。	●よく遊び、よく眠り、おいしく食べる。 ●保育者や友達と一緒に食事をする。	●簡単な料理をつくるのを見たり、取り分けてもらったりする雰囲気を楽しむ。	●園庭の植物を見たり触れたりする。 ●絵本や紙芝居を通していろいろな食材に興味をもつ。
●自分でやりたい気持ちを大切にしながら一緒に手を洗い、清潔を保つ。 ●保育者が見本となり、習慣を知らせていく。	●一人一人の生活リズムを大切にする。 ●座る位置をおおまかに決め、ゆったりと安定した雰囲気をつくる。	●栄養士や給食員と連携し、バイキングの機会をつくる。	●子どもの見やすいところにプランターなどを用意し、気付きに耳を傾け、一緒に楽しむ。

食育計画❸

ニーズ対応 → P218-P219 食育計画❸

食育計画❸ ここがポイント！

0歳児クラスとしての一年を把握する

月齢は様々で食事の形態もそれぞれですが、園の食についての目標のもと、一年間を見通してクラスのねらいを立て、具体的な援助を考えていきます。スプーンは、初めは上から握りますが、慣れてきたら下から握るようにして、将来は鉛筆持ちに移行できるように見守りましょう。

園の目標
- 楽しく食事をする。
- 身近な野菜を育て、収穫する喜びを味わい親しみをもつ。

年間目標
- 一人一人に応じた食材や形態を発達に合わせて変更しながら、保育園での給食（離乳食）に慣れ、徐々に幼児食に移行する。
- 援助してもらったり、見守られたりしながら、手づかみやスプーンを使って、落ち着いて食事をする。
- いろいろな食材に慣れ、食材の感触を楽しむ。

	1期（4・5月）	2期（6〜8月）
ねらい	●園の食事に慣れ、離乳食を食べる。 ●落ち着いて食卓椅子に座って食事をする。 ●いろいろな食材の味に慣れる。	●手づかみで楽しんで食べる。 ●介助してもらったり、見守られたりしながら、落ち着いて食べる。 ●食材に触ってみる。 ●食材に触れ、食材の感触を楽しむ。
保育者の援助	●家庭と連絡を取りながら、栄養士と共に一人一人に合わせて離乳食を進めていく。 ●離乳食の開始時期や生活リズムの整え方を家庭と確認しながら進めていく。	●個々の姿に合わせ食事の環境を整え介助をしていく。 ●食欲や食品の好みを把握し、無理なく対応する。

- いろいろな食材について、興味・関心をもつ。

調理員との関わり
●一人一人の離乳食の進み具合を把握してもらい、保護者、保育者と相談しながら個々に合わせて無理なく進めていく。 ●食べている様子を見てもらったり、声をかけてもらったりして、栄養士や調理員に親しみがもてるようにする。 ●無理強いせずに食べられるようにする。

3期（9〜12月）	4期（1〜3月）
●手づかみやスプーンを使って食べようとする意欲を大切にし、よくかんで飲み込むようにする。	●テーブル、椅子を使って食事することに慣れる。 ●スプーンを握り持ちで食べる。 ●離乳食が完了する。 ●一人一人に応じて、食材や形態を変更し、幼児食への移行をしていく。
	●テーブルと椅子を使って食事をする際、座り方などに十分に気をつけ、安全に座って食べられるようにする。
●調理形態や食べられるようになった食品を確認しながら、離乳食を進めていく。	●一人一人の食べる姿を確認しながら幼児食へと移行していく。

ニーズ対応

食育

子育て支援の指導計画

おさえたい 3 つのポイント

❶ 在園児も園外の子も幸せに

子どもが幸せであるためには、子育てをしている人が幸せでなければなりません。辛い思いをしているなら、相談できる場を用意しましょう。子育ての喜びを伝えたいものです。

子育て支援の指導計画 ❶ 在園向け

保護者の悩みを想定し、どのように対応したら保護者と子どもが幸せになるかを考え、支援の内容を具体的に書きます。

行事
期ごとに保護者に関わる行事をピックアップします。子どもの育ちを感じることができるよう配慮します。

	1期（4・5月）	2期（6〜8月）	3期（9〜12月）	4期（1〜3月）
行事	●入園式 ●保護者会	●保育参観 ●個人面談 ●夏祭り	●運動会 ●保育参観 ●作品展	●保護者会 ●お別れ会
保育者の支援	●家庭と園とで子どもの様子を連絡帳に書いたり、送迎時に伝え合ったりする中で、信頼関係を築いていく。 ●子育ての悩みや疑問など、保護者の気持ちを十分に受け止め、保護者の立場に立った視点で丁寧に関わる。 ●寝返りやハイハイなど、発達に応じた遊びや関わりを紹介し、子どもの姿を伝え合い、園と家庭が相互に成長を喜び合える関係を築く。 ●感染症が出た際には、保護者が理解して対応できるよう、クラスだよりや口頭、掲示で知らせる。 ●健康面やアレルギー、家庭での過ごし方について連絡を取り合い、共通理解を図る。 ●保育園の支度等、分からないことは保護者一人一人に丁寧に知らせる。 ●普段の食事や病気時の食事などの配慮の仕方を、細かく具体的に話しながら伝える。 ●気候に合わせた衣服を用意してもらうよう、その つど声をかける。	●保育参観と個人面談を行うことで、更に保育園での生活を理解してもらい、信頼関係を深める。 ●沐浴や水遊びが安全に行えるよう、健康状態や準備物の確認など、保護者に丁寧に伝え、連絡をしっかり取る。 ●子どもの体調を伝え合いながら、夏に流行する感染症についても細かく知らせ、健康に過ごせるようにする。	●保育内容や子どもの様子をこまめに伝え、成長の喜びを共感し合う。 ●十分に安全な探索活動を楽しめるよう、保護者に室内の環境の整え方について伝えたり、相談にのったりする。 ●今後夏の疲れが出てくることを伝え、十分休息を取る大切さを伝える。 ●体と共に感情も育ち、自己主張も出てくるため、子どもへの対応も変わるので保護者とも話すと共に、クラスだよりなどでも取り上げる。 ●スプーンや、テーブルと椅子を使っての食事に徐々に移行するので、家庭と連携して進められるよう話す。 ●園と家庭での様子を伝え合いながら、冬の感染症への対策なども伝え、流行は最小限に留めるようにする。	●新年度に向けた準備について、事前に丁寧に話し、不安なく進級できるようにする。 ●保護者会を通して、子どもの様子や成長の喜びを共感する。 ●保護者同士の話し合いを設けて、意見交換の場を提供する。 ●進級への不安などを受け止め、親子ともにケアしながら、一年間の成長を喜び、共感する。

保育者の支援
保護者が安心して子育てができるように、情報を提供したり相談にのったりします。特にその時期に必要な支援について説明します。

❷ 保護者それぞれへの支援

ひとり親、外国籍家庭、育児不安、親の障害など、保護者が様々な困難を抱えている場合があります。状況を理解し、個別の支援を計画的に行いましょう。秘密は厳守することも伝えます。

❸ 地域との連携を大切に

子育て広場を設けたり、公民館を利用できるようにすることは、社会とつながるチャンスがなかった人々の世界を広げることになります。新しい出会いやネットワークがつくられるように働きかけましょう。

子育て支援の指導計画❷ 地域向け

初めて訪れた親子にとっても居場所となるような空間と、役に立つ情報を提供できるように、活動や援助の方針を記します。

年間目標
一年を通して、訪れた親子に対して、どのような支援をしていくのかを具体的に書きます。

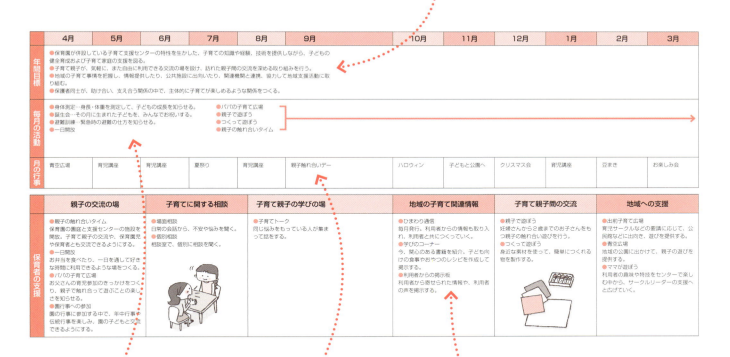

毎月の活動
一年間に、どのような活動を催し、どのような遊びの場を提供するのかを書いておきます。

月の行事
毎月する活動の他に、その月ならではの行事を記入します。月によって偏りがないように調整します。

保育者の支援
子育て支援の活動内容を、この欄で紹介しています。「遊びの場」「相談の場」など多角的な場を設定します。

子育て支援の指導計画 ❶ 在園向け

子育て支援の指導計画①
ここがポイント！

保護者の安心を支える

乳児にどのように関わればよいのか分からない、という新米ママも多いもの。また、乳児は成長が早いので、常に対応を変えていかなければならないことにもとまどいます。あらかじめきめ細やかな支援を考えておきましょう。

	1期（4・5月）	2期（6〜8月）
行事	●入園式 ●保護者会	●保育参観 ●個人面談 ●夏祭り
保育者の支援	●家庭と園とで子どもの様子を連絡帳に書いたり、送迎時に伝え合ったりする中で、信頼関係を築いていく。 ●子育ての悩みや疑問など、保護者の気持ちを十分に受け止め、保護者の立場に立った視点で丁寧に関わる。 ●寝返りやハイハイなど、発達に応じた遊びや関わりを紹介し、子どもの姿を伝え合い、園と家庭が相互に成長を喜び合える関係を築く。 ●感染症が出た際には、保護者が理解して対応できるよう、クラスだよりや口頭、掲示で知らせる。 ●健康面やアレルギー、家庭での過ごし方について連絡を取り合い、共通理解を図る。 ●保育園の支度等、分からないことは保護者一人一人に丁寧に知らせる。 ●普段の食事や病気時の食事などの配慮の仕方を、細かく具体的に話しながら伝える。 ●気候に合わせた衣服を用意してもらうよう、そのつど声をかける。	●保育参観と個人面談を行うことで、更に保育園での生活を理解してもらい、信頼関係を深める。 ●沐浴や水遊びが安全に行えるよう、健康状態や準備物の確認など、保護者に丁寧に伝え、連絡をしっかり取る。 ●子どもの体調を伝え合いながら、夏に流行する感染症についても細かく知らせ、健康に過ごせるようにする。

♣ 年間目標

- 子どもが健康に過ごせるように明るい気持ちで育てる。

3期（9〜12月）	4期（1〜3月）
●運動会 ●保育参観 ●作品展	●保護者会 ●お別れ会
●保育内容や子どもの様子をこまめに伝え、成長の喜びを共感し合う。	
●十分に安全な探索活動を楽しめるよう、保護者に室内の環境の整え方について伝えたり、相談にのったりする。 ●今後夏の疲れが出てくることを伝え、十分休息を取る大切さを伝える。	
●体と共に感情も育ち、自己主張も出てくるため、子どもへの対応も変わるので保護者とも話すと共に、クラスだよりなどでも取り上げる。 ●スプーンや、テーブルと椅子を使っての食事に徐々に移行するので、家庭と連携して進められるよう話す。 ●園と家庭での様子を伝え合いながら、冬の感染症への対策なども伝え、流行は最小限に留めるようにする。	●新年度に向けた準備について、事前に丁寧に話し、不安なく進級できるようにする。 ●保護者会を通して、子どもの様子や成長の喜びを共感する。 ●保護者同士の話し合いを設けて、意見交換の場を提供する。 ●進級への不安などを受け止め、親子ともにケアしながら、一年間の成長を喜び、共感する。

子育て支援の指導計画❷ 地域向け

子育て支援の指導計画❷ ここがポイント！

気軽に参加してもらえるように

「開設時間中はいつでも自由に来てください」という気持ちを示しつつ、人と人をつないでいきます。楽しい活動を提示し、参加してよかったという思いをもてるようにしましょう。

	4月	5月	6月	7月	8月	9月
年間目標	●保育園が併設している子育て支援センターの特性を生かした、子育ての知識や経験、技術を提供しながら、子どもの健全育成および子育て家庭の支援を図る。 ●子育て親子が、気軽に、また自由に利用できる交流の場を設け、訪れた親子間の交流を深める取り組みを行う。 ●地域の子育て事情を把握し、情報提供したり、公共施設に出向いたり、関連機関と連携、協力して地域支援活動に取り組む。 ●保護者同士が、助け合い、支え合う関係の中で、主体的に子育てが楽しめるような関係をつくる。					
毎月の活動	●身体測定…身長・体重を測定して、子どもの成長を知らせる。 ●誕生会…その月に生まれた子どもを、みんなでお祝いする。 ●避難訓練…緊急時の避難の仕方を知らせる。 ●一日開放			●パパの子育て広場 ●親子で遊ぼう ●つくって遊ぼう ●親子の触れ合いタイム		
月の行事	青空広場	育児講座	育児講座	夏祭り	育児講座	親子触れ合いデー

	親子の交流の場	子育てに関する相談	子育て親子の学びの場
保育者の支援	●親子の触れ合いタイム 保育園の園庭と支援センターの施設を開放。子育て親子の交流や、保育園児や保育者とも交流できるようにする。 ●一日開放 お弁当を食べたり、一日を通して好きな時間に利用できるような場をつくる。 ●パパの子育て広場 お父さんの育児参加のきっかけをつくり、親子で触れ合って遊ぶことの楽しさを知らせる。 ●園行事への参加 園の行事に参加する中で、年中行事や伝統行事を楽しみ、園の子どもと交流できるようにする。	●場面相談 日常の会話から、不安や悩みを聞く。 ●個別相談 相談室で、個別に相談を聞く。	●子育てトーク 同じ悩みをもっている人が集まって話をする。

10月	11月	12月	1月	2月	3月
ハロウィン	子どもと公園へ	クリスマス会	育児講座	豆まき	お楽しみ会

地域の子育て関連情報	子育て親子間の交流	地域への支援
●ひまわり通信 毎月発行。利用者からの情報も取り入れ、利用者と共につくっていく。 ●学びのコーナー 今、関心のある書籍を紹介。子ども向けの食事やおやつのレシピを作成して掲示する。 ●利用者からの掲示板 利用者から寄せられた情報や、利用者の声を掲示する。	●親子で遊ぼう 妊婦さんから2歳までのお子さんをもつ親子の触れ合い遊びを行う。 ●つくって遊ぼう 身近な素材を使って、簡単につくれる物を製作する。	●出前子育て広場 育児サークルなどの要請に応じて、公民館などに出向き、遊びを提供する。 ●青空広場 地域の公園に出かけて、親子の遊びを提供する。 ●ママが遊ぼう 利用者の趣味や特技をセンターで楽しむ中から、サークルリーダーの支援へと広げていく。

ニーズ対応 子育て支援

こんなときどうする？ ニーズ対応 Q&A

防災・安全

Q いつ避難訓練するのかは決めていますが、それだけでは不十分でしょうか？

A 振り返りから次の実践へ

避難訓練は、実施して終わりではありません。実際に行ってみて子どもの動きや様子はどうだったのか？　保育者の対応は適切だったのか？　常に振り返り次の計画に進む必要があります。PDCAを意識しましょう。

食育

Q 食物アレルギーの子どもには、個別の計画を立てなくてはならないのでしょうか？

A 個人案に書き込むのが基本

園で提供できるのは除去食のみです。食べてよい物・いけない物・配慮する点などは、入園時にしっかり書いておきます。成長に伴って対応を変える際も、明記します。その子の食育計画が別にあった方がやりやすい場合は、新たに作成してもよいでしょう。

子育て支援

Q どうしても計画が、保護者中心になってしまいます。
よいのでしょうか？

A 保護者も子どもも大切

保護者中心になっていると感じるなら、子どもに対する配慮を進んで書きましょう。それは子どもにとってよいことか、これで子どもが幸せかという視点を常にもっている必要があります。保育者は、物言えぬ子どもの代弁者です。両者にとってよい支援ができるようにしましょう。

保健

Q 保健計画を立てるうえで、子どもの健康をどのような視点で見ていくことが必要でしょうか？

A 健康を維持するための方策も考えて

いつも力いっぱい活動できるかを見ていきましょう。病気の有無だけなく、そこには予防の活動も入ります。清潔を保つことや生活習慣も大きな要素となるでしょう。大人が守るだけでなく、子ども自身が生活の中で心がけていく姿勢を育てていくことが重要です。

CD-ROMの使い方

付属のCD-ROMには、本誌で紹介している文例が、Word形式とテキスト形式のデータとして収録されています。CD-ROMをお使いになる前に、まず下記の動作環境や注意点をご確認ください。

●CD-ROM内のデータについて

CD-ROMを開くと章別にフォルダ分けされており、章フォルダを開いていくと、掲載ページ別のフォルダがあります。このフォルダの中に、そのページで紹介している文例のデータが入っています。

●CD-ROMに収録されているデータの見方

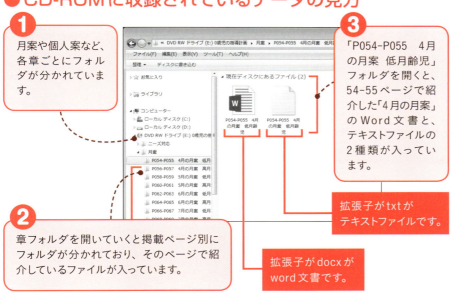

❶ 月案や個人案など、各章ごとにフォルダが分かれています。

❷ 章フォルダを開いていくと掲載ページ別にフォルダが分かれており、そのページで紹介しているファイルが入っています。

❸ 「P054-P055 4月の月案 低月齢児」フォルダを開くと、54-55ページで紹介した「4月の月案」のWord文書と、テキストファイルの2種類が入っています。

拡張子がtxtがテキストファイルです。

拡張子がdocxがword文書です。

Wordの内容を自分の園に合った指導計画に作り変えよう

●Wordの文章をコピーして、園の表に貼って使う

（※「Microsoft Word」をお持ちでない方は、同梱されているテキストファイルを使えば、同様に文章だけコピーして自分の園の表に貼り付けることができます。）
→ **P.228**

●CD-ROMのWordファイルをそのまま使って、園の表をつくる
→ **P.230**

CD-ROMをお使いになる前に

■動作環境
対応OS ：Microsoft Windows 7／10
ドライブ ：CD-ROMドライブ
アプリケーション：Microsoft Word 2010／2013／2016
（「Microsoft Word」をお持ちでない方は、同梱のテキストファイルを使えば、文章を自由にコピーして利用できます。）

■使用上の注意
●付属CD-ROMに収録されたコンテンツは、WindowsおよびWordの使い方を理解されている方を対象に制作されております。パソコンの基本操作については、それぞれの解説書をお読みください。
●本誌では、Windows 10上でMicrosoft Office 2016を使った操作手順を紹介しています。お使いのパソコンの動作環境によって、操作方法や画面表示が異なる場合があります。
●お使いのパソコンの環境によっては、レイアウトなどが崩れて表示される場合がありますので、ご了承ください。
●作成した書類を印刷するには、お使いのパソコンに対応したプリンタが必要です。

■付属CD-ROMに関する使用許諾
●本誌掲載の文例、および付属CD-ROMに収録されたデータは、営利目的ではご利用できません。ご購入された個人または法人・団体が私的な目的（指導計画などの園内の書類）で使用する場合のみ、ご利用できます。
●付属CD-ROMのデータを使用したことにより生じた損害、障害、その他いかなる事態にも、弊社は一切責任を負いません。

はじめに　CD-ROMに入ったWordファイルを開く

1 CD-ROMを挿入する

付属CD-ROMを、パソコンのCD-ROMドライブに挿入します。すると自動再生ダイアログが表示されるので、「フォルダーを開いてファイルを表示」をクリックします。

2 目的のフォルダを開く

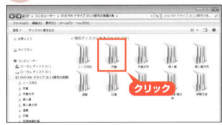

CD-ROMの内容が開き、各章の名前が付いたフォルダが一覧表示されます。ここでは「月案」フォルダをダブルクリックして開きます。次に「P054-P055 4月の月案」を開くと54-55ページで紹介した、「4月の月案　低月齢児」のWordファイルとテキストファイルがあります。

3 デスクトップにコピーする

「4月の月案　低月齢児」のWordファイルをクリックしたまま、ウィンドウの外にスライドし、デスクトップ上でマウスのボタンを離します。これでデスクトップ上にファイルがコピーされます。

4 Wordファイルを開く

デスクトップにコピーした、「P054-P055 4月の月案　低月齢児」のWordファイルをダブルクリックします。

Wordが起動して、このように「P054-P055 4月の月案　低月齢児」の文例が表示されます。

> **アドバイス**
> CD-ROMを挿入しても自動再生されないときは、スタートメニューをクリックし、「コンピューター」をクリックします。そしてCD-ROMドライブのアイコンをダブルクリックすると、CD-ROMの中身が表示されます。

Wordの文章をコピーして、園の表に貼って使う

1 Wordの文章をコピーする

Wordファイルを開いて、使いたい文章の先頭にカーソルを合わせて、クリックします。

マウスの左ボタンをクリックしたまま、使いたい文章の終わりまでスライドします。文字列の色が変わり選択状態になります。

「ホーム」タブにある「コピー」ボタン（「貼り付け」ボタンの右隣、3つあるボタンの真ん中です）をクリックすれば、選択した文章がコピーされます。

② 自分の園の表を開く

文章をコピーしたら、続いて自分の園のファイルをダブルクリックして開きます。

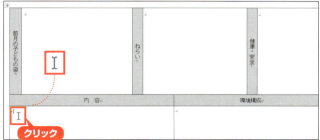

文章を貼り付けたい表の位置にカーソルを合わせ、クリックして入力状態にします。

③ 園の表に貼り付ける

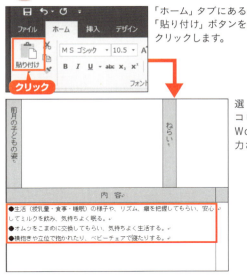

「ホーム」タブにある「貼り付け」ボタンをクリックします。

選択した箇所に、コピーしておいたWordの文章が入力されます。

④ 貼り付けた文章を一部書きかえる

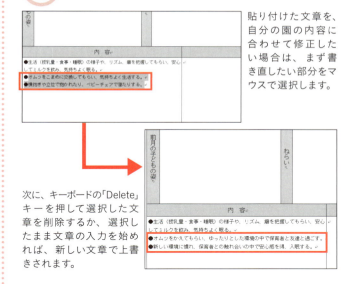

貼り付けた文章を、自分の園の内容に合わせて修正したい場合は、まず書き直したい部分をマウスで選択します。

次に、キーボードの「Delete」キーを押して選択した文章を削除するか、選択したまま文章の入力を始めれば、新しい文章で上書きされます。

⑤ 名前を付けて保存する

編集したWordファイルを保存するには、「ファイル」タブを開いて「名前を付けて保存」をクリックします。また「ファイルの種類」で「Word 97-2003文書」を選択しておくと、古いソフトでも開ける形式で保存できます。

アドバイス　書体や文字の大きさをかえたいときは、次の手順で行います。

① マウスで文章を選択

変更したい文章をマウスで選択状態にします。

② 好きな書体を選ぶ

「ホーム」タブのフォント欄右にある「▼」をクリックすると、変更できるフォント一覧が表示されます。好きな書体が選べます。

③ 文字のサイズを選ぶ

フォントサイズ欄の右にある「▼」をクリックすると、文字のサイズが選べます。

左クリックして確定すれば、サイズが変更されます。

CD-ROMのWordファイルをそのまま使って、園の表をつくる

① タイトルや内容を書き直したい

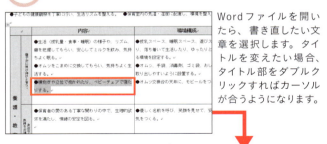

Wordファイルを開いたら、書き直したい文章を選択します。タイトルを変えたい場合、タイトル部をダブルクリックすればカーソルが合うようになります。

自分の園の内容に合わせて文章を書き直しましょう。キーボードの「Delete」キーを押して選択した文章を削除するか、選択したまま文章の入力を始めれば、新しい文章で上書きされます。

② 枠を広げたい・狭めたい

Word文書内の表の枠のサイズを変更したい場合は、広げたい枠の部分にカーソルを合わせましょう。カーソルのアイコンが左のように変わります。

このアイコンの状態で枠を上下左右にスライドして動かせます。

マウスのボタンを離すと、その位置まで枠を広げたり狭めることができます。

③ 枠を増やしたい

枠内をクリックすると「レイアウト」タブが表示されるようになるので、これをクリックします。

枠を増やすには、増やす箇所の枠を選択して「セルの分割」ボタンをクリックします。

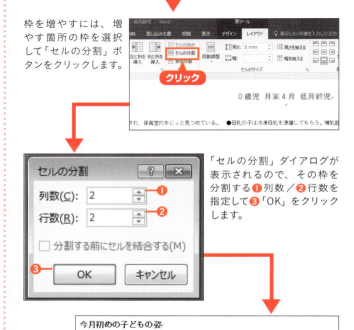

「セルの分割」ダイアログが表示されるので、その枠を分割する❶列数／❷行数を指定して❸「OK」をクリックします。

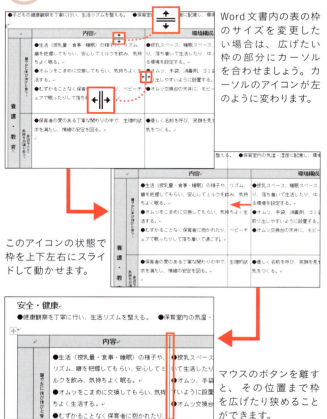

選択した枠が指定した列数／行数で分割されます。

④ 枠を減らしたい

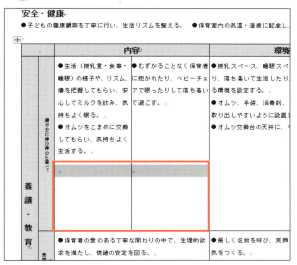

枠を結合して減らしたいときは、結合したいつながった複数の枠を、マウスで選択状態にします。

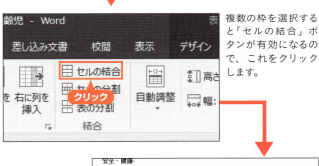

複数の枠を選択すると「セルの結合」ボタンが有効になるので、これをクリックします。

すると、選択した複数の枠が、一つの枠として結合されます。

 アドバイス

選択した枠だけを移動したいときは、一緒に移動したくない枠を、次の⑤の手順で一度分割します。上下左右でつながった枠線は一緒に移動しますが、繋がっていなければ単独で動かせます。

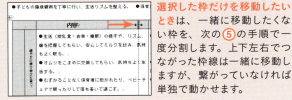

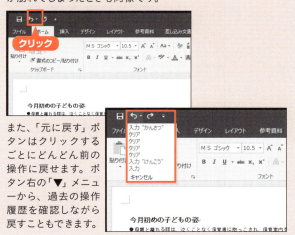 アドバイス

間違えて違う文章を消してしまったときは、左上の「元に戻す」ボタンをクリックすれば一つ前の操作に戻せます。レイアウトが崩れてしまったときも同様です。

また、「元に戻す」ボタンはクリックするごとにどんどん前の操作に戻せます。ボタン右の「▼」メニューから、過去の操作履歴を確認しながら戻すこともできます。

⑤ 表を分割したい

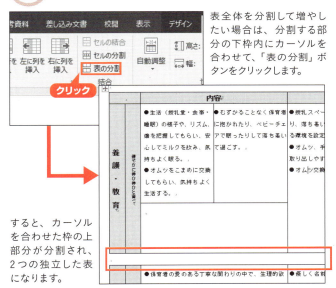

表全体を分割して増やしたい場合は、分割する部分の下枠内にカーソルを合わせて、「表の分割」ボタンをクリックします。

すると、カーソルを合わせた枠の上部分が分割され、2つの独立した表になります。

⑥ 名前を付けて保存する

229ページの説明と同様に、「ファイル」タブの「名前を付けて保存」をクリックして保存しましょう。「Word 97-2003文書」を選択すると、古いソフトでも開ける形式で保存できます。

●編著者

横山洋子（よこやま ようこ）

千葉経済大学短期大学部こども学科教授。
富山大学大学院教育学研究科学校教育専攻修了。
国立大学附属幼稚園、公立小学校勤務ののち現職。
著書は『保育の悩みを解決！ 子どもの心にとどく指導法ハンドブック』、『子どもの育ちを伝える 幼稚園幼児指導要録の書き方＆文例集』(ナツメ社)、『根拠がわかる！ 私の保育総点検』(中央法規出版株式会社)、『U-CANの思いが伝わる＆気持ちがわかる！ 保護者対応のコツ』(株式会社ユーキャン) など多数。

カバーイラスト／佐藤香苗
本文イラスト／中小路ムツヨ
カバーデザイン／株式会社フレーズ
本文・レーベルデザイン／島村千代子
本文DTP・データ作成／株式会社明昌堂
CD-ROM作成／株式会社ライラック
編集協力／株式会社スリーシーズン、植松まり、
　　　　　株式会社鴎来堂
編集担当／小高真梨（ナツメ出版企画株式会社）

●執筆・協力

＊年間指導計画／月案／個人案／保育日誌／食育計画
富山県小矢部市　石動西部保育園　理事長　中西千賀子／
楯　祥子

＊防災・安全計画
東京都世田谷区立豪徳寺保育園　園長　柄木田えみ

＊防災・安全計画／保健計画／食育計画／子育て支援の指導計画
東京都世田谷区立上北沢保育園　園長　大里貴代美／
杉本裕子／苅部 愛

＊子育て支援の指導計画
千葉県千葉市　みつわ台保育園　園長　御園愛子

＊協力
東京都世田谷区 子ども・若者部 保育課

ナツメ社Webサイト
https://www.natsume.co.jp
書籍の最新情報（正誤情報を含む）は
ナツメ社Webサイトをご覧ください。

CD-ROM付き 記入に役立つ！ 0歳児の指導計画

2013年3月8日　初版発行
2018年3月8日　第2版発行
2022年3月1日　第2版第10刷発行

編著者　横山洋子（よこやまようこ）　　　©Yokoyama Yoko, 2013, 2018
発行者　田村正隆

発行所　株式会社ナツメ社
　　　　東京都千代田区神田神保町1-52　ナツメ社ビル1F（〒101-0051）
　　　　電話　03-3291-1257（代表）　FAX　03-3291-5761
　　　　振替　00130-1-58661
制　作　ナツメ出版企画株式会社
　　　　東京都千代田区神田神保町1-52　ナツメ社ビル3F（〒101-0051）
　　　　電話　03-3295-3921（代表）
印刷所　図書印刷株式会社

ISBN978-4-8163-6369-6　　　　　　　　　　　　　　　　Printed in Japan
＜価格はカバーに表示してあります＞
＜乱丁・落丁本はお取り替えします＞
本書の一部または全部を著作権法で定められている範囲を超え、ナツメ出版企画株式会社に無断で複写、複製、転載、データファイル化することを禁じます。

本書に関するお問い合わせは、書名・発行日・該当ページを明記の上、下記のいずれかの方法にてお送りください。電話でのお問い合わせはお受けしておりません。

・ナツメ社webサイトの問い合わせフォーム
　https://www.natsume.co.jp/contact
・FAX（03-3291-1305）
・郵送（左記、ナツメ出版企画株式会社宛て）
なお、回答までに日にちをいただく場合があります。正誤のお問い合わせ以外の書籍内容に関する解説・個別の相談は行っておりません。あらかじめご了承ください。